Photoshop Elements 5.0
Der Meisterkurs

Angela Wulf

Photoshop Elements 5.0
Der Meisterkurs

Für alle, die mehr können wollen

Bibliografische Information Der Deutschen Bibliothek
Die Deutsche Bibliothek verzeichnet diese Publikation in der
Deutschen Nationalbibliografie; detaillierte bibliografische Daten
sind im Internet über http://dnb.ddb.de abrufbar.

Umwelthinweis:
Dieses Buch wurde auf chlorfrei gebleichtem Papier gedruckt.

10   9   8   7   6   5   4   3   2   1

09   08   07

ISBN 978-3-8272-4214-3

© 2007 by Markt+Technik Verlag,
ein Imprint der Pearson Education Deutschland GmbH
Martin-Kollar-Str. 10-12
D-81829 München
Alle Rechte vorbehalten
Lektorat: Birgit Ellissen, bellissen@pearson.de
Korrektorat: Marita Böhm
Herstellung: Claudia Bäurle, cbaeurle@pearson.de
Satz: Ulrich Borstelmann, Dortmund (www.borstelmann.de)
Covergestaltung: Marco Lindenbeck, webwo GmbH (mlindenbeck@webwo.de)
Druck und Verarbeitung: Bosch-Druck, Ergolding
Printed in Germany

Inhaltsverzeichnis

Kapitel 10: Schimmernde Farben 195

Kapitel 11: Camera RAW 247

Kapitel 12: Bilder mit Suchwörtern versehen 253

Kapitel 13: Bilder präsentieren 259

Kapitel 14: Panoramafotografie 287

Kapitel 15: Photoshop Elements 5.0 im Überblick 297

Vorwort

Mit Spannung habe ich das Erscheinen der aktuellen Version 5.0 von Photoshop Elements erwartet, denn schon die Vorgängerversion war so stark, dass ich neugierig auf die neuen Ideen war, die Adobe entwickeln würde. Mein Fazit ist: Ich bin absolut begeistert. Egal ob man schnelle Korrekturen mit wenigen Handgriffen durchführen oder aufwändige Fotomontagen gestalten möchte, Elements 5.0 hat für jedes Problem das richtige Werkzeug. Dass Elements mit dem Organizer gleichzeitig eine leistungsstarke Archivierungssoftware bietet und sich Fotokreationen wie musikuntermalte Diashows auf DVD brennen lassen, zeigt ebenfalls, wie anwenderorientiert dieses Programm arbeitet.

Folgende Neuerungen sind besonders interessant: Gradationskurven wurden nun in Elements integriert, man findet sie unter der Bezeichnung *Farbkurven*. Besonders überzeugt hat mich der Filter *Kameraverzerrung korrigieren*, mit dem Vignettierungen und Verzerrungen komfortabel ausgeglichen werden können. Die Vielfalt an Fotokreationen wurde weiter ausgebaut, so lassen sich Foto-Animationen, Kalender und Fotoalben spielerisch designen.

Mit diesem Meisterkurs möchte ich Ihnen praxisnahe Korrekturfunktionen vorstellen und Sie zugleich mit kreativen Workshops inspirieren und zum Experimentieren anregen.

Zu Beginn jedes Workshops sind die Namen der Beispielbilder aufgeführt. Möchten Sie die Beispiele anhand dieser Bilder durchführen, haben Sie die Möglichkeit, diese unter *www.mut.de/MeisterkursElements5* oder *www.angelawulf.de* herunterzuladen.

Ich wünsche Ihnen sehr viel Spaß und Erfolg bei der Arbeit mit Photoshop Elements und diesem Buch!
Herzlichst,
Angela Wulf

Dank

Viele haben an der Gestaltung dieses Buchs mitgewirkt, worüber ich außerordentlich glücklich bin.
Ganz lieben Dank an Marti und Ron Hahn für den tollen Abend und die digitalen Doppelgänger, Stefan Helms für all die tatkräftige Unterstützung, Jennifer Strauß für das aufregende Fotoshooting mit Cinya und Peter Döring für die unermüdlichen Anfeuerungen, das köstliche Mandelgebäck und die vielen Uhren-Shootings.

Ein großes Dankeschön an Freunde und Kollegen, die eigene Bilder für dieses Buch zur Verfügung gestellt haben:

Wesko Dragner, Rüdiger Haussels, Markus Kupke, Thorsten Mangelsdorf – *www.djthorsten.de*, Eva-Maria Deppe und Sören Meyer – *www.soeren-meyer.de.tl/*, Tyronne Silva – *www.tyronnesilva.com*, Angelika Ulrich – *www.art63.de*, Dom Famularo – *www.domfamularo.com*

Über Feedback zum Buch freuen sich Autorin und Verlag unter der E-Mail-Adresse *info@mut.de*. Bitte geben Sie dabei Buchtitel und ISBN-Nummer an.

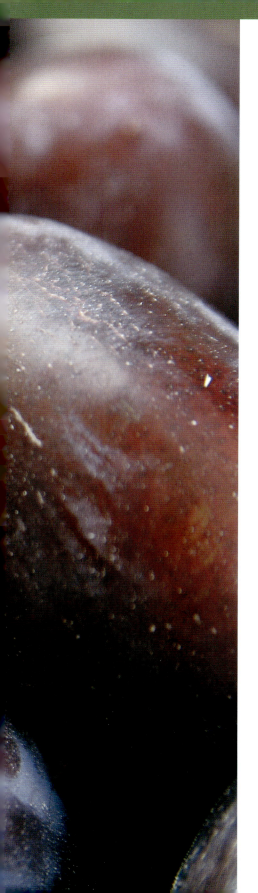

Feinschliff für brillante Aufnahmen

Photoshop Elements bietet Ihnen sehr komfortable Werkzeuge für die Optimierung Ihrer digitalen Fotos. Sie finden zahlreiche Funktionen zum Korrigieren von Helligkeit, Kontrast und Farbbalance sowie Bildschärfe. Da sich einige dieser Funktionen überschneiden, habe ich für Sie in diesem Kapitel eine Art Checkliste zusammengestellt, mit der Sie für Ihre Bilder ein Optimum an Qualität erzielen.

Bilder lassen sich in Photoshop Elements bequem per Drag&Drop öffnen: Klicken Sie ein Bild im Windows-Explorer an und ziehen Sie es auf das Photoshop Elements-Symbol auf Ihrem Desktop oder direkt auf die Programmoberfläche – sofort wird das Bild in Elements geladen.

Falls Sie diesen Workshop an dem von mir verwendeten Beispielbild durchführen möchten, laden Sie die Datei *Pferde.jpg* von der Markt+Technik-Website. Im Anhang finden Sie eine Übersicht über die verwendeten Bilder und Hinweise zum Download der Dateien.

Das *Freistellungswerkzeug* erreichen Sie auch über die Tastatur: Wählen Sie den Buchstaben `C` ohne weitere Zusatztasten. Unverzüglich wird das Werkzeug aktiviert. Das Freistellungswerkzeug heißt in der englischen Version »Crop« – daher wurde ihm der Buchstabe C zugewiesen.

Bilder perfekt gerade ausrichten und den Ausschnitt bestimmen

Der erste Schritt nach dem Öffnen der Datei ist in der Regel das Geraderichten bzw. das Bestimmen des optimalen Bildausschnitts. Elements verfügt über ein praktisches Werkzeug, welches das Geraderichten und die Ausschnittbestimmung in einem Zug ermöglicht: das *Freistellungswerkzeug*.

1. Aktivieren Sie das *Freistellungswerkzeug* mit einem Klick in die Werkzeugpalette und wählen Sie zusätzlich *Fenster/Bilder/Maximierungsmodus*, so dass das Bearbeitungsfenster in maximaler Größe erscheint.

2. Klicken Sie innerhalb des Bildes und ziehen Sie einen kleinen Rahmen auf. Da Sie den Rahmen noch individuell anpassen, ist die exakte Position noch nicht entscheidend. Der Rahmen sollte zunächst etwas kleiner sein als das Bild, dies macht das Handling angenehmer.

   Nachdem Sie den Rahmen aufgezogen haben, wird er mit acht Markierungsknoten versehen und die Umgebung abgedunkelt. Die Abdunkelung ist eine Hilfestellung von Elements, die zeigen soll, wie der Ausschnitt nach dem Ausschneidevorgang wirken wird. Diese Abdeckung lässt sich oben in der Optionsleiste bei Bedarf auch deaktivieren.

Sollte der Freistellungsrahmen nicht acht, sondern nur vier Markierungsknotenpunkte aufweisen, ist er auf eine feste Zielgröße eingestellt. Dies kann durch Wahl des Menüpunkts Keine Beschränkung in der Optionsleiste widerrufen werden. Der Freistellungsrahmen kann jederzeit mit der Taste `Esc` abgebrochen werden, um einen neuen Rahmen aufzuziehen.

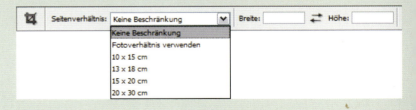

3. Bewegen Sie den Mauszeiger außerhalb des Rahmens in die Nähe eines Eckpunkts. Sofort verwandelt sich der Mauscursor in einen gebogenen Doppelpfeil. Klicken und ziehen Sie, um den Rahmen zu drehen. Positionieren Sie ihn so, dass eine Rahmenseite parallel zu einer Kante im Bild verläuft, welche später senkrecht bzw. waagerecht liegen soll. Eine solche

Kante könnte der Horizont oder etwa ein Baumstamm sein. Wichtig ist, dass man den Rahmen nicht – wie man es intuitiv tun würde – entgegengesetzt der Schräglage dreht, sondern so, dass der Rahmen und eine Gerade im Bild parallel liegen.

4. Ziehen Sie den Rahmen nach dem Drehen mit Hilfe seiner Eck- und Mittelpunkte auf. Markieren Sie somit den Bereich, der nach der Freistellung übrig bleiben soll.

5. Zum Auslösen des Freistellungsvorgangs klicken Sie doppelt innerhalb des Markierungsrahmens. Alternativ zum Doppelklick lösen Sie auch durch Drücken der ⏎-Taste oder mit dem Befehl *Bild/Freistellen* die Freistellung aus. Das Bild wird auf diese Aktion hin gerade gedreht und gleichzeitig ausgeschnitten.

Mit dem Freistellungswerkzeug *werden Bildausschnitt und Drehwinkel gleichzeitig bestimmt.*

Bilder lassen sich während der Freistellung auch direkt auf exakte Maße in einer bestimmten Auflösung zuschneiden. Aktivieren Sie dazu zuerst wieder das Freistellungswerkzeug. *Die Optionsleiste befindet sich am oberen Bildschirmrand unterhalb der Menüleiste und der Kurzbefehlleiste. Geben Sie hier die gewünschte Breite, Höhe und Auflösung ein. Daraufhin erscheint im Feld* Seitenverhältnis *die Bezeichnung* Eigenes. *Wenn Sie jetzt den Rahmen aufziehen und per Doppelklick innerhalb des Rahmens die Freistellung auslösen, wird Ihr Bild genau auf diese Werte zugeschnitten. Der Freistellungsrahmen weist hierbei nur noch vier statt acht Anfasserpunkte auf. Falls Sie diese Einstellungen wieder löschen möchten, wählen Sie den Eintrag* Keine Beschränkung *aus dem Listenfeld* Seitenverhältnis. *Detaillierte Informationen zum Thema Auflösung finden Sie weiter unten in diesem Kapitel im Abschnitt »Bildauflösung und Ausgabegröße«. Achten Sie darauf, Dateien nicht mehrmals abwechselnd zu vergrößern und wieder zu verkleinern, da es beim Neuberechnen der Bildpixel immer zu einer gewissen Weichzeichnung kommt.*

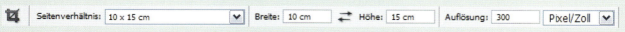

Mit Hilfe der Optionsleiste bringen Sie Ihr Bild auf die gewünschten Maße.

In Elements steht Ihnen ein weiteres praktisches Werkzeug zum Drehen von Bildern zur Verfügung: das *Gerade-ausrichten-Werkzeug*. Mit ihm lassen sich Bilder in einem Schritt gerade richten. Zieht man mit diesem Werkzeug entlang einer Geraden im Bild, etwa dem Horizont einer Landschaftsaufnahme, errechnet Elements automatisch den Winkel und stellt das Bild sofort gerade. Nach der Arbeit mit diesem Werkzeug muss das Bild allerdings mit dem *Freistellungswerkzeug* ausgeschnitten werden, da sich um den Ausschnitt herum ein Rand ergibt. Ist der gewünschte Winkel noch nicht erzielt, sollte man mit *Bearbeiten/Rückgängig Gerade-ausrichten-Werkzeug* den Schritt vor dem neuen Versuch widerrufen, denn beim Drehen werden die Bildpixel jedes Mal neu berechnet. Jeder zusätzliche Drehvorgang würde einen leichten Qualitätsverlust bewirken.

Das gesamte Kontrastspektrum mit der manuellen Tonwertkorrektur ausnutzen

Photoshop Elements bietet einige automatische Farb-, Kontrast- und Helligkeitskorrekturen. Bei manchen Bildern wirken diese Funktionen Wunder. Schwierige Aufnahmen, wie z. B. in der Food-Fotografie, muss man hingegen meist manuell korrigieren. Beim folgenden Motiv beispielsweise bringt die Automatik kein optimales Ergebnis – der Kontrast ist zu stark und der Farbstich wird nicht hundertprozentig ausgeglichen. Aus diesem Grund wird im Folgenden die manuelle Tonwertkorrektur vorgestellt.

Bei diesem Bild wurden nacheinander die Befehle Auto-Tonwertkorrektur, Auto-Kontrast und Auto-Farbkorrektur aus dem Menü Überarbeiten angewendet. Zwar wurde der starke Farbstich weitestgehend korrigiert, doch sind noch Optimierungsschritte nötig. Die manuelle Tonwertkorrektur bringt bei solchen Motiven häufig die besseren Ergebnisse.

Die Tonwertkorrektur gehört zu den wichtigsten Korrekturinstrumenten von Photoshop Elements. Darin enthalten ist das Histogramm – die Bildstatistik. Anhand des Histogramms lassen sich Bildprobleme wie Farbstiche oder zu geringer Kontrast ablesen. Das Histogramm ist eine Tonwertkurve mit unterschiedlich hohen Ausschlägen. Von links nach rechts verteilen sich die Tonwerte von dunkel bis hell bzw. in den einzelnen Farbkanälen zwischen den Komplementärfarben, den Farben, die sich im Farbkreis gegenüberliegen. Die Arbeit mit Komplementärfarben wird weiter unten erläutert. Die Höhe des Ausschlags zeigt an, wie viele Bildpunkte eines Farbtons im Bild vorhanden sind. Betrachten Sie das Histogramm zunächst für den RGB-Gesamtkanal – also für die Summe – und anschließend für die einzelnen Farbkanäle – Rot, Grün und Blau. Kontrollieren Sie, ob die Farben über das gesamte Farbspektrum von ganz links bis ganz rechts verteilt sind oder ob Lücken vorkommen. Lücken in der Tonkurve sind oft ein Indiz für Bildfehler. Je ausgewogener ein Histogramm, desto ausgewogener ist auch das Bild. Auch hierbei bestätigen Ausnahmen die Regel: Bilder, die eher künstlerische Farbeffekte beinhalten, Nacht- oder Schneeaufnahmen besitzen mitunter ein Histogramm mit starken Tonwertsprüngen.

1. Wählen Sie den Befehl *Überarbeiten/Beleuchtung anpassen/Tonwertkorrektur* oder die Tastenkombination Strg + L – das »L« steht hier für Levels.

    Sie erhalten das Histogramm des Bildes. Starten Sie, wie im Folgenden dargestellt, mit der Korrektur der einzelnen Farbkanäle *Rot*, *Grün* und *Blau*. Das Verschieben der Regler im Summenkanal *RGB* würde ausschließlich die Helligkeit des Bildes verändern, nicht etwa den Farbstich, denn in der Summe werden sämtliche Farbkanäle gleichzeitig behandelt.

2. Öffnen Sie das obere Listenfeld *Kanal* mit einem Klick auf den Listenpfeil. Wählen Sie den ersten Farbkanal, *Rot*, aus.

    In diesem Kanal ist links eine starke Lücke im Verlauf der Tonkurve zu sehen, was den Rotstich des Bildes erklärt. Das gesamte Kontrastspektrum wird nicht ausgenutzt, daher ist eine Korrektur notwendig. Solche Lücken entstehen z. B., wenn die Kameraautomatik einen falschen Weißabgleich wählt. Korrigieren Sie den Kanal folgendermaßen: Fassen Sie den linken Regler direkt unter dem Histogramm mit der Maus an und ziehen Sie ihn bis an den Beginn des »Berges« – Sie sehen, wie der Farbstich schon etwas ausgeglichen wird. Ein Verschieben des rechten Reglers ist in diesem Kanal nicht nötig, da rechts keine Lücke zu sehen ist.

In der oberen Abbildung sehen Sie die Originaltonkurve – links ist eine deutliche Lücke im Histogramm zu erkennen, was bedeutet, dass nicht das gesamte Farbspektrum ausgenutzt wurde und somit der Kontrast dieses Farbkanals gering ist. Im Bild darunter wurde der linke äußere Regler bis an die Tonkurve herangeschoben. Unten sehen Sie das Ergebnis, nachdem die Dialogbox mit OK bestätigt und dann erneut aufgerufen wurde: Die Tonwerte sind jetzt über das gesamte Spektrum verteilt.

Achten Sie darauf, dass Sie die Regler nicht über die erste Erhöhung hinaus in Richtung Berg schieben. Durch diese Aktion würden Tonwerte aus der Kurve gelöscht. Im Beispielbild würden Details in den dunklen Grüntönen verloren gehen. Da die Höhe des Ausschlags und somit die Menge der Pixel allerdings gering ist, wäre der Verlust wahrscheinlich undramatisch. Dies ist allerdings von Bild zu Bild unterschiedlich und muss jeweils neu beurteilt werden. Testen Sie die Auswirkungen, indem Sie die Regler bewusst deutlich zur Mitte des Berges hin verschieben. Betrachten Sie das Bild, hierbei laufen Bereiche völlig zu, das heißt, es ist keine Detailzeichnung mehr vorhanden.

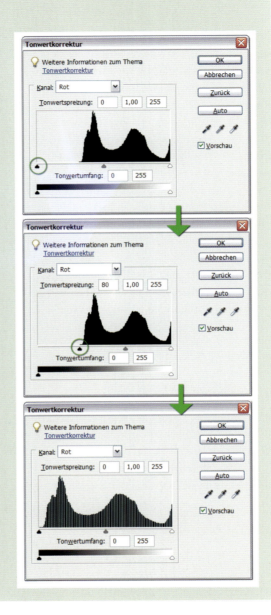

Oftmals stellt sich die Frage, wie weit man den Regler an die Tonkurve heran- bzw. darüber hinausschieben muss. Hierbei ist die Alt-Taste eine großartige Hilfe. Halten Sie beim Ziehen die Alt-Taste gedrückt. Sie sehen zunächst nur eine rote Fläche. Schiebt man den Regler zu weit, wodurch Bildpixel gelöscht würden, erscheint eine Warnung in Form schwarzer Punkte. Je nach Farbkanal sind die Warnmeldungen unterschiedlich gefärbt.

Elements teilt mit dieser Warnanzeige mit, dass es in den hier schwarz markierten Bildbereichen zu Qualitätsverlusten kommt, der Schwarz-Regler wurde zu weit in die Tonkurve hineingeschoben.

3. Wechseln Sie zum nächsten Kanal – dem *Grün*-Kanal. Hier ist sowohl links als auch rechts eine Tonwertlücke zu sehen, der Kontrast ist eingeschränkt. Korrigieren Sie diesen Kanal, indem Sie mit gehaltener ⌈Alt⌉-Taste die äußeren Regler bis an die Kurve heranführen.

Ob Sie den linken oder den rechten Regler oder sogar beide verschieben müssen, kann von Bild zu Bild völlig unterschiedlich sein.

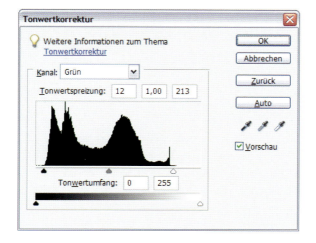

Im Grün-Kanal sind links und rechts Lücken vorhanden, es müssen daher beide äußeren Regler verschoben werden.

4. Schließen Sie die Arbeit an dem *Grün*-Kanal ab. Sie müssen hierzu allerdings nicht mit *OK* bestätigen, sondern können direkt zum nächsten Farbkanal, also *Blau*, wechseln. Wählen Sie ihn dazu aus dem Listenfeld *Kanal* aus.

Gehen Sie im *Blau*-Kanal genauso vor. Wenn bei einem Bild in einem Kanal keine Lücken zu finden sind, belassen Sie die Regler bei ihren Ursprungspositionen.

5. Wenn Sie alle Farbkanäle bearbeitet haben, bestätigen Sie die Dialogbox mit einem Klick auf *OK*.

6. Rufen Sie erneut den Befehl *Überarbeiten/Beleuchtung anpassen/Tonwertkorrektur* auf, um die Auswirkungen auf die Tonkurve zu sehen, diese werden erst beim erneuten Aufrufen in der Kurve angezeigt.

   Schauen Sie sich wieder die einzelnen Farbkanäle an, Sie sehen, dass die Tonkurven jetzt auseinandergezogen wurden, womit Sie den Kontrast erhöht haben.

Das Ergebnis der Tonwertkorrektur zeigt schon eine deutliche Verbesserung der Farben und Kontraste im Bild. In den nächsten Schritten wird es noch weiter optimiert.

Farbstiche ausgleichen

Nachdem Sie den vollen Kontrastumfang ausgenutzt haben, bearbeiten Sie zusätzlich eventuell vorhandene Farbstiche – wobei diese im Beispielbild schon relativ gut ausgeglichen wurden. Sie nutzen auch hierfür die Tonwertkorrektur, allerdings setzen Sie diesmal die Mittelregler statt der äußeren Regler ein. Mit jedem Mittelregler der drei Farbkanäle haben Sie die Möglichkeit, die Balance aus jeweils zwei Komplementärfarben herzustellen. Komplementärfarben liegen sich im Farbkreis gegenüber, sie gleichen sich gegenseitig aus. Im *Rot*-Kanal stellen Sie die Balance zwischen Rot und Cyan, im *Grün*-Kanal zwischen Grün und Magenta und im *Blau*-Kanal zwischen Blau und Gelb her. Bei einem gelbstichigen Bild würden Sie also die Korrektur im *Blau*-Kanal durchführen. In den folgenden sechs Abbildungen habe ich den Mittelregler deutlich in die jeweilige Richtung verschoben und somit einen Farbstich erzeugt. Dies dient nur der Veranschaulichung der Komplementärfarben. Bei einer Korrektur würde man die Mittelregler in den meisten Fällen nicht so stark verschieben; das Ziel bei der Korrektur ist eine Farbwiedergabe ohne Farbstich.

Die Balance zwischen Rot und Cyan stellen Sie im Rot-Kanal her.

Im Grün-Kanal regeln Sie die Balance zwischen Grün und Magenta.

Der Blau-Kanal ist für die Balance zwischen Blau und Gelb zuständig.

1. Rufen Sie mit ⌈Strg⌉+⌈L⌉ die Tonwertkorrektur erneut auf und wechseln Sie zum ersten Farbkanal *Rot*. Fassen Sie jetzt den Regler für die mittleren Tonwerte an und verschieben Sie ihn abwechselnd nach links und rechts. Beobachten Sie die Auswirkungen auf das Bild. Finden Sie den Punkt, an dem das Bild farblich möglichst gut ausgeglichen ist.

2. Wenn Sie den *Rot*-Kanal korrigiert haben, widmen Sie sich dem nächsten Kanal – dem *Grün*-Kanal – und testen das Verschieben dieses Mittelreglers. Es kann durchaus sein, dass Sie in einigen Kanälen gar keine Korrektur durchführen müssen. Schwierig hierbei ist, dass sich die Kanäle gegenseitig etwas beeinflussen.

3. Abschließend testen Sie auch das Verschieben des Mittelreglers im *Blau*-Kanal. Wie stark die einzelnen Regler verschoben werden müssen, kann von Bild zu Bild ganz unterschiedlich sein und eventuell müssen die anderen Regler abschließend noch nachjustiert werden.

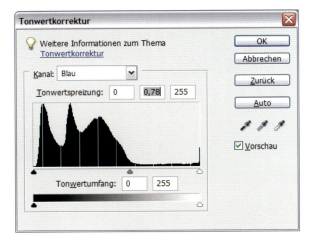

Hier wird der Blau-Kanal korrigiert. Mit dem Mittelregler stellen Sie die Farbbalance zur Komplementärfarbe Gelb ein. Durch die hier dargestellte Verschiebung wird das Bild etwas wärmer.

Tiefen und Lichter korrigieren

Mit der Funktion *Tiefen/Lichter* hat Adobe eine besonders elegante Möglichkeit geschaffen, diese Problembereiche zu korrigieren. Häufig ist es der Fall, dass die Detailzeichnung in den Tiefen oder Lichtern zu gering ist. Auch der Mittelton-Kontrast ist hier korrigierbar. Die Handhabung erfolgt über die drei Schieberegler mühelos, allerdings sind die Auswirkungen bei relativ hohen Werten oft zu stark, so dass das Bild dann flau wirkt. Tasten Sie sich also mit vorsichtigen Veränderungen an die optimalen Werte heran.

1. Wählen Sie *Überarbeiten/Beleuchtung anpassen/Tiefen/Lichter*, um in die gleichnamige Dialogbox zu gelangen.

2. Verschieben Sie die Regler für das Beispielbild etwa auf die Werte *Tiefen aufhellen 5 %, Lichter abdunkeln 5 %* und *Mittelton-Kontrast +10 %*.

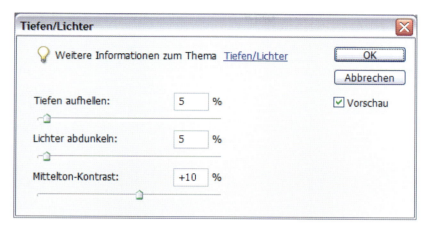

Mit diesen Einstellungen habe ich das Beispielbild bearbeitet.

3. Verschieben Sie die Dialogbox an ihrer blauen Titelleiste so auf dem Bildschirm, dass Sie gleichzeitig das Bild sehen können.

4. Deaktivieren Sie das Kontrollkästchen *Vorschau* rechts in der Dialogbox, so dass die Einstellungen im Bild zurückgenommen werden. Aktivieren Sie das Kontrollkästchen wieder und beobachten Sie die Veränderungen im Bild. Da sich das Auge schnell an Veränderungen anpasst, nimmt man leichte Variationen oft nicht wahr. Durch das abwechselnde Deaktivieren und Aktivieren der Vorschau werden die Veränderungen deutlicher.

Diese Korrektur ist sehr subtil. Betrachten Sie beispielsweise die Tiefen innerhalb der Bäume, hier ist die Detailzeichnung stärker. Oft ist es die Summe kleiner Veränderungen am Bild, die zu einem optimalen Ergebnis führt.

Sättigung verringern oder erhöhen

Die Dialogbox *Farbton/Sättigung* hat's in sich: Diese auf den ersten Blick unscheinbare Dialogbox ist ein besonders praktisches Korrekturwerkzeug, da Sie hier Farbe, Sättigung und Helligkeit der einzelnen Farbtöne Rot, Gelb, Grün, Cyan, Blau und Magenta getrennt voneinander bearbeiten können. Der Begriff *Sättigung* beschreibt die Reinheit einer Farbe. Von Grau bzw. 0 % Sättigung bis Vollton – 100 % Sättigung – können Sie die Farbreinheit in dieser Dialogbox bestimmen. Mit dieser Dialogbox erstellen Sie auch interessante Effekte wie etwa Sepiatönungen. Diese Möglichkeit wird Ihnen in den späteren Kapiteln vorgestellt. Im folgenden Abschnitt korrigieren Sie die Sättigung.

Für die richtige Farbsättigung gibt es keine Faustregel. Welchen Wert man wählt, ist zum einen Geschmackssache und hängt zum anderen von Motiv und Einsatzgebiet ab. Manchmal unterstreichen weniger gesättigte Farben eine bestimmte Stimmung besser, bei anderen Motiven sollen die Farben besonders leuchten.

1. Rufen Sie *Überarbeiten/Farbe anpassen/Farbton/Sättigung anpassen* auf. Im Listenfeld *Bearbeiten* ist daraufhin der Eintrag *Standard* ausgewählt. Das bedeutet, dass sämtliche Farben des Bildes, also die Summe der Farben, gleichermaßen bearbeitet werden. Verschieben Sie den Regler für die Sättigung abwechselnd nach links und rechts und kontrollieren Sie die Auswirkungen auf das Bild. Ich erhöhe im Beispielbild die Sättigung um *10 %*.

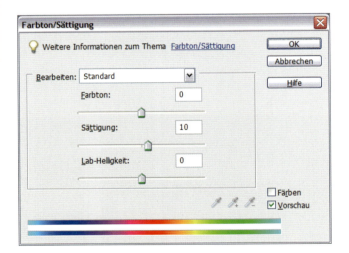

2. Falls Sie ganz bestimmte Farbtöne gezielt verändern möchten und nicht nur die Summe, wählen Sie aus dem Listenfeld *Bearbeiten* den gewünschten Farbton aus – beispielsweise *Gelbtöne* für das Gras. Dieser ist daraufhin mit dem Schieberegler *Farbton* unabhängig von den anderen Farben im Bild veränderbar.

3. Sobald Sie einen Farbton ausgewählt haben, werden unten rechts in der Dialogbox die Pipetten aktiv. Klicken Sie direkt im Bild in die Farbe, die Sie verändern möchten, dies grenzt die Farbauswahl noch weiter ein.

Photoshop Elements markiert auf dem Farbstrahl unten in der Dialogbox den Bereich, der bearbeitet wird. Sie können diesen Bereich auch noch zusätzlich durch Verschieben der Markierung im Farbstrahl mit der Maus definieren.

Weiterführende Informationen zur Bearbeitung einzelner Farbtöne mit der Dialogbox Farbton/Sättigung erhalten Sie in Kapitel 10 »Farb- und Lichtspiele«.

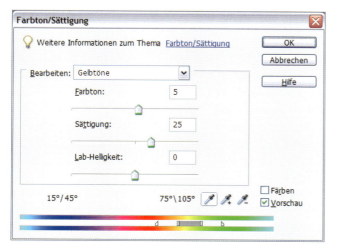

Sie können mit Hilfe dieser Dialogbox Farbbilder in Zweiton- bzw. Duoton-Bilder verwandeln – also z. B. sepiagetönte Bilder gestalten. Aktivieren Sie dazu das Kontrollkästchen Färben. Anschließend können Sie durch Verschieben der drei Regler den Wunschfarbton erzeugen. Dieses Thema wird ebenfalls in Kapitel 10 erläutert.

Je nachdem, an welche Stelle Sie im Bild klicken, markiert Elements einen Farbbereich im Farbstrahl, diese Markierung ist auch noch direkt verschiebbar.

4. Bearbeiten Sie auf diese Weise sämtliche Farbtöne, die Sie verändern möchten.

Das Ergebnis der Sättigungserhöhung sehen Sie rechts – die Anmutung ist strahlender.

Die Bildgröße auf exakte Maße bringen

Das Beispielbild weist zurzeit noch eine Auflösung von 72 dpi auf. Dpi steht für *dots per inch*, was übersetzt Pixel bzw. Bildpunkte pro Zoll heißt. Dies ist die richtige Auflösung für Bilder, die im Internet veröffentlicht werden. Möchten Sie das Bild hingegen drucken oder belichten lassen, benötigen Sie eine Auflösung von mindestens 200 und optimal 300 Pixel/Zoll. Mit der Dialogbox *Bildgröße* ist es möglich, die gewünschte Breite und Auflösung direkt einzugeben. Dies ist allerdings unter Umständen mit der Gefahr eines Qualitätsverlustes verbunden. Wann immer man die Gesamtpixelanzahl im Bild verändert, ist Photoshop Elements gezwungen, Pixel zu löschen oder hinzuzurechnen. Je nach gewählter Methode führt dies zu unterschiedlichen Qualitätsverlusten. Aus diesem Grund wählen Sie im Folgenden die sicherste Methode für das Berechnen des maximal möglichen Formats, ohne hierbei die Gesamtpixelzahl zu verändern. Sie verteilen die Pixel lediglich auf einer anderen Strecke. Die Auflösung soll optimale 300 Pixel/Zoll betragen, ermitteln Sie, wie groß das Bild dann maximal gedruckt werden kann.

1. Rufen Sie den Befehl *Bild/Skalieren/Bildgröße* auf. Das Bild hat zurzeit eine Breite von ca. *40 cm* und eine Bildauflösung von *72 Pixel/Zoll*. Der exakte Wert kann variieren, je nachdem, welcher Ausschnitt beim Freistellen gewählt wurde.

2. Deaktivieren Sie das Kontrollkästchen *Bild neu berechnen mit*. Mit dieser Aktion verhindern Sie das Hinzurechnen oder Löschen von Pixeln.

3. Geben Sie in das Feld *Auflösung* Ihre Wunschauflösung ein. Ich habe mich für *300 Pixel/Zoll* entschieden. Je nach Verwendungszweck bringen aber auch 200 Pixel/Zoll durchaus gute Ergebnisse.

Achten Sie darauf, dass die gewünschte Maßeinheit angegeben ist – also *Pixel/Zoll*.

Wenn Sie die neue Auflösung eingeben, berechnet Photoshop Elements sofort die neuen Bildmaße. Betrachten Sie im oberen Bereich der Dialogbox die Pixelmaße – die Gesamtanzahl ist identisch geblieben. Das heißt, die vorhandenen Pixel wurden auf einer kürzeren Strecke neu verteilt und mussten somit kleiner werden.

Die neuen Bildmaße sind in diesem Beispiel – 9,45 × 6,64 cm – relativ klein, da das Beispielbild für einen schnellen Download niedrig aufgelöst wurde. In diesem Format wird das Bild gedruckt, wenn Sie es jetzt an Ihren Drucker schicken.

4. Bestätigen Sie die Dialogbox mit einem Klick auf *OK*.

Bilder schärfen

Photoshop Elements bietet Ihnen im Menü *Überarbeiten* den Scharfzeichnungsfilter *Unscharf maskieren*. Da er ganz individuell regelbar ist, erhalten Sie damit gute Schärfe-Ergebnisse. Allerdings stößt das digitale Schärfen bei Verwacklungen oder Bewegungsunschärfen an seine Grenzen. Diese schwierigen Unschärfen versucht Elements mit der Dialogbox *Schärfe einstellen* zu korrigieren.

Schärfen mit der Unscharfmaskierung

Die zunächst etwas ungewöhnlich anmutende Bezeichnung »Unscharf maskieren« wird klarer, wenn man den Begriff in »weiche Bereiche schützen« übersetzt. Mit dieser Dialogbox haben Sie mittels *Schwellenwert*-Regler die Möglichkeit, weiche Bereiche, wie etwa Hauttöne, Himmel oder auch Lackierungen, vor der Scharfzeichnung zu schützen.

Beim *Unscharf maskieren* wird der Kontrast benachbarter Pixel, die unterschiedliche Helligkeitswerte aufweisen, zusätzlich erhöht. Der Regler *Stärke* ist dafür zuständig, wie stark diese Kontrasterhöhung ausfällt. Mit der Option *Radius* legen Sie fest, wie viele Pixel im Umkreis eines zu schärfenden Bereichs in die Kontrasterhöhung einbezogen werden. Je höher der Radius, desto mehr umliegende Pixel werden von der Schärfung berührt. Sie können mit dem *Radius*-Regler Kanten betonen, allerdings besteht auch die Gefahr, dass sich dabei um diese Kanten ein Hof bildet. Grundsätzlich gilt: Je höher die Auflösung eines Bildes ist, desto höher darf der Radius sein. Meist sollte der Radius nicht über ca. 2 Pixeln liegen.

Der Begriff Unscharfmaske stammt aus der klassischen Fotografie. Hierbei wurde ein unscharfes Positiv auf ein scharfes Negativ gelegt. Diese Kombination wurde vergrößert. Das Ergebnis ist eine Kantenbetonung.

Das menschliche Auge gewöhnt sich sehr schnell an Schärfeveränderungen, so dass man kaum eine Wirkung im Bild erkennt. Schalten Sie das Vorschau-Kontrollkästchen abwechselnd aus und wieder ein, damit der Unterschied deutlicher wird.

Die Dialogbox Unscharf maskieren *bietet Ihnen detaillierte Einstellungsmöglichkeiten.*

Der *Schwellenwert* regelt, wie hoch der Kontrast zwischen benachbarten Bildpixeln sein muss, damit diese geschärft werden. Ein geringer Schwellenwert bewirkt, dass nicht nur Kanten, sondern auch Störungen in Bildern – etwa Fusseln oder durch hohe Lichtempfindlichkeit bedingtes Rauschen – beim Schärfen verstärkt werden. Solche Bilder sollten besser mehrmals und vorsichtig unter Verwendung eines höheren Schwellenwerts geschärft werden. Bedenken Sie, dass jede Art der Schärfung am Bildschirm stärker wirkt als im Druck. Sämtliche Druckverfahren bewirken einen gewissen Schärfeverlust. Je nachdem, ob Sie Ihre Bilder für Printmedien oder am Bildschirm verwenden, sollten Sie die Schärfung individuell anpassen.

1. Bevor Sie den Scharfzeichnungsfilter aufrufen, ist es wichtig, dass Sie den Befehl *Ansicht/Tatsächliche Pixel* bzw. die Tastenkombination Strg + Alt + 0 wählen. Sie sehen jetzt je nach Bildschirmauflösung nur noch einen Ausschnitt des Bildes, doch hiermit stellen Sie sicher, dass jedes Bildpixel mit einem Bildschirmpixel übereinstimmt.

2. Wählen Sie *Überarbeiten/Unscharf maskieren* und verschieben Sie den *Stärke*-Regler für das Beispielbild auf den Wert *225 %.*

3. Stellen Sie den *Radius* ein. Ich habe einen Radius von *0,5 Pixeln* verwendet.

4. Der dritte Wert, den Sie bestimmen müssen, ist der *Schwellenwert*. Ich habe einen Schwellenwert von *3 Stufen* eingesetzt, damit in den homogenen Flächen keine Störungen entstehen.

5. Experimentieren Sie mit den drei Reglern, um die Wirkung auf das Bild zu beobachten. Bestätigen Sie mit *OK*, wenn die Scharfzeichnung ideal ist.

Erst bei einem Ansichtsfaktor von 100 % können Sie die tatsächliche Schärfe, wie sie im Druck erscheinen wird, beurteilen. Würden Sie für das Bild beispielsweise einen Ansichtsfaktor von 25 % wählen, so wären lediglich 25 % der Bildpixel sichtbar. Bilder wirken in geringen Zoomstufen häufig schärfer, als sie wirklich sind. Der Nachteil des Ansichtsfaktors von 100 % besteht darin, dass Sie dann eventuell nur noch einen kleinen Ausschnitt des Bildes sehen.

Vorsicht vor Überschärfung: Sind Stärke- *und* Radius-*Regler zu hoch eingestellt, bildet sich um Kanten herum ein Hof. Dies lässt die Schärfe unnatürlich wirken. Starten Sie im Allgemeinen bezüglich der* Stärke *beim Wert 100,* Radius *1 und* Schwellenwert-*Regler 0. Tasten Sie sich von diesen Werten ausgehend an das ideale Ergebnis heran. Grundsätzlich ist dies aber sehr motivabhängig und muss individuell beurteilt werden.*

Das Motiv vor und nach der Scharfzeichnung mit der Unscharfmaskierung

Um die Wirkung des *Schwellenwert*-Reglers noch deutlicher zu machen, verwende ich im Folgenden ein Foto mit teils sehr homogenen und andererseits sehr kontrastreichen Bereichen. Bei einem Schwellenwert von 0 Stufen entstehen im Lack deutliche Störungen. Dies wäre auch z. B. bei Porträtaufnahmen in den Hauttönen der Fall.

Erhöht man aber den Schwellenwert, werden ausschließlich Bereiche geschärft, die ohnehin schon größere Kontrastunterschiede aufweisen. Glatte Flächen hingegen werden geschützt.

Links das Original, in der Mitte die Scharfzeichnung mit einem Schwellenwert von 0 und rechts von 20 Stufen.

Starke Unschärfe korrigieren

Ein neuer Filter ist in Photoshop Elements 5.0 hinzugekommen: Im Menü *Überarbeiten* finden Sie jetzt den Filter *Schärfe einstellen*. Ist die Unscharf-maskierung eher zum Nachschärfen von Bildern gedacht, die eine gute Grund-schärfe aufweisen, soll der neue Filter starke Weichzeichnung, Verwacklungen sowie Bewegungsunschärfen ausgleichen. Diese drei Problemstellungen werden im Folgenden verglichen.

So präsentiert sich der Filter Schärfe einstellen: Sie stellen Stärke, Radius sowie die Art der Unschärfe ein, die entfernt werden soll.

Unschärfe durch lange Belichtungszeiten

Im Beispielbild *Frosch.jpg* lag die Belichtungszeit durch das wenige Licht im Wald bei 1/25 Sekunde – dies ist beim Fotografieren aus freier Hand oft schon zu lang, um die Kamera ruhig zu halten. Zudem ist durch die offene Blende F/2,8 die Schärfentiefe gering.

Den Filter *Überarbeiten/Schärfe einstellen* habe ich mit den Einstellungen *Stärke 200 %, Radius 1 Pixel* und *Entfernen: Gaußscher Weichzeichner* ver-wendet. Zwar bewirkt der Filter keine Wunder, doch holt er noch einiges an Schärfe heraus. Problematisch ist, dass es in dieser Dialogbox keinen *Schwel-lenwert*-Regler gibt – so wird leider auch der unscharfe Hintergrund geschärft, was zu Störungen in den weichen Bereichen führt.

Vorher – nachher: Im rechten Bild wirkt der Frosch brillanter.

Verwacklungen ausgleichen

Fotografiert man aus freier Hand mit einem Zoomobjektiv bei hoher Brennweite und dunklen Lichtverhältnissen, passiert es leicht, dass Bilder verwackelt werden. Betrachten Sie im Beispielbild *Fohlen.jpg,* wie gut der Filter dieser Problematik entgegenwirkt.

Hier wurde die Schärfe mit Stärke 150 %, Radius 2 Pixel, Entfernen: Verwackeln und aktivierter Option Feiner eingestellt.

Bewegungsunschärfe korrigieren

Beim Fotografieren bewegter Objekte ist eine besondere Kunst gefragt: das Mitziehen der Kamera. Leider gestaltet sich diese Technik ausgesprochen schwierig und es kann zu Bewegungsunschärfen kommen. Zwar lässt sich dieser Effekt im Beispielbild *Bulle.jpg* nicht hundertprozentig beheben, doch wirkt der vorgestellte Filter ihm immerhin entgegen.

Die Bewegungsunschärfe wurde erstaunlich gut ausgeglichen. Ich habe die Einstellungen Stärke 200 %, Radius 12, Entfernen: Bewegungsunschärfe *und* Winkel –8° *verwendet.*

Bilder speichern

In diesem Workshop erfolgt das Speichern als Abschluss der Arbeit. In der Praxis ist es allerdings sicherer, Bilder auch zwischendurch, also während der Bearbeitung, zu speichern. Obwohl Programme und Computersysteme immer stabiler werden und Abstürze nicht die Regel sind, kommen sie dennoch vor. Es kann sehr ärgerlich sein, wenn ein Computer kurz vorm Speichern eines perfekt bearbeiteten Bildes abstürzt und die bisherige Arbeit verloren ist.

1. Wählen Sie *Datei/Speichern unter*. Navigieren Sie mit Hilfe des Listenfelds *Speichern in* zu dem gewünschten Laufwerk und dann zu dem Ordner, in dem das Bild abgelegt werden soll.

2. Geben Sie in das Feld *Dateiname* einen neuen Namen ein – z. B. *Pferde bearbeitet.tif*.

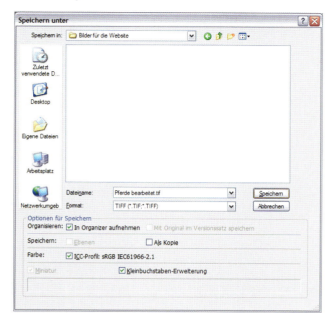

3. Aus dem Listenfeld *Format* wählen Sie den Eintrag *TIFF*. Klicken Sie auf *Speichern*.

4. Direkt unter dem Listenfeld *Format* finden Sie das Kontrollkästchen *In Organizer aufnehmen*. Falls Sie Ihre Bilder außerhalb von Elements verwalten, kann es deaktiviert werden. Wenn Sie aber den Organizer nutzen, mit dem Sie z. B. Bilder mit Suchwörtern versehen können, ist es sinnvoll, das Kontrollkästchen zu aktivieren. Nach der Aktivierung steht Ihnen eine weitere Option offen: *Mit Original im Versionssatz speichern*. Ist es aktiv, speichern Sie automatisch sämtliche Versionen eines Bildes. Es kann also kein Zwischenstand verloren gehen. Nachteil sind hier wieder die großen Datenmengen, die dabei anfallen.

5. Nach dem Klick auf *Speichern* erhalten Sie beim TIF-Format eine Dialogbox, in der Sie entscheiden müssen, ob das Bild komprimiert werden soll, also ob Datenmengen nach Möglichkeit eingespart werden sollen. *ZIP* und *LZW* sind Komprimierungsverfahren, die verlustfrei arbeiten, Sie können sie also problemlos einsetzen. Entscheiden Sie sich für eine der Methoden und bestätigen Sie mit *OK*.

6. Öffnen Sie das Originalbild *Pferde.jpg* und vergleichen Sie die beiden Fotos. Auch wenn die einzelnen Bearbeitungsschritte zum Teil nur kleine Veränderungen bewirkt haben, ist das Ergebnis verblüffend.

Das TIFF- bzw. TIF-Format gehört zu den gebräuchlichsten Formaten für Pixelbilder. Der Vorteil: Es speichert Ihre Daten absolut verlustfrei. Als Nachteil erweist sich, dass die allermeisten Fotos im TIF-Format größeren Speicherplatz belegen als im JPG-Format. Ich selbst handhabe es so, dass ich wichtige Bilder, die unbedingt ohne Qualitätseinbuße gespeichert werden müssen und vielleicht später noch nachbearbeitet werden sollen, als TIF speichere. Sehr große Serien oder Schnappschüsse hingegen speichere ich als JPG. Leider akzeptieren viele Belichtungsstudios TIF-Bilder nicht. Für den Fall, dass Sie Bilder belichten lassen möchten, müssen diese abschließend im JPG-Format gespeichert werden. Speichern Sie im Zweifelsfall bei echten Raritäten eine TIF- und eine JPG-Version.

Belichtungsstudios akzeptieren das TIF-Format in Kombination mit LZW-Komprimierung häufig nicht, da auf LZW-komprimierte Bilder Lizenzgebühren anfallen.

Vergleichen Sie das Original mit der optimierten Version.

Weitere hilfreiche Funktionen

In diesem Abschnitt werden interessante Funktionen vorgestellt, die Sie bei Bedarf zusätzlich zu den vorigen Dialogboxen individuell einsetzen können.

Helligkeit und Kontrast als rasantes Korrekturwerkzeug

Eine kleine Dialogbox mit nur zwei Reglern, aber großer Wirkung ist die Dialogbox *Helligkeit/Kontrast*. Sie lässt keine detaillierten Einstellungen zu und ist daher für komplizierte Korrekturen nicht unbedingt geeignet und bei manchen Bildbearbeitern daher nicht so beliebt. Um aber einem durch die Tonwertkorrektur bereits weitgehend ausgeglichenen Bild noch mehr Brillanz zu verleihen, funktioniert sie ganz hervorragend. Bedenken Sie, dass sich die Einstellungen auf alle Tonwerte auswirken, Sie können keine gesonderten Korrekturen an hellen, mittleren und dunklen Bereichen vornehmen.

1. Das verwendete Beispielbild heißt *Blumenkübel.jpg*. Wählen Sie *Überarbeiten/Beleuchtung anpassen/Helligkeit/Kontrast*. Achten Sie darauf, dass das Kontrollkästchen *Vorschau* aktiv ist, damit Sie die Auswirkungen im Bild kontrollieren können. Verschieben Sie beide Regler und beobachten Sie die Wirkung im Bild.

2. Schalten Sie das Kontrollkästchen *Vorschau* abwechselnd ein und aus, um den Vorher-nachher-Unterschied zu beurteilen. Da sich das mensch-

liche Auge bzw. Gehirn schnell an Farbstiche und Kontrastveränderungen
gewöhnt, ist die Korrektur nicht mehr deutlich, wenn man das Bild länge-
re Zeit in der geänderten Fassung betrachtet.

3. Ich verwende in diesem Beispiel für die Helligkeit den Wert *+30* und für
   die Kontrasterhöhung den Wert *35*. Bestätigen Sie mit *OK*, wenn Sie mit
   den Einstellungen zufrieden sind.

Durch den Einsatz der Funktion Helligkeit/Kontrast wirkt das Bild deutlich frischer.

Farbstiche mit den Farbvariationen bearbeiten

Mit der Tonwertkorrektur haben Sie bereits ein wichtiges Werkzeug für den
Ausgleich von Farbstichen eingesetzt. Besonders intuitiv in der Handhabung
ist allerdings die Dialogbox *Farbvariationen.* Hier haben Sie die Möglichkeit,
die Korrektur ausschließlich auf Lichter, Mitteltöne oder Schatten anzuwenden. Die Stärke der Veränderung ist über einen Schieberegler zu variieren und
Sie wählen die Farbkorrektur per Mausklick auf das jeweilige Vorschaubild aus.

1. Das dargestellte Beispielbild heißt *Traktor.jpg.* Wählen Sie *Überarbeiten/
   Farbe anpassen/Farbvariationen.*

   In der darauf folgenden Dialogbox finden Sie im oberen Bereich zwei
   Vorher-nachher-Vorschaubilder. Wann immer Sie zum Ausgangspunkt
   Ihrer Bearbeitung zurückkehren möchten, weil Sie mit der Korrektur
   nicht ganz zufrieden sind, klicken Sie auf das linke der beiden Bilder –
   das Originalbild –, und schon wird die Bearbeitung zurückgenommen.

2. Definieren Sie zunächst die Stärke der Bearbeitung per Schieberegler unten links in der Dialogbox. Das Beispielbild weist durch falsch eingestellten Weißabgleich einen starken Blaustich auf. Ich habe den *Stärke*-Regler um eine Stufe nach links verschoben, damit die Bearbeitung nicht ganz so stark ausfällt. Eine Verschiebung nach rechts würde eine stärkere Bearbeitung bewirken.

Oben in der Dialogbox zeigt Photoshop Elements den Vorher-nachher-Vergleich an.

3. Direkt darüber regeln Sie, ob Sie die Mitteltöne, Schatten oder Lichter Ihres Bildes in Bezug auf die Farbe einstellen möchten. Wenn Sie mit dem Beispielbild *Traktor.jpg* arbeiten, aktivieren Sie zunächst die Optionsschaltfläche *Mitteltöne*.

Unten in der Dialogbox sehen Sie acht Miniaturabbildungen Ihres Fotos. Die Abbildungen sind unterschiedlich getönt und zeigen Ihnen somit an, wie Ihr Bild mit mehr oder weniger Rot-, Grün- und Blauanteilen aussieht. Das Beispielbild soll in allen Bereichen weniger Blau aufweisen.

4. Klicken Sie daher dreimal auf das Vorschaubild *Blau reduzieren* und einmal auf *Rot verstärken*. Oben in den beiden Vorher-nachher-Bildern sehen Sie den Unterschied. Je öfter Sie ein Vorschaubild anklicken, desto stärker wird der Effekt. Testen Sie dies an beliebigen Bildern, Sie können jederzeit wieder auf die Schaltfläche *Vorher* klicken, um die Bearbeitung zu widerrufen.

In der Dialogbox Farbvariationen sind nicht nur die Farben zu beeinflussen, sondern auch die Sättigung – also die Reinheit der Farben. Außerdem bietet Elements hier die Möglichkeit, das Bild abzudunkeln oder aufzuhellen, und zwar separat für Lichter, Mitteltöne und Schatten. In Photoshop Elements gibt es für jede Aufgabe zahlreiche Lösungen. Ob Sie zum Korrigieren von Farbstichen lieber mit der Tonwertkorrektur oder den Farbvariationen arbeiten, ist Geschmackssache, die Ergebnisse sind sehr ähnlich.

Farbstiche lassen sich mit den Farbvariationen komfortabel korrigieren.

Intelligente Auto-Korrektur

Wenn es richtig schnell gehen soll und die Belichtungsprobleme im Bild nur gering sind, ist die *Intelligente Auto-Korrektur* das perfekte Hilfsmittel. Diese Funktion passt gleichzeitig die Farbbalance an, entfernt also Farbstiche, und korrigiert auch Lichter, Mitteltöne und Tiefen in Bezug auf Helligkeit und Kontrast.

Die Anwendung ist sehr komfortabel: Öffnen Sie ein beliebiges Bild oder die Datei *Balkone.jpg* und wählen Sie den Befehl *Überarbeiten/Intelligente Auto-Korrektur*. Der Befehl wird sofort angewendet, ohne dass Sie Einfluss auf Details nehmen können. Bei vielen Motiven arbeitet die Intelligente Auto-Korrektur erstaunlich gut, es lohnt sich daher immer, sie auszuprobieren.

Bei vielen Motiven überzeugt die Intelligente Auto-Korrektur.

Möchten Sie etwas mehr Einfluss nehmen, wählen Sie alternativ *Überarbei-ten/Intelligente Korrektur anpassen*. Klicken Sie zunächst auf die Schaltfläche *Auto* – die Funktion wird angewendet. Jetzt haben Sie die Möglichkeit, über den Schieberegler *Korrekturbetrag* die Stärke der Korrektur zu variieren.

Mit dieser Dialogbox passen Sie die Intelli-gente Korrektur stufenlos an die Anforde-rungen Ihres Bildes an.

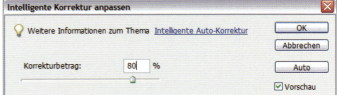

Durch die Anpassung der Intelligenten Korrektur wird das Ergebnis noch besser.

Es ist immer interessant, Auto-Korrektur-Funktionen zu testen, doch bei komplizierten Korrekturaufgaben sind die manuellen Methoden meist zuverlässiger.

Die Funktion Farbstich entfernen

Diese Korrekturfunktion bringt immer dann gute Ergebnisse, wenn es in einem farbstichigen Bild Bereiche gibt, die eigentlich neutral grau bzw. weiß oder schwarz sein sollen. In einem solchen Fall klicken Sie mit der Pipette in den neutralen Bereich und Photoshop Elements passt die Farben an. Bei Bildern, die keine klaren neutralen Bereiche aufweisen, ist die Korrektur auf diese Weise allerdings schwierig.

1. Öffnen Sie ein beliebiges Bild oder die Datei *Suzuki.jpg* und rufen Sie den Befehl *Überarbeiten/Farbe anpassen/Farbstich entfernen* auf.

Auch solch starke Farbstiche lassen sich mit der Funktion Farbstich entfernen ausgleichen.

2. Fahren Sie mit dem Mauszeiger über das Bild – der Zeiger wandelt sich in eine Pipette. Klicken Sie an eine Stelle, die nach der Korrektur nicht bunt – also weiß, grau oder schwarz – sein soll. Bei diesem Beispielbild funktioniert die Korrektur sehr gut, wenn man beispielsweise in die weißen Bereiche der Fensterrahmen klickt.

Sollte nach einem Klick mit der Pipette der gleiche oder ein anderer Farbstich vorhanden sein, verwenden Sie die *Zurück*-Schaltfläche und klicken an eine andere Stelle mit der Pipette.

Ihr Mauszeiger wandelt sich automatisch in eine Pipette, mit der Sie ins Bild klicken.

In bestimmten Situationen wie schwierigen Lichtverhältnissen ist es praktisch,
wenn Sie die Möglichkeit haben, eine
neutrale graue Fläche oder auch ein
weißes Blatt Papier mit zu fotografieren,
das Sie beim Bearbeiten des Bildes als
Referenz nutzen. Sie klicken auf diese
Stelle und beschneiden das Bild dann so,
dass die Referenzstelle wegfällt.

Bei Motiven, in denen sich neutrale Bereiche finden, funktioniert die Farbstichentfernung
einwandfrei.

Starke Neuigkeiten

In der aktuellen Version Elements 5.0 sind zwei interessante Dialogboxen
hinzugekommen, die die Möglichkeiten der Farb-, Helligkeits- und Kontrast-
korrektur sinnvoll erweitern: Sie heißen *Farbkurven einstellen* und *Farbe für
Hautton anpassen.*

Farbkurven einstellen für perfekte Kontraste

Auch mit den zu Beginn des Kapitels beschriebenen Elements-Features korrigieren Sie bereits Kontrast, Helligkeit und Farbstiche, doch die Farbkurven
bieten Ihnen noch mehr Freiheiten, da Sie den gesamten Tonwertverlauf sehr
exakt einstellen können. Manche Leser kennen die Funktion vielleicht unter
der Bezeichnung »Gradationskurven« aus Photoshop CS2.

1. Öffnen Sie das Beispielbild *Turmhaus.jpg* und wählen Sie *Überarbeiten/
    Farbe anpassen/Farbkurven einstellen.*

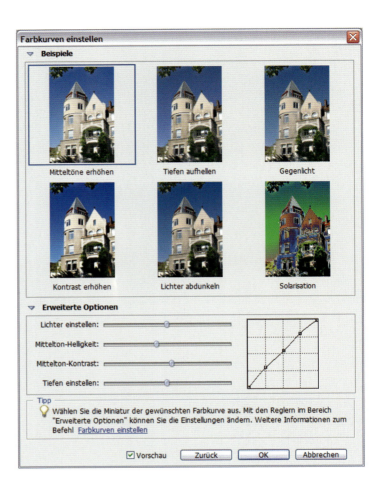

Neben den sechs Vorschaubildern für schnelle Anwendung sorgen Sie hier mit vier Schie-bereglern für den perfekten Tonkurvenverlauf.

2. Klicken Sie auf das Dreieck vor *Erweiterte Optionen,* um die Farbkurve mit Koordinatenkreuz zu erhalten. Unten links in diesem Koordinatenkreuz sind die Tiefen repräsentiert, oben rechts die Lichter.

    Eventuell kann es hilfreich sein, sich das Koordinatenkreuz gedanklich mit »Vorher« und »Nachher« zu beschriften. Die horizontale Achse repräsentiert die Helligkeitswerte vor der Bearbeitung, die vertikale Achse die Helligkeitswerte nach der Bearbeitung.

3. Testen Sie die verschiedenen Vorschauabbildungen im oberen Bereich der Dialogbox per Mausklick. Sie sehen, in welcher Form sich die Tonkurve verändert. Mit Hilfe der Schieberegler passen Sie sie individuell an.

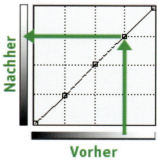

Das Originalbild mit noch unveränderter Kurve

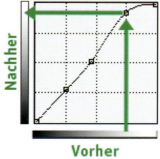

Der Kurvenverlauf, nachdem die Lichter aufgehellt wurden – die grünen Pfeile können Sie sich an jeder beliebigen Stelle der Kurve vorstellen.

In den folgenden Abbildungen habe ich für Sie die vier am häufigsten verwendeten Kurvenverläufe dargestellt. Sie werden zur Aufhellung, zur Abdunklung, bzw. zum Erhöhen und Verringern des Kontrastes eingesetzt.

 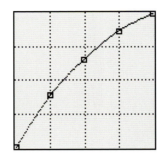 

Eine Wölbung der Kurve nach oben ergibt eine Aufhellung aller Töne, außer Schwarz und Weiß. Die mittleren Tonwerte erfahren hierbei die stärkste Aufhellung.

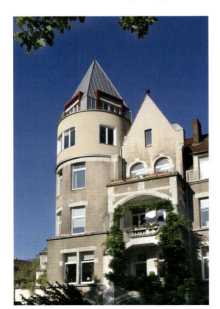 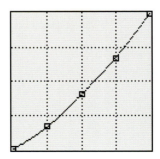 

Bei der Wölbung der Kurve nach unten erfolgt eine Abdunklung der Tonwerte – wieder mit Ausnahme von Schwarz und Weiß, die unberührt bleiben.

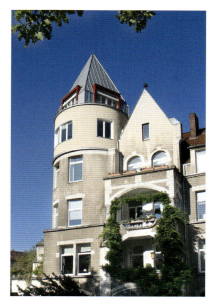
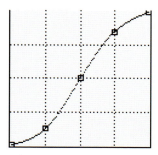
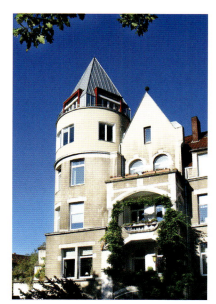

S-Kurven wirken sich grundsätzlich auf den Kontrast aus. In dieser Abbildung bewirkt die S-Kurve eine Kontrasterhöhung.

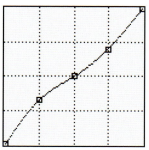
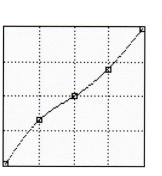

Hier verläuft die Kurve genau umgekehrt – der Kontrast wird verringert.

Sehr flexibel lässt sich das Originalfoto variieren. Bei diesem Bild ist es hilfreich, dass der Hintergrund keine Braun-, Rot- und Gelbtöne aufweist, denn diese würden mit verändert werden. Foto von Wesko Dragner: Markus Kupke

Mit nur einem Mausklick lässt sich die Tönung anpassen.

Falls Sie versehentlich in einen Bereich außerhalb der Haut klicken – beispielsweise in das Wasser –, nutzen Sie die Zurück-Schaltfläche, um die vorige Fassung wiederherzustellen.

Hauttöne mit perfekter Ausstrahlung

Eine ganz besonders komfortable Funktion ist die Hautton-Korrektur. Mit ihr stellen Sie in wenigen Schritten sowohl vornehme Blässe als auch Sommerbräune ein.

1. Öffnen Sie ein beliebiges Bild oder die Datei *Wesko.jpg* und rufen Sie den Befehl *Überarbeiten/Farbe anpassen/Hautton anpassen* auf.

2. Bewegen Sie den Mauszeiger über das Bild – er verwandelt sich in eine Pipette, mit der Sie in einen Hautbereich klicken können. Deaktivieren und aktivieren Sie abwechselnd das *Vorschau*-Kontrollkästchen, um die Veränderungen zu beurteilen.

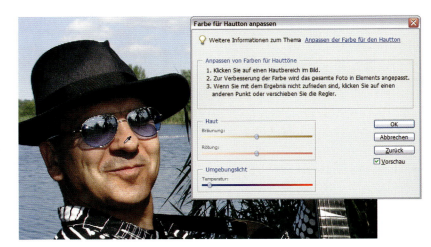

3. Sind Sie mit der Korrektur noch nicht zufrieden, stellen Sie anhand der Regler *Bräunung* und *Rötung* im Bereich *Haut* den gewünschten Ton ein.

4. Zusätzlich ist auch die Temperatur des Umgebungslichts regelbar. Unten in der Dialogbox sorgen Sie per Schieberegler dafür, dass die Umgebung von kühl bis warm in ein angenehmes Licht getaucht wird.

*Hier sehen Sie das Ergebnis der automatischen
Korrektur nach einem Klick mit der Pipette.*

*In diesem Beispiel habe ich den Bräunungsregler ganz nach
rechts und den Rötungsregler ganz nach links geschoben,
um eine starke Veränderung darzustellen.*

*Bei dieser Variante ist es umgekehrt: Bräunungsregler
ganz links und Rötungsregler ganz rechts.*

*Hier zeigt sich die Wirkung des Farbtemperaturreglers, der
stark nach rechts in den warmen Bereich geschoben wurde.*

So werden Bilder digital

Digitale Fotos werden durch eine Vielzahl von Bildpunkten – den Pixeln –
beschrieben. Jeder Bildpunkt hat einen bestimmten Farbwert. Da das menschliche Auge ein begrenztes Auflösungsvermögen hat, mischen sich die einzelnen
Punkte zu einem Gesamtbild. Die Auflösung eines Bildes gibt Aufschluss
darüber, wie viele dieser Bildpunkte auf einem Inch verteilt sind. *Inch* ist die
englische Bezeichnung für Zoll, ein Zoll entspricht 2,54 cm. In der digitalen
Bildbearbeitung hat sich die Maßeinheit Inch durchgesetzt. Die Auflösung
wird meist in *dpi* – dots per inch, also Punkten pro Zoll – angegeben. Die
Maßeinheit Punkte pro Zentimeter wird mitunter in Druckereien für Raster-
weiten verwendet, ist aber in der digitalen Bildbearbeitung nicht gebräuchlich.

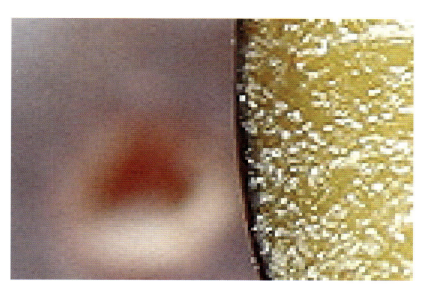

Bei einem so hohen Zoomfaktor ist nur noch schwer zu erkennen, dass es sich hierbei um einen Ausschnitt der Früchte handelt. Die einzelnen Bildpunkte sind erkennbar.

Die Auflösung eines Bildes ist für dessen Ausgabe von entscheidender Bedeutung. Es ist nicht der einzige Qualitätsfaktor, aber doch ein sehr wichtiger. Bei einer zu geringen Auflösung werden die Bildpunkte mit bloßem Auge erkennbar und das Bild wirkt stufig. Extrem hohe Auflösungen bringen aber nicht unbedingt einen sichtbaren Qualitätsgewinn. Da das menschliche Auge – wie gesagt – in seiner Auflösungsfähigkeit begrenzt ist, erkennt man bei Fotos ab einer Auflösung von etwa 400 dpi kaum noch Qualitätsunterschiede. Über diesen Wert hinaus kann man nur bei kontraststarken Bildern und nur auf absolut hochwertigem Kunstdruckpapier Unterschiede erkennen. Diese sind allerdings relativ gering, so dass höhere Auflösungen nicht unbedingt notwendig sind, zumal die großen Datenmengen bei sehr hohen Auflösungen die Bearbeitung verlangsamen und schnell die Datenträger füllen.

Wie stark Sie ein Bild mit Scharfzeichnungsfiltern bearbeiten müssen, hängt ebenfalls von der Auflösung ab. Bei einer geringen Auflösung – etwa bei Bildern für das Internet – wirken *Scharfzeichnungsfilter* sehr viel deutlicher als bei einer hohen Bildauflösung.

Ich habe für Sie ein Bild mit unterschiedlichen Auflösungen erstellt. Betrachten Sie die verschiedenen Bilder und vergleichen Sie die Unterschiede. Achten Sie hierbei besonders auf kleine Details und Konturen. Die Qualitätsunterschiede sind bei den höheren Auflösungen nicht leicht auszumachen.

Verwenden Sie bei Ihrer Digitalkamera immer die optische Auflösung als Kriterium. Das ist die Auflösung, die die Kamera physikalisch aufzunehmen vermag. Die interpolierte Auflösung bringt leider keinen Qualitätsgewinn, da sie lediglich Zwischenpixel errechnet. Der Effekt ist der Gleiche, als würde man in der Dialogbox Bildgröße eine höhere Auflösung eingeben. Hierbei interpoliert Photoshop Elements ebenfalls, errechnet also neue Bildpunkte in das Bild hinein.

600 dpi – der Unterschied zum folgenden Bild mit 400 dpi ist kaum zu erkennen.

400 dpi Bildauflösung sind exzellent für Bilderdruck auf hochwertigem Papier.

300 dpi – diese Bildauflösung ist gebräuchlich im professionellen Offsetdruck sowie bei Belichtungsstudios und bringt ausgesprochen gute Ergebnisse.

200 dpi Bildauflösung sind durchaus gut für digitale Fotos, wenn es darum geht, Datenmengen zu sparen oder ein größeres Format zu erzielen.

150 dpi – selbst diese Bildauflösung bringt noch passable Ergebnisse.

120 dpi – bei dieser Auflösung werden die Bildpixel doch sehr deutlich erkennbar.

72 dpi Bildauflösung werden eingesetzt, wenn Bilder am Bildschirm präsentiert werden – also im Internet oder in PowerPoint-Präsentationen.

25,4 dpi Bildauflösung sind zu gering und höchstens als Effekt einzusetzen.

Der Qualitätsgewinn durch eine hohe Auflösung wird auf hochwertigem Fotopapier deutlicher als auf Normalpapier. Da Normalpapier weniger »punkthaltig« ist und stark Farbe aufsaugt, verschwimmen die einzelnen Rasterpunkte und Auflösungen über 200 dpi sind nicht mehr transportierbar. Entscheiden Sie über Ihre Bildauflösung also auch anhand der eingesetzten Papierqualität. Ist man nicht sicher, auf welchem Papier man ein Bild druckt, sollte man lieber eine höhere Auflösung wählen, denn die spätere Erhöhung der Auflösung in Elements bringt keinen Qualitätsgewinn. Entscheidend ist immer die Auflösung bzw. Megapixelzahl, mit der man fotografiert.

Beziehen Sie bei der Wahl der Auflösung auch immer den Betrachtungsabstand mit ein. Wenn Sie wissen, dass Ihre »Zielgruppe« die Bilder hauptsächlich mit einem gewissen Abstand betrachtet, kann die Auflösung tendenziell geringer sein. Dies gilt beispielsweise für großformatige Plakate.

So groß können Sie Digitalfotos ausdrucken

Im ersten Abschnitt dieses Kapitels habe ich verschiedene Auflösungen verglichen und für Tintenstrahlausdrucke auf hochwertigem Papier eine Auflösung von 200 bis 300 dpi empfohlen. Die Vergrößerbarkeit von Digitalfotos ist je nach Kameraauflösung begrenzt. In der folgenden Tabelle erfahren Sie, wie groß Ihre Bilder bei optimaler Qualität auszudrucken sind.

Megapixel	Bildgröße in Pixeln	Datenmenge, unkomprimiert in Mbyte	Erreichbares Format in Zentimetern beim Tintenstrahlausdruck mit 200 dpi Bildauflösung	Erreichbares Format in Zentimetern beim Tintenstrahlausdruck mit 300 dpi Bildauflösung
2	1800 × 1200	ca. 6	22,8 × 15,2	15,2 × 10,1
3	2000 × 1500	ca. 8,5	25,4 × 19	16,9 × 12,7
4	2272 × 1704	ca. 11	28,8 × 21,6	19,2 × 14,4
5	2560 × 1920	ca. 14	32,5 × 24,3	21,6 × 16,2
6	3008 × 2000	ca. 17	38,2 × 25,4	24,4 × 16,9
8	3264 × 2448	ca. 23	41,4 × 31,1	27,6 × 20,7
10	3888 × 2592	ca. 28	49,4 × 32,9	32,9 × 22,0
16	4992 × 3328	ca. 47,5	63,4 × 42,2	42,3 × 28,2

Mögliche Ausdruckformate für Digitalfotos

Gehen Sie folgendermaßen vor, um Bilder, die Sie von der Digitalkamera geladen haben, in Ihr Wunschformat zu bringen.

1. Öffnen Sie ein beliebiges Bild, das mit einer Digitalkamera aufgenommen wurde.

2. Rufen Sie *Bild/Skalieren/Bildgröße* auf.

So präsentiert sich die Dialogbox Bildgröße *nach dem ersten Öffnen.*

Elements zeigt Ihnen im oberen Bereich *Pixelmaße* die Größe in Mbyte an – in der Beispielabbildung 17,2 Mbyte. Direkt darunter sehen Sie Breite und Höhe in Pixeln. Diese Gesamtpixelzahl sollte nicht verändert werden, wenn das Bildformat ohne Qualitätsverlust verändert werden soll.

3. Ganz unten in der Dialogbox befindet sich das Kontrollkästchen *Bild neu berechnen mit*. Es ist standardmäßig aktiv, also mit einem Häkchen versehen. Deaktivieren Sie das Kontrollkästchen mit einem Mausklick, so dass Elements nicht die Möglichkeit hat, Bildpixel neu in das Bild einzufügen oder zu löschen.

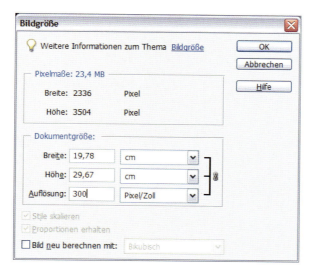

Deaktivieren Sie das Kontrollkästchen Bild neu berechnen mit und geben Sie dann entweder die gewünschte Breite, Höhe oder Auflösung ein. Photoshop Elements bringt daraufhin die vorhandenen Bildpixel in das neue Format, ohne Pixel hinzuzurechnen.

4. Soll ein Bild eine ganz bestimmte Breite erhalten, geben Sie diese in das Feld *Breite* ein. Möchten Sie hingegen herausfinden, welches maximale Format Sie bei optimaler Bildauflösung – also 300 dpi – erreichen, geben Sie die Zahl in das Feld *Auflösung* ein.

5. Bestätigen Sie die Dialogbox mit einem Klick auf *OK* und drucken Sie das Bild bzw. senden Sie es an Ihren Belichtungsservice.

Retuschier-werkzeuge für perfekte Fotos

In diesem Kapitel dreht sich alles um die Veredelung von Bildern. Im ersten Abschnitt korrigieren Sie rote Augen, die durch Blitzlichteinsatz entstanden sind. Das darauf folgende Thema ist die Retusche von Staub, Kratzern und anderen störenden Elementen im Bild. Außerdem akzentuieren Sie Bilder durch Bunt-unbunt-Kontraste und Bewegungsunschärfen.

Blitzlichtreflexionen und Rote-Augen-Effekt korrigieren

Mittlerweile verfügen die meisten Kameras über die Vorblitztechnik. Hierbei bewirkt ein kurzer Blitz, dass die Pupillen sich schließen und nicht so viel Licht durch die Pupille einfallen und von der Netzhaut reflektiert werden kann. Leider funktioniert diese Technik nicht immer einwandfrei und der Rote-Augen-Effekt entsteht mitunter dennoch. Photoshop Elements bietet für dieses Problem unterschiedliche Korrekturmöglichkeiten. Beispielsweise haben Sie die Möglichkeit, die Pupille mit der *Auswahlellipse* und/oder dem *Auswahlpinsel* zu markieren, dann die Sättigung zu verringern und die Pupille mittels Tonwertkorrektur abzudunkeln. Für die zweite Variante steht Ihnen ein spezielles Werkzeug zur Verfügung: das *Rote-Augen-entfernen-Werkzeug*. Entscheiden Sie anhand dieses Projekts, welche Methode Ihnen besser gefällt.

Variante 1: Auswahlpinsel und Sättigung

Diese Vorgehensweise ist praktisch, da hier die Form der Pupille nicht ausschlaggebend ist. Sie ist aufwändiger als die automatische Methode, aber Sie haben eine bessere Kontrolle, da mit dem *Auswahlpinsel* jede beliebige Form markiert werden kann und das Ergebnis nicht von der Beschaffenheit des Bildes abhängt, was bei der Automatik der Fall ist.

Falls Sie nach dem Erhöhen des Zoomfaktors den sichtbaren Ausschnitt des Bildes mit der Maus verschieben möchten, halten Sie die Leertaste *auf Ihrer Tastatur gedrückt – der Mauszeiger verwandelt sich in ein kleines Handsymbol. Wenn Sie gleichzeitig bei gehaltener Leertaste ins Bild klicken und ziehen, verschieben Sie den Ansichtsausschnitt. Sobald Sie die Maustaste wieder loslassen, kehren Sie zum vorigen Werkzeug zurück.*

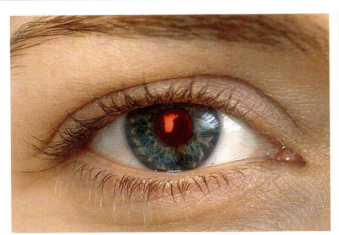 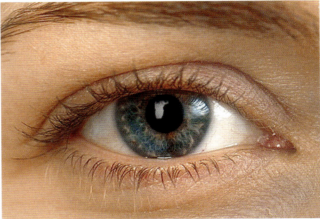

1. Öffnen Sie die Beispieldatei *Auge.jpg* und erhöhen Sie den Ansichtsfaktor mit Strg + + .

2. Aktivieren Sie das Werkzeug *Auswahlpinsel*.

Sie erreichen ihn am schnellsten mit dem Buchstaben Ⓐ auf Ihrer Tastatur. Wenn Sie den Auswahlpinsel zum ersten Mal aktivieren, erhalten Sie zunächst eine *Info*-Dialogbox, bestätigen Sie diese mit *OK* – anschließend ist der *Auswahlpinsel* anwählbar.

3. Definieren Sie die Werkzeugoptionen – Größe und Deckkraft des Pinsels: Wählen Sie für das Beispielbild eine Pinselspitze mit weichem Rand, etwa *80 % Kantenschärfe* aus, da der Übergang von Pupille zu Iris nicht ganz klar abgegrenzt ist. Ich verwende einen Durchmesser von *60 Pixeln*.

4. Markieren Sie mit dem *Auswahlpinsel* die Pupille. Der bearbeitete Bereich wird mit der gestrichelten Auswahllinie markiert.

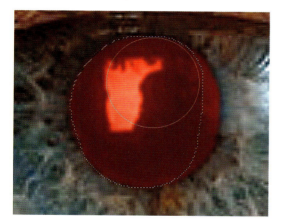

5. Ist die Pupille komplett markiert, rufen Sie den Befehl *Überarbeiten/ Farbe anpassen/Farbe entfernen* auf, so dass die Pupille in Grautöne umgewandelt wird.

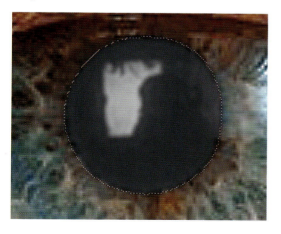

Die Kantenschärfe variiert von Motiv zu Motiv. Wenn beispielsweise rote Bereiche in den Augapfel überstrahlen, kann der Einsatz einer noch weicheren Kante sinnvoll sein.

Im Modus Auswahl zeigt Elements grundsätzlich eine gestrichelte Linie an. Wenn Sie mit weichen Pinselspitzen arbeiten, lässt sich der Übergang zwischen ausgewählten und nicht ausgewählten Bereichen nicht gut kontrollieren. In einem solchen Fall ist es hilfreich, in der Optionsleiste in den Modus Maskieren zu wechseln. In diesem Modus stellt Elements den Bereich außerhalb der Auswahl wie von einer roten Folie geschützt dar. Hier sind auch weiche Kanten deutlich zu erkennen. Achtung: Wenn Sie in den Maskieren-Modus wechseln, bewirkt das Malen mit dem Pinsel, dass die Maske erweitert und somit die Auswahl verkleinert wird. Um die Auswahl weiter zu vergrößern, halten Sie beim Malen die ⒶⓁⓉ-Taste gedrückt.

Die Maskenfarbe ist standardmäßig rot, was bei diesem Motiv stört. Die Farbe der Maske kann oben rechts in der Optionsleiste über das Listenfeld Overlay-Farbe variiert werden.

6. Die Pupille ist noch zu hell, so dass sie unnatürlich wirkt. Wählen Sie *Überarbeiten/Beleuchtung anpassen/Tonwertkorrektur*. Bleiben Sie im Kanal *RGB* – also in der Summe der Farbkanäle.

Hier bearbeiten Sie alle Farbkanäle gleichmäßig und verändern somit die Helligkeit des Bereichs. Schieben Sie den mittleren Regler der Tonwertkorrektur so weit nach rechts, bis die Pupille natürlich wirkt – in vorliegendem Fall auf den Wert *0,58*.

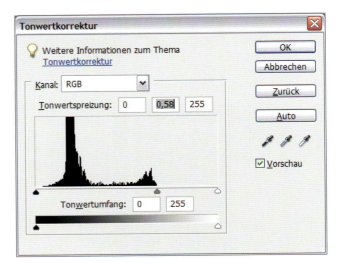

7. Um das Auge ohne die Auswahlmarkierung zu kontrollieren, wählen Sie *Auswahl/Auswahl aufheben*.

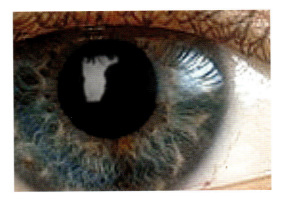

Bei schwierigen Grenzbereichen zwischen Pupille und Iris kann es vorkommen, dass an den Rändern noch vereinzelte rote Pixel auftauchen. Diese sind gut mit dem *Schwamm* zu bearbeiten. Er ist in der Lage, die Sättigung bestimmter Bereiche zu verringern und damit die roten in graue Pixel umzuwandeln.

8. Aktivieren Sie das Werkzeug *Schwamm*. Es teilt sich den Platz mit *Abwedler* und *Nachbelichter*.

9. Stellen Sie in der Optionsleiste die Option *Sättigung verringern* ein und wählen Sie eine kleine Werkzeugspitze von z. B. 6 px Durchmesser.

10. Übermalen Sie bei einem hohen Zoomfaktor die übrig gebliebenen roten Pixel, bis diese entfärbt sind.

Wie oben bereits erwähnt, ist diese Methode etwas zeitintensiver als die folgende, aber hierbei sind sehr gute Ergebnisse garantiert.

Variante 2: das Rote-Augen-entfernen-Werkzeug

Es hängt von der Größe der Pupille, der Bildauflösung und der mehr oder weniger klaren Abgrenzung ab, welche Methode die komfortablere ist. Testen Sie, welche Arbeitsweise bei Ihren Aufnahmen bessere Ergebnisse bringt.

Dieser Rote-Augen-Effekt wurde nachträglich eingefügt, um die Katze nicht zu verschrecken.

1. Die Datei für die Nachbearbeitung dieses Projekts heißt *Katzenbaby.jpg*.

2. Auch hier ist es wieder wichtig, dass Sie mit dem *Zoom-Werkzeug* (Taste ⓩ) einen komfortablen hohen Ansichtsfaktor wählen.

3. Wählen Sie das *Rote-Augen-entfernen-Werkzeug* aus der Werkzeugpalette aus oder verwenden Sie die Taste ⓨ. Stellen Sie in der Optionsleiste die *Pupillengröße* und den *Verdunklungsbetrag* ein.

Leider braucht es oft mehrere Versuche, bis die Pupille zufriedenstellend korrigiert ist.

Die zweite Möglichkeit, das Rote-Augen-entfernen-Werkzeug zu handhaben, ist, direkt in die rote Pupille zu klicken. Dies funktioniert allerdings nicht immer einwandfrei.

Das Ergebnis kann sich sehen lassen, Elements erkennt die rote Pupille, verringert die Sättigung und dunkelt das Auge in einem Arbeitsschritt ab.

Ich habe mich für eine *Pupillengröße* von *50 %* und einen *Verdunklungsbetrag* von ebenfalls *50 %* entschieden. Leider variieren diese Werte von Motiv zu Motiv, so dass sich hier keine gute Faustregel ableiten lässt.

4. Klicken und ziehen Sie mit dem Werkzeug so im Bild, dass Sie einen Markierungsrahmen um das Auge erstellen. Elements analysiert daraufhin die Farbwerte und entfernt automatisch das rote Auge.

Man muss das Entfärben einige Male ausprobiert haben, um ein Gefühl dafür zu entwickeln, wie Elements hier arbeitet. Oft ist es auch nötig, dass man die Markierung mehrmals am selben Auge ausführt, bis das Rot vollständig entfernt ist.

Kopierstempel und Reparaturpinsel für makellose Fotos

Der *Kopierstempel* ist das wichtigste Werkzeug für die digitale Bildretusche. Hiermit lassen sich nicht nur Aufräumarbeiten störender Bildelemente vornehmen, sondern auch interessante Fotomontagen gestalten. Der Kopierstempel funktioniert sogar bildübergreifend, das heißt, Sie können in einem Bild die Kopierquelle festlegen – z. B. einen Wolkenhimmel – und diesen dann in ein zweites Bild einkopieren. Das Prinzip des Stempels ist folgendes: Anders als die Malwerkzeuge trägt der Stempel nicht eine bestimmte Farbe im Bild auf, sondern er kopiert genau den Bildbereich, den man zuvor bei gehaltener

Alt-Taste als »Kopierquelle« definiert hat. Das hat den großen Vorteil, dass sich ein Fussel oder Ähnliches nicht nur mit Farbe überdecken lässt, sondern auch die richtige Struktur aufgetragen wird.

Die Eibenzapfen im Hintergrund lassen sich einwandfrei mit dem Kopierstempel entfernen.

Natürlich kann man bei diesen hübschen Zapfen nicht von »Bildfehlern« sprechen – aber manchmal wirken Bilder aufgeräumter, wenn man ablenkende Objekte retuschiert.

Im Beispielbild sollen die Zapfen oben und links per Kopierstempel entfernt werden, damit sie nicht vom Mittelpunkt, also dem Hauptdarsteller, ablenken. Besonders im Hintergrund ist dies leicht zu bewerkstelligen, da die Retusche durch die Unschärfe gut gelingt.

Die Öffnen-Dialogbox erhalten Sie in Photoshop Elements nicht nur mit dem Befehl Datei/Öffnen oder der Tastenkombination Strg + O – auch ein Doppelklick auf den dunkelgrauen Bildschirmhintergrund von Elements lädt diese Dialogbox.

Auch beim Kopierstempel haben Sie die Wahl zwischen harter und weicher Werkzeugspitze. Welcher Härtegrad der beste ist, hängt stark von der Struktur des zu retuschierenden Bereichs ab. Vergleichen Sie die Wirkungsweise von harten und weichen Spitzen an Ihren Bildern. Der weiche Pinsel lässt Strukturen manchmal verwischt aussehen, der harte Pinsel hingegen hinterlässt mitunter Kanten. Ich habe im Beispielbild die Kantenschärfe mehrmals variiert.

1. Öffnen Sie ein beliebiges Bild oder das Beispielbild *Eibe.jpg* von der Markt+Technik-Website.

2. Aktivieren Sie den *Kopierstempel* mit dem Buchstaben S bzw. mit ⇧ + S, falls gerade der *Musterstempel* aktiv ist.

3. Definieren Sie die Werkzeugoptionen in der Optionsleiste passend zum Bild. Ich habe eine weiche Werkzeugspitze mit einer *Größe* von *60 px*, den *Modus Normal* und eine *Deckkraft* von *100 %* gewählt.

4. Suchen Sie nach einer Stelle, die in Bezug auf Farbe und Struktur nach Möglichkeit genauso aussieht wie der Bereich, den Sie überdecken möchten. Dieser Bereich soll die Kopierquelle sein, mit der Sie die fehlerhafte Stelle »überstempeln«.

5. Haben Sie eine geeignete Stelle gefunden, halten Sie die Alt-Taste gedrückt und klicken an diese Stelle mit der linken Maustaste, um die Kopierquelle festzulegen. Lassen Sie daraufhin beide Tasten wieder los.

Durch die diffuse Struktur des Hintergrunds lässt sich der Zapfen gut retuschieren, indem man mit etwas Abstand die Kopierquelle festlegt.

6. Bewegen Sie den Mauscursor direkt über den Bildfehler. Klicken Sie jetzt mit der linken Maustaste.

   Sie beobachten, dass an der Stelle, an der Sie zuvor mit Alt geklickt haben, ein Kreuz erscheint. Damit zeigt Elements Ihnen die Kopierquelle an. Es ist der Bereich, der gerade über den Bildfehler kopiert wird.

7. Retuschieren Sie alle gewünschten Bereiche, indem Sie mit gehaltener linker Maustaste arbeiten. Die Eibenzapfen werden überdeckt.

Etwas gewöhnungsbedürftig ist anfangs, dass das Kreuz – also die Kopierquelle – mitwandert. Muss man eine größere Fläche retuschieren, wandert die Kopierquelle mitunter in einen Bereich, der als Quelle nicht mehr funktioniert, da er abweichende Tonwerte aufweist. In einem solchen Fall müssen Sie eine neue Stelle finden und diese wieder mit gedrückter Alt-Taste neu festlegen.

Zu den besten Ergebnissen kommt man mit dem Kopierstempel, wenn man immer wieder die Kopierquelle neu anpasst. Besonders an Bildrändern ist dies von Vorteil, da die Kopierquelle mit der Mausbewegung wandert und an Rändern aus dem Bild läuft. Das ständige Neuanpassen der Werkzeugspitzengröße kann hilfreich sein.

Solche Kanten wie hier rechts im Bild entstehen, wenn das Kreuz, also die Kopierquelle, aus dem Bild läuft – legen Sie dann die Quelle erneut fest.

In den Werkzeugoptionen finden Sie das Kontrollkästchen Ausger. Dies steht für »ausgerichtet«. Ist die Option deaktiviert, springt das Kreuz jedes Mal, wenn Sie die Maustaste beim Retuschieren loslassen, zur Kopierquelle zurück. Ist die Option aktiviert, merkt sich Photoshop Elements, was Sie schon retuschiert haben, und die Quelle wandert mit – der Abstand zwischen dem Kreuz und Ihrer Werkzeugspitze ist dann also festgesetzt und bleibt immer gleich. Dies ist sinnvoll, wenn man größere Bildbereiche komplett kopieren möchte, ohne dass es zu einem Versatz kommen kann. Testen Sie die Wirkung dieser Option.

Solche Retuschen mit dem Kopierstempel sind schwer zu entlarven.

Schnellkorrektur mit dem Bereichsreparatur-Pinsel

Der *Bereichsreparatur-Pinsel* ist das perfekte Hilfsmittel für Fusseln und Kratzer in einer ansonsten störungsfreien Umgebung. Es ist das schnellste aller Retuschewerkzeuge, denn Sie müssen zuvor keine Quelle festlegen. Sie markieren mit dem Pinsel einfach den Problembereich komplett, Photoshop Elements analysiert die Umgebung automatisch und entfernt den Fussel oder im Beispiel die kleinen Blattreste und Pollen.

Diese Retusche gelingt mit wenigen Mausklicks.

1. Aktivieren Sie das Werkzeug *Bereichsreparatur-Pinsel* und laden Sie die Datei *GelbesBlatt.jpg*.

    Im Wasser befinden sich Pollen und Blätterreste. Dies sieht zunächst nach einer Menge Arbeit aus – die Korrektur gelingt aber mit dem *Bereichsreparatur-Pinsel* im Handumdrehen.

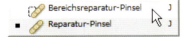

2. Kontrollieren Sie die Werkzeugoptionen und definieren Sie für das Beispielbild eine *Pinselgröße* von ca. *15* bis *30* Pixeln mit einer weichen Pinselspitze.

3. Überpinseln Sie eines der Blätter – Sie sehen, dass Elements zunächst eine helle Markierung über dem Blatt aufträgt, als würde man mit einem weißen, halbtransparenten Pinsel malen.

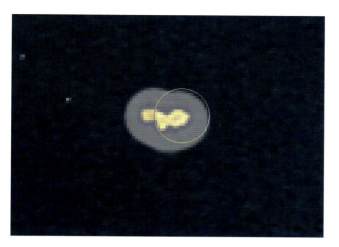

Der hell markierte Bereich wird von Elements analysiert.

Nach dem Loslassen der Maustaste wird das Blatt rückstandslos entfernt.

4. Lassen Sie die Maustaste los – es dauert einige Augenblicke: Elements analysiert die Stelle und die Blätter verschwinden wie von Zauberhand.

Achtung: Partikel müssen immer komplett markiert werden, andernfalls verwischt der Bereichsreparatur-Pinsel die Farbe. An Kanten verwischt das Werkzeug ebenfalls, greifen Sie dann auf den Kopierstempel zurück.

Es ist faszinierend, wie exakt Photoshop Elements solche Bildfehler entfernt. Die Retusche ist auch bei starker Vergrößerung nicht auszumachen. Testen Sie das Werkzeug bei verschiedenen Bildfehlern, die Ergebnisse sind in homogenen Bereichen fast immer überzeugend.

In der Optionsleiste finden Sie neben der Standardeinstellung Näherungswert die Schaltfläche Struktur erstellen – ist diese aktiviert, fügt Elements dem markierten Bereich Störungen hinzu, sie ist daher nur sinnvoll bei Bildern anzuwenden, die ein gewisses Bildrauschen aufweisen.

Viele Kamerabesitzer kennen das Problem von Staubpartikeln auf dem Sensor. Bei großer Blendenzahl fallen diese in homogenen Bereichen wie dem Himmel deutlich auf. Auch solche Störungen lassen sich hervorragend mit dem Bereichsreparatur-Pinsel beseitigen. Das Beispielbild heißt ErnstAugust.jpg.

Glanzlichter korrigieren mit dem Reparatur-Pinsel

Ein ganz besonders leistungsstarkes Werkzeug für die Bildretusche liefert Photoshop Elements mit dem *Reparatur-Pinsel*. Er ist im Grunde eine Mischung aus Kopierstempel und Bereichsreparatur-Pinsel. Genau wie beim *Kopierstempel* suchen Sie eine Stelle im Bild, die der zu retuschierenden ähnlich, aber störungsfrei ist. Diese Stelle legen Sie mit einem Klick bei gehaltener Alt-Taste als Kopierquelle fest. Wenn Sie jetzt mit dem *Reparatur-Pinsel* Störungen übermalen, analysiert Elements die Stelle, findet Kratzer oder andere Problembereiche und rechnet diese aus dem Bild heraus.

1. Die Beispieldatei heißt *Mark.jpg*. Aktivieren Sie den *Reparatur-Pinsel* mit der Taste `J`. Er teilt sich den Platz in der Werkzeugpalette mit dem *Bereichsreparatur-Pinsel*, das heißt, wenn dieser gerade aktiv ist, müssen Sie zweimal `J` drücken.

   Der große Unterschied zwischen beiden Werkzeugen liegt darin, dass Sie beim gewöhnlichen *Reparatur-Pinsel* mit gehaltener `Alt`-Taste eine Quelle festlegen müssen, wohingegen Sie beim *Bereichsreparatur-Pinsel* gleich loslegen können. Die Kontrolle über die Retusche ist mit dem *Reparatur-Pinsel* größer.

2. Wie immer sind die Werkzeugoptionen zu beachten. Wichtig ist, dass die Optionsschaltfläche *Quelle: Aufgenommen* aktiv ist.

3. Die Größe des Pinsels können Sie praktischerweise auch per Kontext-menü einstellen. Führen Sie einen Klick mit der rechten Maustaste in das Bild aus, erhalten Sie eine Dialogbox, in der Sie Größe und Kantenschärfe des Pinsels direkt eingeben können.

4. Halten Sie die `Alt`-Taste gedrückt und klicken Sie in einen Bereich mit störungsfreier Struktur – z. B. im Bereich der Wange. Die Kopierquelle wird somit festgelegt.

Die Entscheidung, ob Sie mit dem Kopier-
stempel, dem Bereichsreparatur-Pinsel
oder dem Reparatur-Pinsel arbeiten, ist
nicht immer leicht. Es hängt stark von
den Gegebenheiten des Motivs ab, wel-
ches Werkzeug besser arbeitet. Der große
Vorteil der Reparatur-Pinsel gegenüber
dem Kopierstempel ist, dass Elements
unauffällig einen fließenden Übergang
zwischen der Originalstruktur und dem
kopierten Bereich errechnet. Bei der
Arbeit an Details in stark strukturierter
Umgebung ist die Arbeit mit dem Kopier-
stempel oftmals leichter, weil die Repa-
ratur-Pinsel beim Berühren von Kanten
diese teilweise verwischen. Testen Sie im
Zweifelsfall alle drei Werkzeuge.

5. Führen Sie die Maus über Glanzlichter und andere Störungsbereiche und retuschieren Sie mit gedrückter Maustaste. Sie sehen, dass die Störungen herausgerechnet und perfekt korrigiert werden.

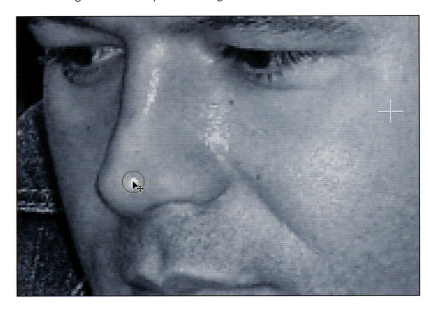

Bunt-unbunt-Kontraste

Manchmal möchte man bestimmte Bildbereiche besonders betonen, damit diese dem Betrachter sofort ins Auge fallen. In diesem Abschnitt arbeiten Sie mit dem *Auswahlpinsel* und wechseln dabei zwischen den Modi *Auswahl* und *Maskieren* hin und her. Im *Auswahl*-Modus sehen Sie als Auswahlbegrenzung eine gestrichelte Lauflinie. Diese Anzeige ist leider etwas ungenau, da sie nicht in der Lage ist, weiche Übergänge in der Auswahlmarkierung anzuzeigen. Der Modus *Maskieren* zeigt hingegen eine rote Fläche an, welche die Bereiche kennzeichnet, die außerhalb der Auswahl liegen, also geschützt sind. Je deckender der Rotton, desto deckender ist die Maske. Maske und Auswahl sind somit quasi Gegensätze und bedingen sich gegenseitig.

1. Wenn Sie das Beispiel an diesem Foto nachvollziehen möchten, laden Sie die Datei *Chili.jpg* von der Markt+Technik-Website oder *www.Angela-Wulf.de*. Die Markierung der Chilischoten ist relativ aufwändig, aber der Effekt und die schönen Kontraste machen die Arbeit wieder wett. Aktivieren Sie auch in diesem Beispiel den *Auswahlpinsel* durch Betätigen des Buchstabens A .

2. Die Werkzeugoptionen müssen wieder dem Beispielbild angepasst werden. Verwenden Sie eine Pinselspitze mit einem Durchmesser von ca.
200 px. Starten Sie im Modus *Auswahl*. Da die Chilis zum Hintergrund
relativ klar abgegrenzt sind, eignet sich gut eine harte Pinselspitze mit
einer *Kantenschärfe* von *100 %*.

3. Erstellen Sie die Auswahl. Tasten Sie sich an die Kanten heran, diese werden anschließend im *Maskieren*-Modus optimiert.

*Tasten Sie sich vom Zentrum her markierend
an die Kanten heran.*

*Durch Halten der ⇧-Taste lassen sich
bei der Arbeit mit dem Auswahlpinsel
exakt gerade Linien erstellen oder auch
zwei Mausklicks miteinander verbinden,
dies beschleunigt die Markierungsarbeit
deutlich.*

*Zu den Spitzen der Chilis hin verwende ich
hier kleinere Werkzeugspitzen von ca. 20 px
Durchmesser.*

Masken werden standardmäßig rot dargestellt. Dies liegt in ihrer Herkunft – der analogen Fotografie und Reprotechnik – begründet. Dort werden Rotfolien oder auch rote Abdeckfarbe eingesetzt, um Bildbereiche vor der Belichtung zu schützen. Wenn ein zu bearbeitendes Bild einen hohen Rotanteil aufweist, ist es schwierig, die Maske vom Bild zu unterscheiden. In diesem Fall kann man die Maskenfarbe modifizieren. Auch die Deckkraft der Maske ist in den Werkzeugoptionen mit dem Regler Overlay-Deckkraft *zu bestimmen.*

4. Wenn Sie die Chilis ausgewählt haben, wählen Sie in den Werkzeugoptionen aus dem Listenfeld *Modus* den Eintrag *Maskieren*. Sie sehen, dass sämtliche Bereiche, die nicht ausgewählt wurden, maskiert dargestellt werden. Die Maske wirkt wie eine transparente Folie, die über die nicht ausgewählten Bildbereiche gelegt wurde, um sie zu schützen.

5. Ganz rechts in den Werkzeugoptionen befindet sich das Feld *Overlay-Farbe* – hier können Sie sich eine passende Maskenfarbe aussuchen. Ich verwende einen Blauton mit einer *Overlay-Deckkraft* von 50 %.

6. Erst im *Maskieren*-Modus werden Ungenauigkeiten an den Kanten deutlich. Im *Auswahl*-Modus ist es durch die vereinfachte Darstellung der gestrichelten Linie nicht möglich, kleine Details darzustellen. Schließen Sie Lücken, indem Sie mit dem Pinsel die Maske erweitern. Möchten Sie die Maske nicht erweitern, sondern verkleinern, arbeiten Sie bei gehaltener Alt -Taste.

Es gibt eine Alternative zum Halten der Alt *-Taste beim Maskieren: Die hier grün markierten Symbole in der Optionsleiste entscheiden darüber, ob Sie Maske hinzufügen oder radieren. Möchten Sie Maske auftragen, aktivieren Sie das linke Symbol, soll die Maske gelöscht werden, verwenden Sie das rechte Symbol.*

7. Wechseln Sie zwischen Maske und Auswahl hin und her und variieren Sie eventuell die Werkzeugspitzengröße, bis das Objekt – hier die Chilischoten – perfekt ausgewählt ist.

Die vorgestellte Technik können Sie auch gut einsetzen, um ein Objekt freizustellen, das heißt, den Hintergrund zu entfernen. Wählen Sie dazu nach dem Auswählen mit dem Auswahlpinsel – Sie müssen im Auswahlmodus sein – den Befehl Ebene/Neu/Ebene durch Kopie, so dass Sie mit einer freien Ebene arbeiten, die auch Transparenz anzeigen kann. Das Objekt ist daraufhin freigestellt, das heißt, der Hintergrund ist entfernt und das Objekt kann mit dem Verschieben-Werkzeug per Drag&Drop in andere Bilder kopiert werden. Näheres dazu erfahren Sie in Kapitel 6 »Außergewöhnliche Fotomontagen«.

8. Im Moment sind die Chilis ausgewählt, da aber die Umgebung entfärbt werden soll, muss die Auswahl mit dem Befehl *Auswahl/Auswahl umkehren* invertiert werden.

9. Rufen Sie *Überarbeiten/Farbe anpassen/Farbton/Sättigung anpassen* auf. Schieben Sie den *Sättigung*-Regler ganz nach links, so dass sämtliche Farben in Graustufen umgesetzt werden.

10. Nach der Graustufenumsetzung ist die Umgebung eventuell zu dunkel. Dies können Sie mit der Tonwertkorrektur ausgleichen. Wählen Sie *Überarbeiten/Beleuchtung anpassen/Tonwertkorrektur* oder alternativ `Strg`+`L`. Für mein Beispiel habe ich den oberen mittleren Regler etwas nach links bis auf den Wert *1,5* verschoben.

11. Die Auswahlmarkierung wird mit dem Befehl *Auswahl/Auswahl aufheben* entfernt.

Die hier vorgestellte Methode kann auf vielfältige Weise variiert werden. Beispielsweise erzeugen Sie interessante Effekte, wenn Sie statt der Grauumwandlung den *Farbton*-Regler in der Dialogbox *Farbton/Sättigung anpassen* verschieben.

Strahlend blauer Himmel

Bei Landschafts- und Architekturaufnahmen ist der Himmel eventuell ein Problembereich, da er auf der Aufnahme oft zu hell erscheint. Mit der hier vorgestellten Technik korrigieren Sie den Himmel mit wenigen Arbeitsschritten. Sie verwenden zunächst das Werkzeug *Zauberstab*. Der *Zauberstab* ist das Werkzeug, mit dem man Bildbereiche auswählt, die gleiche oder – innerhalb einer definierten *Toleranz* – ähnliche Farbwerte aufweisen. Klickt man z. B. in einen weißen Bereich, werden je nach eingestellten Werkzeugoptionen entweder benachbarte oder auch unabhängige Bereiche ähnlichen Tonwerts markiert.

Die Korrektur des Himmels kann schnell künstlich wirken, mit vorsichtigen Korrekturwerten erzielt man aber sehr gute Ergebnisse.

1. Öffnen Sie das Beispielbild *Architektur.jpg*. Problematisch bei diesem Beispiel wird sein, dass der Zauberstab teilweise auch das Gebäude selbst auswählt.

2. Aktivieren Sie das Werkzeug *Zauberstab*. Dieser wird repräsentiert durch den Buchstaben $\boxed{W}$ für Magic Wand.

3. Definieren Sie in den Werkzeugoptionen einen *Toleranz*-Wert.

   Je mehr unterschiedliche Schattierungen ein Bildbereich aufweist, desto größer muss die Toleranz sein. Allerdings ist bei einer sehr hohen Toleranz auch die Gefahr groß, dass die Auswahl in Bereiche »rutscht«, die nicht markiert werden sollen. Den idealen Wert muss man je nach Motiv austesten. Im Beispiel verwende ich einen *Toleranz*-Wert von *40*. Grundsätzlich ist es einfacher, eine optimale Auswahl zu erstellen, wenn der Wert eher zu niedrig als zu hoch ist.

4. Deaktivieren Sie das Kontrollkästchen *Benachbart*, damit auch die Bereiche ausgewählt werden, die zwischen den Ästen der Bäume liegen.

5. Klicken Sie in den Himmel. Sollte die Auswahl noch Lücken aufweisen, halten Sie die $\boxed{\Diamond}$-Taste gedrückt – das Zauberstabsymbol erhält ein kleines Pluszeichen – und klicken in den noch fehlenden Bereich. Dieser angeklickte Bereich wird daraufhin der Auswahl hinzugefügt. Wiederholen Sie diesen Vorgang, bis alle fehlenden Bereiche einbezogen sind.

Wenn Sie den Zauberstab aktiviert haben, erhalten Sie in der Optionsleiste das Kontrollkästchen Benachbart. Ist es aktiv, werden bei einem Klick mit dem Zauberstab nur angrenzende, zusammenhängende Bereiche gleicher Farbe ausgewählt. Wird das Kontrollkästchen hingegen deaktiviert, werden auch solche Bereiche in die Auswahl einbezogen, die keinen direkten Kontakt mit der angeklickten Stelle haben, aber dem angeklickten Tonwert entsprechen.

Wenn Sie bei aktivem Zauberstab und bestehender Auswahl statt der $\boxed{\Diamond}$-Taste die $\boxed{Alt}$-Taste gedrückt halten, erhält das Werkzeug ein Minuszeichen und Sie können Bereiche von der Auswahl abziehen.

Da die Option Benachbart deaktiviert wurde, sind auch Bereiche innerhalb des Hauses ausgewählt worden. Dies korrigieren Sie mit dem Auswahlpinsel im Modus Maskieren.

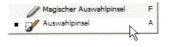

6. Aktivieren Sie den *Auswahlpinsel* über die Taste Ⓐ und wählen Sie in den Werkzeugoptionen den Modus *Maskieren* aus. Definieren Sie die Werkzeugoptionen ähnlich der folgenden Abbildung.

7. Übermalen Sie alle Lücken, die in der Maske im Bereich des Hauses zu finden sind. Eventuell müssen Sie für diese Arbeit mit Strg + + zoomen.

8. Wechseln Sie zurück in den Modus *Auswahl,* um das Bild ohne die Maskierung besser beurteilen zu können.

9. Die Auswahl ist perfekt. Rufen Sie die Dialogbox *Überarbeiten/Farbe anpassen/Farbvariationen* auf. Hier haben Sie die Möglichkeit, durch einfaches Anklicken der kleinen getönten Vorschaubildchen eine Farbkorrektur durchzuführen.

10. Aktivieren Sie in der Dialogbox *Farbvariationen* die Optionsschaltfläche *Mitteltöne*. Dieser Punkt ist sehr motivabhängig. Mitunter kann es sein, dass Sie bei anderen Bildern die Schaltflächen *Lichter* oder *Tiefen* aktivieren müssen.

11. Variieren Sie die *Stärke*-Einstellung. Klicken Sie anschließend auf die verschiedenen Schaltflächen und mixen Sie sich Ihren Wunschblauton zusammen. Ich habe mehrmals auf die Vorschaubilder für *Blau verstärken* und *Rot reduzieren* geklickt.

Dynamik mit Bewegungsunschärfe

Interessante Bewegungseffekte liefert der Weichzeichnungsfilter *Bewegungsunschärfe*. Man kann ihn sehr gut einsetzen, um Hintergründe effektvoll zu verwischen. Sie arbeiten in diesem Projekt mit dem *Polygon-Lasso*, dem Auswahlwerkzeug, mit dem Sie um ein Objekt herumklicken, um eine Auswahl zu erstellen.

1. Das Beispielbild für diesen Workshop heißt *Porsche.jpg*, öffnen Sie dieses oder eine ähnliche Datei.

Sie wählen im Folgenden den Wagen aus, kehren dann die Auswahl um und zeichnen den Hintergrund weich.

2. Aktivieren Sie das Werkzeug *Polygon-Lasso*.

Mit diesem Werkzeug erstellen Sie eine Auswahl, indem Sie mehrere Mausklicks um ein Objekt herum ausführen. Sie könnten für dieses Beispiel auch das gewöhnliche *Lasso* verwenden, allerdings muss man dabei die Maustaste gedrückt halten, was sich nicht immer ganz einfach gestaltet. Beim *Polygon-Lasso* kann man die Maustaste während der Arbeit loslassen. Das *Magnetische Lasso* ist oft eher schwer zu handhaben, da es selbstständig Kanten sucht. Sind die Kanten nicht klar abgegrenzt, kommt es zu ungenauen Auswahlmarkierungen.

3. Zoomen Sie das Bild heran und führen Sie den ersten Mausklick auf den Rand des Wagens aus. Bewegen Sie den Mauscursor dann an eine andere Stelle auf dem Rand und klicken Sie erneut, der nächste Ankerpunkt wird gesetzt. Achten Sie darauf, dass Sie keinen Doppelklick ausführen, denn dies schließt sofort die Auswahl.

Verklicken Sie sich während der Arbeit mit dem Polygon-Lasso versehentlich, können Sie die gesetzten Punkte mit der ← -Taste, der Rückschritttaste, rückgängig machen. Direkt verschiebbar – wie etwa die Bézierkurven in Zeichenprogrammen – sind die Punkte leider nicht.

4. Schieben Sie den Bildausschnitt weiter, indem Sie die Leertaste halten und dann klicken und ziehen. Führen Sie Klicks um den Wagen herum aus und schließen Sie die Auswahl, indem Sie entweder in den zuallererst gesetzten Punkt klicken oder einen Doppelklick in der Nähe des ersten Punkts ausführen.

5. Der Wagen ist ausgewählt. Da nicht das Auto, sondern die Umgebung weichgezeichnet werden soll, wählen Sie *Auswahl/Auswahl umkehren*.

6. Rufen Sie den Befehl *Filter/Weichzeichnungsfilter/Bewegungsunschärfe* auf. Wählen Sie in der Dialogbox den *Winkel* und die *Distanz* für die Weichzeichnung. Je größer der Wert für die Distanz, desto stärker fällt der Bewegungseffekt aus. Der Winkel ist in hohem Maß dafür verantwortlich, wie realistisch der Effekt wirkt.

7. Heben Sie mit *Auswahl/Auswahl aufheben* die Markierung auf.

8. Um ein realistischeres Erscheinungsbild zu erhalten, bearbeiten Sie im Folgenden auch das Hinterrad des Wagens. Wählen Sie dieses ebenfalls mit dem *Polygon-Lasso* oder dem *Auswahlpinsel* aus.

Die Schattierungen auf dem Wagen sind noch verräterisch, diese bearbeiten Sie entweder auf die gleiche Weise, wobei Sie mit Auswahl/Weiche Auswahlkante sanfte Übergänge erzeugen, oder Sie verwenden direkt das Werkzeug Weichzeichner – symbolisiert durch das Tropfensymbol –, um die Reflexionen zu glätten.

9. Verwenden Sie diesmal den Befehl *Filter/Weichzeichnungsfilter/Radialer Weichzeichner*. Testen Sie, welche *Stärke*-Einstellung Ihnen gefällt.

10. Das Ergebnis ist fast perfekt. Falls Sie der rote Teppich und der andere Wagen im Hintergrund stören, könnten diese vor der Weichzeichnung mit dem Kopierstempel grob wegretuschiert werden. Hierbei muss man nicht allzu genau vorgehen, da die Bewegungsunschärfe die Retusche verwischt.

Zoomeffekt mit dem radialen Weichzeichner

Dieser Effekt ist eine Variation der oben vorgestellten Methode. Diesmal setzen Sie den radialen Weichzeichner im Modus *Strahlenförmig* ein.

1. Öffnen Sie eine beliebige Datei aus Ihrem Fundus. Der Effekt wirkt nicht nur bei Sportfotografien und Fahrzeugen gut, sondern z. B. auch bei Blüten.

2. Aktivieren Sie den *Auswahlpinsel*.

3. Wechseln Sie mit Hilfe der Optionsleiste in den Modus *Maskieren* und wählen Sie eine große, weiche Werkzeugspitze aus. Orientieren Sie sich dabei an der Abbildung der Optionsleiste.

4. Versehen Sie den Mittelpunkt Ihres Bildes mit einer Schutzmaskierung. Hierbei ist es nicht nötig, sehr exakt zu arbeiten, da der Effekt bei eher ungenauer Markierung einen besonderen Charme erhält.

5. Wählen Sie *Filter/Weichzeichnungsfilter/Radialer Weichzeichner*. Wichtig ist hier, die Optionsschaltfläche *Strahlenförmig* zu aktivieren, die *Stärke* wurde im Beispiel auf *100* eingestellt und bei *Qualität* sollte *Sehr gut* gewählt werden.

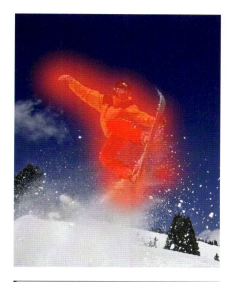

Persönliches: Porträtretusche und Freistellungstechniken

Die Optimierung von Porträts und Silhouetten gehört zu den besonders schönen Aufgaben in Photoshop Elements. Die Effekte werden mit Reparatur-Pinsel, Abwedler, Nachbelichter, Schwamm, der magischen Extrahierung und der Verflüssigen-Dialogbox erstellt.

Foto von Eva-Maria Deppe: www.soeren-meyer.de.tl

Porträtretusche

Je nachdem, ob Ihnen eher eine natürliche Ausstrahlung oder ein Vamp-Outfit gefällt, können Sie die Werkzeuge unterschiedlich stark einsetzen. Der Deck-kraft-Regler in den Werkzeugoptionen macht es jeweils möglich, ganz feine Unterschiede herauszuarbeiten oder knallige Effekte zu erzielen.

Ebenmäßiger Teint

An erster Stelle steht bei der Porträtretusche meist die Korrektur des Teints. Egal ob kleine Unebenheiten oder Fältchen, Elements kaschiert diese mit dem Reparatur-Pinsel und Weichzeichnungsfiltern.

Mit dem *Reparatur-Pinsel* wird auch in Kapitel 2 gearbeitet.

1. Öffnen Sie die Datei *Porträt.jpg* und aktivieren Sie den *Reparatur-Pinsel*.

    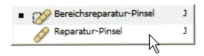

2. Klicken Sie mit der rechten Maustaste in das Bild, um die Dialogbox zum Definieren der Pinsel-Eigenschaften anzuzeigen. Ich habe für das Beispielbild einen Durchmesser von *10 Pixeln* und *0 % Kantenschärfe* verwendet.

3. Halten Sie die `Alt`-Taste gedrückt und klicken Sie mit dem *Reparatur-Pinsel* in einen ebenmäßigen Hautbereich. Dieser wird als Referenz für das Werkzeug eingestellt.

4. Markieren Sie anschließend eine Störung komplett, diese erhält zunächst die Farbe der Referenzstelle. In dem Moment, in dem Sie dann die linke Maustaste loslassen, analysiert Photoshop Elements den Bereich und gleicht die Helligkeitswerte an. Retuschieren Sie so alle gewünschten Hautpartien.

Sie öffnen diese Dialogbox mit einem rechten Mausklick ins Bild.

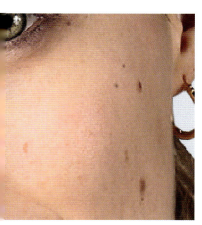 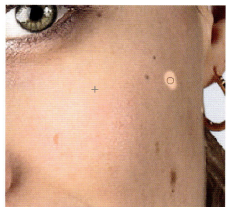 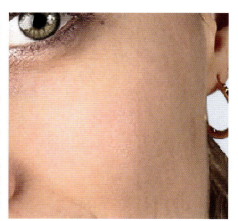

Markieren Sie einzelne Störungen komplett. Wird beispielsweise ein Leberfleck nur halb markiert, kommt es häufig zu Verwischungen.

5. Durch die Retusche entstehen manchmal leichte Schattierungen im Teint. Dieses Problem lässt sich mit Hilfe des Lasso-Werkzeugs korrigieren. Aktivieren Sie das *Lasso*-Werkzeug.

6. In der Optionsleiste definieren Sie die Einstellungen für das *Lasso*. Wichtig ist hier, eine weiche Auswahlkante zu verwenden, damit die Retusche später nicht auffällt. Kreisen Sie dann den Bereich ein, den Sie glätten möchten.

Aktivieren Sie das Lasso-Werkzeug.

Stellen Sie für das Lasso eine weiche Kante ein.

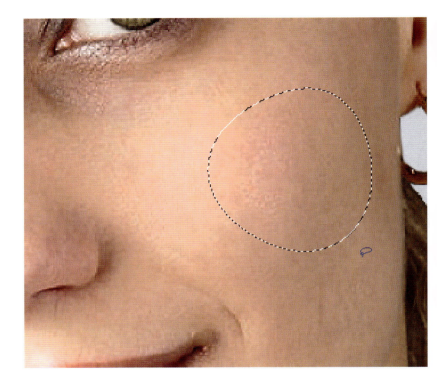

Markieren Sie einen nicht ebenmäßigen Bereich.

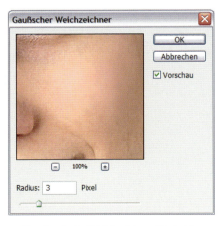

Der Gaußsche Weichzeichner lässt sich von 0,1 bis 250 Pixel Radius variieren.

7. Rufen Sie *Filter/Weichzeichnungsfilter/Gaußscher Weichzeichner* auf. Die Stärke der Weichzeichnung hängt sehr vom Motiv ab. Ich verwende hier *3 Pixel*.

8. Falls der Teint jetzt zu glatt wirkt, wählen Sie *Filter/Störungsfilter/Störungen hinzufügen*. Wählen Sie einen niedrigen Prozentsatz von z. B. *1 %* und aktivieren Sie die Option *Gaußsche Normalverteilung*. Dies raut die Struktur etwas auf.

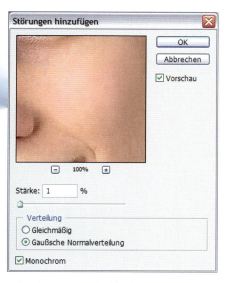

Bei zu homogenen Flächen kann es sinnvoll sein, einige kleine Störungen hinzuzufügen.

Das Ergebnis der bisherigen Bearbeitung ist ein gleichmäßiger Teint.

Schlaflose Nächte unsichtbar

Augenringe gehören zu den besonders ungeliebten Auswirkungen langer Nächte. Diese lassen sich sehr gut mit dem Kopierstempel bearbeiten.

1. Aktivieren Sie den *Kopierstempel* und definieren Sie wieder die Werkzeugoptionen. Bei einer 100%igen Deckkraft ist die Veränderung meist zu stark und es ist schwierig, unauffällige Übergänge zu erzeugen. Verringern Sie daher die *Deckkraft* auf ca. *20 %*. Dieser Wert ist von Bild zu Bild wieder sehr unterschiedlich.

Aktivieren Sie den gewöhnlichen *Kopierstempel*.

Mit einer verringerten Deckkraft gelingt eine unauffälligere Retusche.

2. Klicken Sie wie beim Reparatur-Pinsel mit gehaltener [Alt]-Taste in einen perfekten Bereich, um die Kopierquelle festzulegen, und »überstempeln« Sie dann die Schatten. Das +-Zeichen zeigt Ihnen an, welcher Bereich gerade kopiert wird.

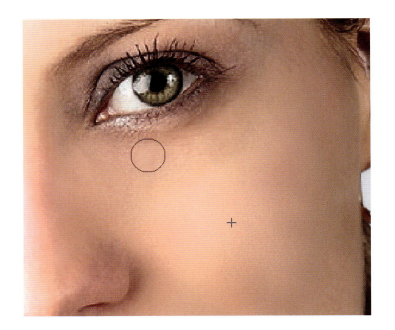

Überstempeln Sie die Schatten unter den Augen – das Plussymbol wandert mit und zeigt Ihnen, welchen Bereich Elements gerade kopiert.

Vorher und nachher – die leichten Schatten sind verschwunden.

Strahlende Augen

Möchten Sie Augen zum Strahlen bringen, setzen Sie dafür *Abwedler*, *Nachbelichter* und *Schwamm* ein. Diese drei Werkzeuge, die aus der analogen Fotografie adaptiert wurden, bewirken leuchtende Blicke.

Die Werkzeuge *Abwedler* und *Nachbelichter* sind unverzichtbar, wenn es darum geht, bestimmte Bereiche aus einem Bild herauszuarbeiten. Mit den allgemeinen Kontrastkorrektur-Funktionen kann man gut das ganze Bild oder markierte Bereiche verstärken, doch erst mit *Abwedler* und *Nachbelichter* holen Sie aus jedem Bild das Beste heraus. Diese Werkzeuge funktionieren folgendermaßen: Der *Abwedler* hellt die Bildbereiche, die Sie bearbeiten, um einen von Ihnen festgelegten Prozentsatz auf. Diese Aufhellung lässt sich auf Lichter, Mitteltöne und Schatten beschränken. Wenn Sie z. B. das Augenweiß eines Porträts aufhellen möchten, stellen Sie die Optionen für den *Abwedler* auf den Modus *Lichter*. Wenn Sie jetzt über das Augenweiß »wedeln«, wird dieses aufgehellt, die Mitteltöne und Schatten der Iris und der Wimpern bleiben hingegen unberührt. Auf diese Weise können Sie Porträts wunderbar optimieren. Der *Nachbelichter* bewirkt genau das Gegenteil. Er dunkelt Lichter, Mitteltöne oder Schatten ab. Bei einem Porträt können Sie hiermit gut die Wimpern und die Lippenkontur nachbearbeiten.

Die Bezeichnungen »Abwedler« und »Nachbelichter« stammen aus der klassischen analogen Fotografie. Hier wurde z. B. während der Belichtung eines Fotoabzugs mit der Hand über bestimmte Bereiche gewedelt, um weniger Licht auf das Material auftreffen zu lassen. So werden auch in der analogen Fotografie Detailkorrekturen vorgenommen.

1. Aktivieren Sie das Werkzeug *Abwedler* und definieren Sie die Werkzeugoptionen entsprechend der Abbildung.

Starten Sie mit diesen Optionen.

2. Bearbeiten Sie das Augenweiß. Allerdings ist es wichtig, hier behutsam vorzugehen, da starke Veränderungen sehr schnell unnatürlich wirken.

Beim Aufhellen des Augenweiß muss man vorsichtig vorgehen, damit der Effekt nicht zu künstlich wirkt.

Der Nachbelichter dunkelt Bildpartien ab.

3. Um die dunklen Bereiche, etwa Wimpern und Augenbrauen, weiter abzudunkeln, verwenden Sie den *Nachbelichter*.

Die Pinselspitze muss für Lidstrich und Wimpern relativ klein sein und als Bereich müssen die Tiefen gewählt sein.

Die Kontur des rechten Auges wurde hier verstärkt.

4. Auch das dritte Werkzeug in der Liste – der *Schwamm* – ist ausgesprochen hilfreich. Mit ihm erhöhen oder verringern Sie je nach Bedarf die Sättigung einzelner Bildpartien wie Iris und Mund.

Erhöhen Sie die Sättigung.

Durch eine Erhöhung der Sättigung erhält die Iris mehr Leuchtkraft.

Möchten Sie die Farbe von Zähnen optimieren, gehen Sie im Grunde genauso vor: Markieren Sie mit dem Auswahlpinsel so exakt wie möglich die Zähne, hellen Sie diese mit dem Abwedler-Werkzeug auf und schwächen Sie mit dem Schwamm im Modus Sättigung verringern die Farbe ab.

Das Ergebnis der Bearbeitung mit Abwedler, Nachbelichter und Schwamm

Hautfarben optimieren

Eine besondere Funktion für die Perfektionierung von Hauttönen hat Adobe mit der Dialogbox *Farbe für Hautton anpassen* geschaffen. Mit einem Klick in das Gesicht und der Verschiebung der drei Regler sorgen Sie für natürliche Hauttöne. Detaillierte Informationen zu dieser Funktion finden sich in *Kapitel 1*.

1. Sie erhalten die Dialogbox mit dem Befehl *Überarbeiten/Farbe anpassen/ Farbe für Hautton anpassen*.

2. Bewegen Sie den Mauszeiger ins Bild und klicken Sie in das Gesicht. Elements passt direkt die Farbe an.

3. Falls der Hautton noch nicht Ihren Vorstellungen entspricht, haben Sie mit den drei Schiebereglern weitere Einstellungsmöglichkeiten.

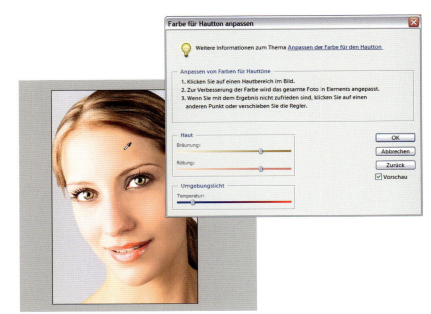

Diese neue Dialogbox ist ausgesprochen wirkungsvoll.

Die Iris umfärben

Wer gern einmal eine andere Augenfarbe ausprobieren möchte, ohne gleich farbige Kontaktlinsen zu kaufen, kann die Veränderung mit Elements testen.

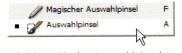

Aktivieren Sie den Auswahlpinsel.

1.   Aktivieren Sie den *Auswahlpinsel* und stellen Sie eine harte Pinselspitze in einer *Größe* von z. B. 20 Pixeln Durchmesser ein.

Für eine Irisauswahl muss der Pinsel meist eine Kantenschärfe von 100 % aufweisen.

2.   Markieren Sie die Iris beider Augen. Rufen Sie dann *Überarbeiten/Farbe anpassen/Farbton/Sättigung* auf und verschieben Sie den *Farbton*-Regler, bis die Wunschfarbe erreicht ist.

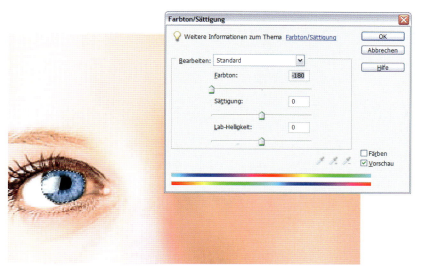

*Mit dem Farbton-Regler ändern Sie im Hand-
umdrehen die Irisfarbe.*

Korrekturen mit der Dialogbox
Verflüssigen

Wann immer Sie Korrekturen vornehmen möchten, bei denen Körperformen
verändert werden, ist *Verflüssigen* die perfekte Wahl. Mit Verflüssigen erhält der
Bizeps mehr Umfang, Hüften werden schmaler, Augen größer und Nasen kleiner.
Es lohnt sich, mit dieser Dialogbox zu experimentieren, da sie sowohl für witzige
Verfremdungen als auch für ernsthafte Korrekturen zu verwenden ist.

*Die Nasen- und Kinnveränderungen sind
kaum als Retusche zu entlarven.*

1. Öffnen Sie ein beliebiges Bild.

2. Wählen Sie *Filter/Verzerrungsfilter/Verflüssigen*. Oben links in der Dialogbox finden Sie die interne Werkzeugleiste mit 11 Werkzeugen. Aktivieren Sie das erste in der Reihe – das *Verkrümmen-Werkzeug*.

3. Die Werkzeugspitzengröße ist hier wieder entscheidend. Sie muss dem zu bearbeitenden Teil angepasst werden. In diesem Beispiel hat die Werkzeugspitze einen Durchmesser von 120 Pixeln.

Die Werkzeugpalette der Verflüssigen-Dialogbox

Die Anpassung der Werkzeugspitzengröße an die Anforderungen des Bildes ist ausgesprochen wichtig.

4. Klicken Sie außerhalb der Nase und verschieben Sie die Pixel in Richtung Gesicht. Es lohnt sich, die Bearbeitung mit diesem Werkzeug öfter auszuprobieren, um sich an die Wirkweise zu gewöhnen.

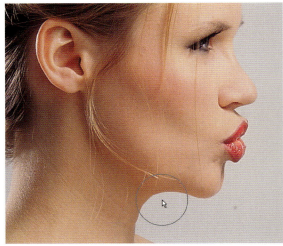

Mit dem Verkrümmen-Werkzeug lassen sich unauffällige Veränderungen vornehmen.

5. Möchten Sie Körperstellen nicht verschieben, sondern zusammenziehen, aktivieren Sie das fünfte Werkzeug in der Liste – das *Zusammenziehen-Werkzeug*. Klicken Sie in das Zentrum des Bereichs, den Sie zusammenziehen möchten. Betrachten Sie die folgenden Vergleichsbilder, sie wurden mit diesem Werkzeug bearbeitet.

Diese Veränderungen wurden mit dem Zusammenziehen-Werkzeug herbeigeführt.

Personen und Objekte magisch extrahieren

Die *Magische Extrahierung* ist ein praktisches Werkzeug, um Porträts und auch andere Objekte freizustellen. Damit wird der Hintergrund mit wenigen Mausklicks entfernt und dieser ist anschließend transparent. Somit lassen sich Objekte perfekt vor einen neuen Hintergrund stellen.

1. Öffnen Sie ein Porträt, bei dem die Person möglichst einen guten Kontrast zum Hintergrund bildet. Wählen Sie *Bild/Magische Extrahierung*.

   In dieser Dialogbox müssen Sie Elements zeigen, welche Bereiche zum Vordergrund gehören und welche zum Hintergrund.

2. Das erste Werkzeug – der *Vordergrundpinsel* – ist automatisch aktiv. Oben rechts in der Dialogbox wählen Sie die *Pinselgröße* aus. Markieren Sie die Person. Sie können Punkte per Mausklick auf die Vordergrundbereiche ausführen oder mit dem Pinsel das Porträt bemalen.

3. Wechseln Sie zum nächsten Werkzeug in der Liste, dem *Hintergrundpinsel*. Hiermit markieren Sie den Hintergrundbereich.

Markieren Sie Vorder- und Hintergrund mit den zugehörigen Pinseln.

Bei großen, gleichfarbigen Bereichen genügen wenige Mausklicks, in filigraneren Bereichen müssen Sie mit einer feinen Werkzeugspitze markieren.

Mit dem Vordergrundpinsel bestimmen Sie, welche Bereiche in die Auswahl einbezogen werden.

 Mit dem Hintergrundpinsel schließen Sie Bereiche aus der Auswahl aus.

 Der Punktradiergummi nimmt Auswahlmarkierungen zurück.

 Das Auswahlerweiterungs-Werkzeug – sollten Bereiche nach einem Klick auf *Vorschau* fälschlicherweise aus der Auswahl entfernt worden sein, rekonstruieren Sie sie mit diesem Werkzeug.

 Möchten Sie Bereiche aus der Auswahl entfernen, verwenden Sie das Auswahlverkleinerungs-Werkzeug.

 Der Glättungspinsel glättet Kanten, indem er teilweise Hintergrund wiederherstellt oder entfernt.

 Das Zoom-Werkzeug vergrößert bei einem Mausklick und verkleinert bei Klick mit gehaltener $\boxed{\text{Alt}}$-Taste die Ansicht.

 Verschieben Sie mit dem Hand-Werkzeug den Bildausschnitt.

4. Bestätigen Sie die Markierung mit einem Klick auf die Schaltfläche *Vorschau*. Elements stellt das Bild frei.

5. Im Listenfeld *Anzeigen* haben Sie die *Auswahl* zwischen *Originalfoto* und *Auswahlbereich*. Hierüber kontrollieren Sie, ob das Bild Ihren Wünschen entsprechend freigestellt wurde.

6. Möchten Sie bei einem Foto einen neutralen Hintergrund wählen, finden Sie im Listenfeld *Hintergrund* verschiedene Farben. Das Beispielbild soll allerdings später vor ein anderes Bild kopiert werden.

7. Sollte die Auswahl noch nicht perfekt sein, malen Sie mit Vordergrund- oder Hintergrundpinsel zusätzliche Punkte. Falls zu viele Markierungen eingefügt wurden, löschen Sie diese mit dem *Punkt-Radiergummi*.

8. Falls zu viel vom Porträt entfernt wurde, holen Sie diese Informationen mit dem *Auswahlerweiterungs-Werkzeug* zurück. Umgekehrt löschen Sie nicht entfernten Hintergrund mit dem *Auswahlverkleinerungs-Werkzeug*.

9. Ein perfektes Werkzeug für klare Kanten ist das nächste Werkzeug, der *Glättungspinsel*. Er glättet ausgefranste Kanten.

10. Als Finishing stehen Ihnen rechts unten in der Dialogbox die Optionen *Weiche Kante*, *Löcher füllen* und *Rand entfernen* zur Verfügung.

Das Schachbrettmuster symbolisiert Transparenz.

Extra.tif bei 33,3% (Ebene 0, RGB/8)

11. Bestätigen Sie die Dialogbox und aktivieren Sie das *Verschieben-Werk-zeug*. Öffnen Sie zusätzlich eine andere beliebige Datei als Hintergrund und ziehen Sie das Porträt vor den neuen Hintergrund.

12. Verschmelzen Sie die Ebenen mit dem Befehl *Ebene/Auf Hintergrund-ebene reduzieren*.

Bilder lassen sich mit dem Verschieben-Werkzeug ineinander kopieren – das +-Zeichen symbolisiert den Kopiervorgang.

Edle Schwarzweiß-aufnahmen

Der Reiz der Schwarzweißfotografie liegt unter anderem darin, dass sie dem Betrachter viel Raum für Fantasie bietet. Ohne Farben lebt das Bild von Kontrasten und Schärfe. Für die Version 5.0 von Photoshop Elements hat Adobe eine hervorragende neue Funktion entwickelt: die Dialogbox *In Schwarzweiß konvertieren*.

Die Rot- und Grüntöne im Originalfoto weisen etwa die gleiche Helligkeit und Sättigung auf.

Optimale Schwarzweißumwandlung mit Photoshop Elements 5.0

Wandelt man Farbbilder über das Menü *Bild/Modus* in Graustufen um, kommt es oft zu Kontrastproblemen. Besonders in Bereichen, in denen verschiedene Farben gleicher Helligkeit und Sättigung nebeneinanderliegen, verschwimmen diese Farben fast ineinander. Mit *In Schwarzweiß konvertieren* ist Adobe ein komfortabel zu bedienendes Werkzeug gelungen. Wollte man in früheren Versionen wegen möglicher Detailverluste nicht mit *Bild/Modus/Graustufen* umwandeln, sondern verschiedene Anteile der Farbkanäle individuell zusammenmischen, war eine aufwändige Bearbeitung mit Einstellungsebenen und Ebenengruppierungen nötig. In der neuen Version erstellen Sie in deutlich kürzerer Zeit hervorragende Monochrombilder.

Links sehen Sie die direkte Umwandlung in Schwarzweiß mit dem Befehl Bild/Modus/Graustufen. Rechts habe ich die Umwandlung mit Hilfe der neuen Funktion vorgenommen.

1. Öffnen Sie die Datei *Hauswein.jpg* und wählen Sie *Überarbeiten/ In Schwarzweißbild konvertieren.*

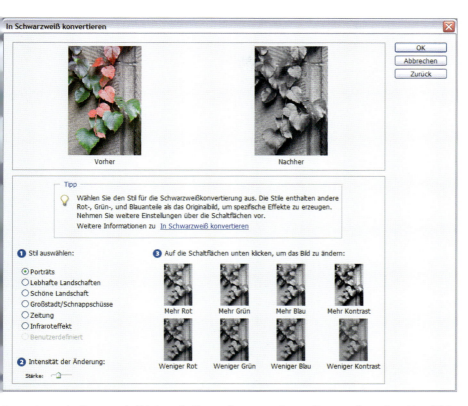

Angenehm zu bedienen und effektiv – die Graustufenumwandlung gelingt so mit wenigen Mausklicks.

2. Sie haben hier im linken Bereich der Dialogbox die Wahl zwischen vordefinierten Stilen: *Porträts, Lebhafte Landschaften, Schöne Landschaft, Großstadt/Schnappschüsse, Zeitung* und *Infraroteffekt.* Wie Elements zwischen schönen und lebhaften Landschaften unterscheidet, verrät Adobe allerdings nicht. Die Stile bringen sehr unterschiedliche und schöne Ergebnisse.

Dieses Ergebnis bringt die Wahl der Option Porträts.

Wenn Sie Lebhafte Landschaften wählen, werden Rot- und Grünkanal sehr verschieden umgesetzt.

Die Option Schöne Landschaft bewirkt sanftere Kontraste als die Lebhaften Landschaften.

Relativ dunkel, aber mit interessanter Ausstrahlung gelingen Bilder mit der Einstellung Großstadt/Schnappschüsse.

Harte Kontraste liefert die Option Zeitung.

Interessant ist der Infraroteffekt, er betont helle Bereiche sehr stark, wohingegen Mitteltöne und Tiefen einen eher geringen Kontrast erhalten.

3. Oftmals liefern die Voreinstellungen bereits sehr hübsche Ergebnisse. Möchten Sie allerdings mehr Einfluss auf die Umsetzung nehmen, ist dies ebenfalls möglich. Stellen Sie im zweiten Bereich zunächst die *Stärke* der Veränderung ein. In den meisten Fällen empfiehlt es sich, den Schieberegler etwas nach links in Richtung geringe Intensität zu bringen, so ist ein exakteres Mischen der Kanäle möglich.

4. Im rechten unteren Bereich lassen sich die Anteile aus den Farbkanälen Rot, Grün und Blau zusammenmixen und der Kontrast verringern und erhöhen. Klicken Sie auf die kleinen Vorschaubilder, um die Anteile nach Ihren Vorstellungen zu mischen.

Antike Fotos optimieren

Alte Fotografien haben ihren ganz besonderen Charme, oft gerade durch die Spuren der Zeit. Wenn die Auswirkungen jedoch zu stark sind, Bilder verblichen oder zerknittert sind, wirkt eine Auffrischung mit Photoshop Elements Wunder. Dieses Projekt vereint Techniken, die Sie auch aus anderen Kapiteln kennen: den Filter *Staub und Kratzer*, die *Tonwertkorrektur*, *Reparatur-Pinsel*, *Kopierstempel* und die Dialogboxen *Farbton/Sättigung* sowie *Unscharf maskieren*.

Nach dem Bestätigen der Dialogbox erfolgt die Schwarzweißumwandlung. Allerdings bleibt RGB als Modus erhalten – die Farben wurden nur individuell entsättigt, doch sind immer noch drei Farbkanäle vorhanden. Dies ist ein Vorteil, da das Bild weiterhin mit 24 Bit und somit 16,7 Mio. Farben beschrieben wird und nicht wie bei der Wahl von Bild/Modus/Graustufen mit 8 Bit und 256 Farben. 24-Bit-Bilder wirken bei der Belichtung lebhafter als 8-Bit-Bilder.

1. Öffnen Sie die Datei *Antik.jpg*.

   Das Bild ist kontrastarm und etwas zerkratzt. Es finden sich Störungen in Form kleiner weißer Pixel. Solche Bildfehler lassen sich hervorragend mit der Dialogbox *Staub und Kratzer* beseitigen.

Scannt man alte Dias oder Negative, finden sich häufig Staubpartikel, die bei der Vergrößerung deutlich werden.

2. Wechseln Sie mit *Ansicht/Tatsächliche Pixel* in den Zoomfaktor 100 % – nur hier lassen sich die Staubpartikel so erkennen, wie sie auch im Druck wirken.

3. Wählen Sie *Filter/Störungsfilter/Staub und Kratzer*. Schieben Sie zunächst den *Radius*-Regler so weit nach rechts, bis die Staubpartikel verschwunden sind. Dadurch verliert das Bild allerdings auch Details. Verschieben Sie anschließend den *Schwellenwert*-Regler so weit nach rechts wie möglich, ohne dass der Staub wieder zum Vorschein kommt. Somit finden Sie die perfekte Einstellung für diesen Filter.

Der Schwellenwert-Regler sorgt dafür, dass nur der Staub entfernt wird, Bilddetails aber erhalten bleiben.

Vorher und nachher: Der Filter arbeitet bei kleinen Staubpartikeln erstaunlich präzise.

4. Rufen Sie mit $\boxed{\text{Strg}}$+$\boxed{\text{L}}$ die Tonwertkorrektur auf. Sie sehen, dass sich links und rechts, also in den Tiefen und Lichtern, kaum Informationen befinden. Die eigentliche Tonkurve nutzt lediglich etwas mehr als ein Drittel des möglichen Kontrastes aus. Ziehen Sie die äußeren Regler bis an das Histogramm heran, wie es die Abbildung zeigt:

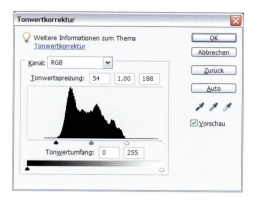

Der geringe Kontrast zeigt sich im Histogramm der Tonwertkorrektur dadurch, dass links und rechts des Berges, also der Information, Lücken vorliegen.

Durch diese Aktion führen Sie eine Tonwertkorrektur durch, Elements zieht die vorhandenen Informationen auf das gesamte Kontrastspektrum auseinander. Die Regler sollten meist nicht bis über die Tonkurve hinweg verschoben werden, da hierbei Detailverluste drohen. Die Verluste entstehen, weil sämtliche dunkelgrauen Bildpixel links des Schwarzreglers schwarz werden und alle hellgrauen Pixel rechts des Weißreglers weiß werden. Um zu kontrollieren, an welchen Stellen es zu Qualitätsverlust kommt, ziehen Sie mit gehaltener $\boxed{\text{Alt}}$-Taste an den Reglern. Daraufhin erscheint das Bild in Schwarz mit roten und gelben Markierungen. Dies sind die kritischen Bereiche.

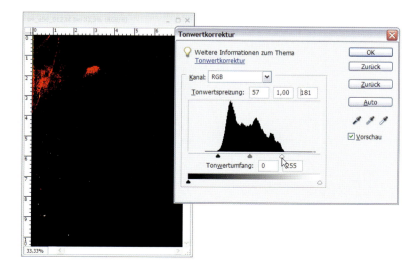

Verschiebt man die Regler bei gehaltener $\boxed{\text{Alt}}$-Taste, zeigt Elements im Bild eine Warnmeldung. Die Bereiche, in denen das Bild weiß würde, werden rot bzw. gelb markiert.

Aktivieren Sie den Reparatur-Pinsel.

Nach einem rechten Mausklick ins Bild lässt sich der Durchmesser des Reparatur-Pinsels einstellen.

Das +-Zeichen zeigt die Stelle, die gerade kopiert wird.

5. Das nächste große Problem sind die Kratzer im Bild. Diese lassen sich hervorragend mit dem *Reparatur-Pinsel* korrigieren. Aktivieren Sie dieses Werkzeug mit dem Buchstaben ⒥ bzw. ⧄+⒥.

6. Klicken Sie mit gehaltener Alt -Taste in einen fehlerfreien Bereich und bearbeiten Sie anschließend einen Kratzer. Elements rechnet die Störung aus dem Bild heraus.

Der *Reparatur-Pinsel* funktioniert einwandfrei in relativ homogenen Bereichen. Setzt man ihn allerdings in der Nähe von Kanten ein, werden diese teilweise verwischt. Verwenden Sie daher in Kantennähe bei Bedarf den *Kopierstempel*, bei dem das Vorgehen das Gleiche ist: Definieren Sie auch hier mit gehaltener Alt -Taste eine Kopierquelle. Da dieser aber keine Weichzeichnung erzeugt, bleiben Kanten erhalten.

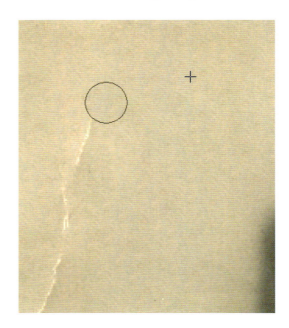

Nach der Retusche erfolgt die Scharfzeichnung. Fotos, die wie dieses eine starke Körnung aufweisen, sollten nicht unbedingt mit den Scharfzeichnungsfiltern geschärft werden, da dabei die Störungen verstärkt werden. Verwenden Sie stattdessen die Hochpass-Technik:

1. Wählen Sie *Ebene/Ebene duplizieren*, laden Sie die Ebenen-Palette und stellen Sie als Füllmethode *Ineinanderkopieren* ein.

Die Methode Schärfen mit dem Hoch-pass-Filter ist in Kapitel 5 weiterführend beschrieben.

Die Hochpassebene muss in der Ebenen-Palette auf die Füllmethode Ineinander-kopieren eingestellt werden.

2. Die Hochpassebene wirkt konturenverstärkend. Damit die Körnung nicht ebenfalls verstärkt wird, wählen Sie *Filter/Störungsfilter/Staub und Krat-zer*. Ich habe einen *Radius* von *3 Pixeln* verwendet.

Staub und Kratzer entfernt hier die Störungen auf der Hochpassebene.

3. Nach dem Entfernen der Störungen lässt sich die Schärfung komfortabel mit dem Befehl *Überarbeiten/Beleuchtung anpassen/Helligkeit und Kon-trast* verstärken, indem der *Kontrastregler* nach rechts auf einen posi-tiven Wert verschoben wird. Ich verwende hier den Wert *+30*.

4. Nehmen Sie partielle Helligkeitskorrekturen mit *Abwedler* und *Nachbe-lichter* vor. Stellen Sie zunächst in der Optionsleiste des Abwedlers den *Bereich Lichter* ein und verwenden Sie eine geringe Belichtung. Bearbei-ten Sie dann die aufzuhellenden Stellen.

Verwenden Sie den Abwedler mit diesen Einstellungen.

Bearbeiten Sie mit dem Abwedler die Stellen,
die Sie aufhellen möchten.

5. Wechseln Sie zum *Nachbelichter* und stellen Sie hier den *Bereich Mit-
    teltöne* ein. Bearbeiten Sie damit die Bereiche, die abgedunkelt werden
    sollen.

Mit Abwedler und Nachbelichter arbei-
ten Sie ganz bestimmte Bereiche heraus.
Lichter, Mitteltöne und Tiefen sind ganz
individuell veränderbar. Wichtig ist es,
die Größe der Werkzeugspitze gut anzu-
passen und nur eine leichte Belichtung
zu wählen, da Bilder sonst schnell fleckig
wirken können.

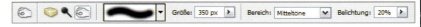

Der Nachbelichter wurde hier mit diesen Einstellungen verwendet.

6. Möchten Sie die Tönung des Bildes verändern, rufen Sie mit ⌈Strg⌉+⌈U⌉ die Dialogbox *Farbton/Sättigung* auf und aktivieren unten rechts das Kontrollkästchen *Färben*. Anschließend suchen Sie über die drei Schieberegler den gewünschten Farbton.

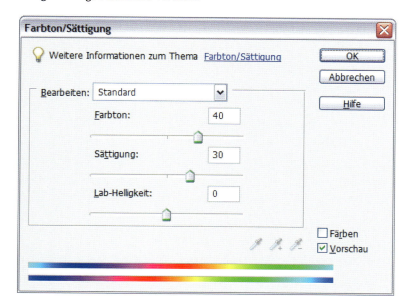

Das Kontrollkästchen Färben unten rechts in der Dialogbox ist besonders wichtig, um eine Sepiatönung zu erzeugen.

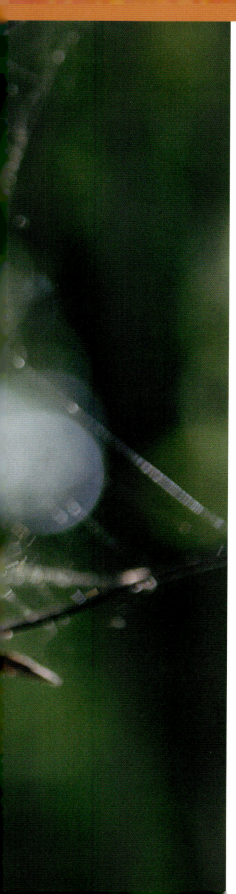

Spezialkorrekturen und Ebenentechnik

Ebenen gehören zum Herzstück von Photoshop Elements. Hiermit gestalten Sie nicht nur ungewöhnliche Fotomontagen, Ebenen sind auch für Kontrastkorrekturen ein ausgesprochen elegantes Instrument. Erfahren Sie in den folgenden Abschnitten, wie Sie Blendenkorrekturen, Tiefen- und Lichteroptimierung sowie makellose Wolkenhimmel gestalten.

Blendenkorrektur mit Ebenentechnik

Dieser Effekt gehört zu den wirklich komfortablen, wenn es um Helligkeits- und Kontrastkorrekturen geht. Er ist sehr schnell angewendet und überzeugend. Geeignet ist diese Methode immer dann, wenn Sie ein Bild bearbeiten, welches leicht über- oder unterbelichtet ist und eine Erhöhung des Kontrastes benötigt. Die Beschreibung in diesem Kapitel bezieht sich auf unterbelichtete Bilder, bei denen Sie die Füllmethode *Negativ multiplizieren* einsetzen werden. Wenn Sie hingegen mit einem überbelichteten Bild arbeiten, verwenden Sie exakt die gleichen Schritte, mit Ausnahme der Füllmethode – hier würden Sie statt *Negativ multiplizieren* das einfache *Multiplizieren* einsetzen.

1. Öffnen Sie ein Bild, das insgesamt zu dunkel ist, oder die Beispieldatei *Wald.jpg*.

2. Kopieren Sie mit dem Befehl *Ebene/Ebene duplizieren* die Originalebene. Elements fragt Sie nach einem Namen für die neue Ebene, ich habe die vorgeschlagene Bezeichnung *Hintergrund Kopie* mit *OK* bestätigt.

3. Laden Sie mit *Fenster/Ebenen* die Ebenen-Palette, da Sie hier die Füllmethode für die Ebenen einstellen.

   Jetzt sehen Sie die zwei »Bild«-Ebenen. Die obere der beiden Ebenen ist automatisch aktiv.

4. Wählen Sie aus dem unten abgebildeten Listenfeld statt der Füllmethode *Normal* die Füllmethode *Negativ multiplizieren*.

Die so genannten Füllmethoden regeln, wie Ebenen miteinander berechnet werden. Wählt man die Standardfüllmethode *Normal*, liegen die Ebenen deckend übereinander, wie zwei echte Fotoabzüge. Verwendet man
hingegen *Negativ multiplizieren*, werden die Ebenen-Farbwerte miteinander berechnet. Viele Füllmethoden machen aus Bildebenen sozusagen
Folien, die auf unterschiedliche Weise übereinandergeblendet werden.

*Oben links in der Ebenen-Palette befindet sich das
Listenfeld Füllmethode für die Ebene einstellen
– leider sieht man die Beschriftung nur, wenn
man die Maus über dem Listenfeld ruhen lässt.*

*Eine Deckkraft von 38 % entspricht einer
Blendenkorrektur von etwa einer Blende.*

5. Falls das Ergebnis zu hell ist – *Negativ multiplizieren* bewirkt eine
Abdunklung um mehrere Blendenstufen –, verringern Sie mit dem *Deckkraft*-Regler die Deckkraft der oberen Ebene.

Das Original

Deckkraft 20 %

Deckkraft 40 %

Deckkraft 60 %

Deckkraft 80 %

Deckkraft 100 %

6. Sollten bestimmte Bereiche bei dieser Technik zu dunkel geraten, können Sie diese mit dem *Radiergummi*-Werkzeug aus der oberen Ebene löschen. Aktivieren Sie das Werkzeug *Radiergummi*.

7. Wählen Sie in der Optionsleiste eine weiche, relativ große Pinselspitze aus, damit es nicht zu harten Übergängen zwischen den Ebenen kommt.

   Ich habe einen Durchmesser von *300 px* eingesetzt. Auch hier kann die Deckkraft variiert werden, um noch fließendere Übergänge zu erzeugen.

8. Radieren Sie in der oben liegenden Ebene die zu hellen Bereiche.

In der Ebenen-Palette werden die transparenten Bereiche mit einem Schachbrettmuster dargestellt.

Auch die Deckkraft des Radiergummis können Sie in der Optionsleiste verändern, so dass jeder Bereich perfekt belichtet erscheint.

9. Sind Sie mit dem Ergebnis zufrieden, verschmelzen Sie die Ebenen mit dem Befehl *Ebene/Auf Hintergrundebene reduzieren*.

Sanfte Schärfe mit dem Hochpass-Filter

In *Kapitel 1* wurde der Filter *Unscharf maskieren* als einer der komfortabelsten Schärfefilter vorgestellt. Noch flexibler sind Sie, wenn Sie den Hochpass-Filter einsetzen. Die Bearbeitung ist deutlich aufwändiger als mit dem Filter *Unscharf maskieren*, so dass dies wahrscheinlich ein Filter für besondere Aufnahmen ist. Sie erstellen in diesem Projekt ein Duplikat der Originalebene. Der Filter erzeugt eine Art Relief, das Sie mit der Originalebene überblenden.

Nach der Bearbeitung mit dem Hochpass-Filter wirkt das Bild rechts brillanter. Der Effekt kann auch gut mit der Unscharfmaskierung kombiniert werden.

1.   Öffnen Sie ein beliebiges Bild oder die Datei *Obstkuchen.jpg* von der Markt+Technik-Website.

2.   Die Originalebene muss auch in diesem Projekt kopiert werden, wählen Sie daher *Ebene/Ebene duplizieren* oder schneller `Strg`+`J`. Ich habe die neue Ebene *Hochpassebene* genannt.

   Dupliziert man die Hintergrundebene per Tastenkombination `Strg`+`J`, benennt Elements diese automatisch in *Ebene 1* – anders als bei Verwendung des Menübefehls, der nach einer Benennung fragt.

3.   Die Reliefebene muss auf die Originalebene projiziert werden. Auch hierfür verwenden Sie wieder eine Füllmethode, die Sie bei der Ebenenarbeit häufig einsetzen können. Wählen Sie aus dem Listenfeld der Ebenen-Palette den Eintrag *Ineinanderkopieren*.

Die Füllmethode Ineinanderkopieren ist die richtige für die Überblendung der Hochpassebene auf die Originalebene.

   Das Bild wirkt zunächst übersättigt – erst wenn Sie den Hochpass-Filter angewendet haben, entsprechen Sättigung und Tonwerte wieder dem Original.

4.   Bevor Sie den Hochpass-Filter anwenden, ist es wichtig, in den Ansichtsfaktor 100 % zu wechseln, da nur hier die echte Schärfe beurteilt werden kann. Wählen Sie dazu *Ansicht/Tatsächliche Pixel*.

5.   Auf die Kopie wenden Sie den Hochpass-Filter an. Wählen Sie *Filter/Sonstige Filter/Hochpass*. Ich habe einen *Radius* von *2 Pixeln* eingesetzt, was zu einer leichten Schärfung führt.

Die Einstellungen für den Hochpass-Filter sind stark motiv- und auflösungsabhängig. Je höher ein Bild aufgelöst ist, desto größer darf der Radius sein und desto stärker fällt auch die Scharfzeichnung aus. Allerdings kommt es bei zu hohem Radius schell zu einer Hofbildung aus hellen Pixeln um Kanten herum. Dies verstärkt zwar Konturen, wirkt aber mitunter unnatürlich. Aus diesem Grund verwende ich den Hochpass-Filter meist in Bereichen zwischen 0,5 und 5 Pixeln.

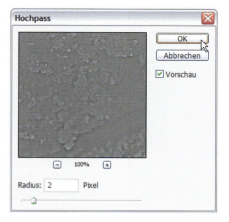

Der Hochpass-Filter erzeugt ein Relief.

Die obere Ebene nach der Bearbeitung mit dem Filter. Diese kann jetzt weiter perfektioniert werden, z. B. mit der Dialogbox Helligkeit/ Kontrast oder bei Bildrauschen mit den Störungsfiltern.

Der Hochpass-Filter analysiert das Bild und betont Kanten. Projiziert auf eine Bildebene, bewirkt er einen Scharfzeichnungseffekt.

6. Besonders komfortabel ist, dass die *Hochpassebene* zusätzlich mit *Überarbeiten/Beleuchtung anpassen/Helligkeit und Kontrast* verstärkt werden kann. Für dieses Beispielbild kam eine Kontrasterhöhung von *+30* zum Einsatz.

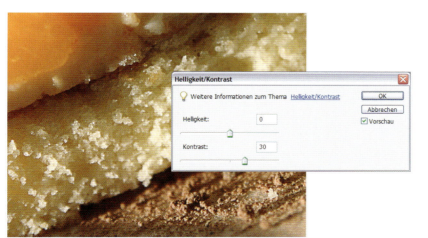

Durch Erhöhung des Kontrasts auf der Hochpass-Ebene regeln Sie die Schärfe zusätzlich.

Noch mehr Komfort: Besonders bei Bildern, die in schwierigen Licht-verhältnissen bei hoher ISO-Zahl aufgenommen wurden, ist häufig ein Bildrauschen vorhanden, welches durch Scharfzeichnungsfilter verstärkt wird. Anders ist es bei der hier vorgestellten Technik, denn Sie können dem Bildrauschen entgegenwirken, indem Sie auf der Hochpassebene Störungen entfernen.

7. Rufen Sie den Befehl *Filter/Störungsfilter/Störung reduzieren* auf, um das Rauschen aus der *Hochpassebene* zu entfernen.

Ich habe den *Stärke*-Regler auf den Wert *10* verschoben, für den Regler *Details erhalten* den Wert *50 %* eingesetzt und die Farbstörung um *100 %* reduziert. Das Rauschen wird somit bei der Scharfzeichnung nicht verstärkt.

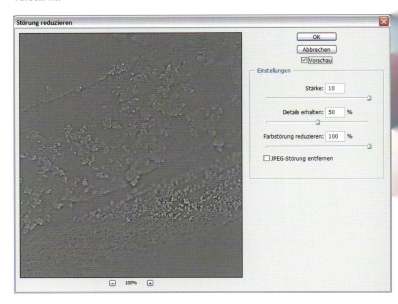

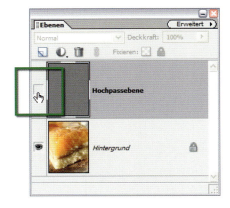

Wenn Sie das Augensymbol deaktivieren, sehen Sie wieder das Original – so können Vorher- und Nachher-Zustand gut verglichen werden.

8. Betrachten Sie den Unterschied, indem Sie abwechselnd in der Ebenen-Palette das Auge der oberen Ebene deaktivieren und wieder aktivieren.

Die Scharfzeichnung ist bei geringem Hochpass-Radius nur subtil – liefert aber insgesamt mehr Brillanz, ohne vorhandene Körnung zu sehr zu ver-stärken.

9. Reduzieren Sie auch hier die Ebenen mit *Ebene/Auf Hintergrundebene reduzieren*, wenn Sie den gewünschten Effekt erreicht haben.

Außergewöhnliche Bilderrahmen

In diesem Projekt leistet die Funktion *Magische Extrahierung* ganz hervorragende Dienste. In *Kapitel 3* haben Sie diese Freistellungsfunktion bereits kennengelernt. In dieser Dialogbox bestimmen Sie Vorder- und Hintergrundfarbe. Elements forscht daraufhin nach den Objektkonturen und stellt den Vordergrund frei. Die *Magische Extrahierung* funktioniert immer dann gut, wenn die Kontraste zwischen Vorder- und Hintergrund ausreichend sind. Sollte dies bei einem Motiv nicht der Fall sein, verwenden Sie stattdessen z. B. Lasso oder Auswahlpinsel, um den Hintergrund zu entfernen.

1. Die Beispieldatei heißt *Cinya.jpg* – öffnen Sie diese und aktivieren Sie das *Auswahlrechteck*.

2. Markieren Sie mit dem *Auswahlrechteck* großzügig den Bereich, der später aus dem Rahmen herausragen soll.

3. Der markierte Bereich muss für diese Rahmentechnik in eine eigene Ebene kopiert werden. Dies erreichen Sie mit dem Befehl *Ebene/Neu/ Ebene durch Kopie*. Der Ausschnitt wird in die *Ebene 1* eingefügt.

4. Um die folgende Freistellung der *Ebene 1* besser beurteilen zu können, laden Sie mit *Fenster/Ebenen* die Ebenen-Palette und deaktivieren die Hintergrundebene mit einem Klick auf das Augensymbol.

5. Rufen Sie für die Freistellung den Befehl *Bild/Magische Extrahierung* auf. Diese Dialogbox ist eine große Hilfe, vor allem beim Freistellen von Haaren bei Porträts.

6. In der Dialogbox finden Sie oben links das Werkzeug *Vordergrundpinsel* – es ist automatisch aktiv. Markieren Sie damit den Vordergrund, also Cinya. Je nach Kontrast zum Hintergrund genügen wenige Klicks, sicherheitshalber habe ich aber großflächig markiert.

7. Wechseln Sie zum nächsten Werkzeug, dem *Hintergrundpinsel*, und übermalen Sie damit die Bereiche, die nach der Extrahierung wegfallen sollen. Haben Sie alle Bereiche markiert, klicken Sie auf die Schaltfläche *Vorschau*. Das Ergebnis der Extrahierung wird angezeigt.

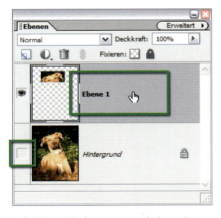

Deaktivieren Sie das Augensymbol vor der Hintergrundebene – die obere Ebene muss aktiv sein.

Oft genügen bei der Magischen Extrahierung schon wenige Mausklicks, um Vorder- und Hintergrundfarben zu definieren.

Falls Sie mit bestimmten Bereichen noch nicht ganz zufrieden sind, stehen Ihnen Optimierungswerkzeuge zur Verfügung:

Mit dem *Auswahlerweiterungs-Werkzeug* bringen Sie Pixel wieder zum Vorschein, die fälschlicherweise von Elements entfernt wurden.

Das *Auswahlverkleinerungs-Werkzeug* löscht überflüssige Pixel.

Der *Glättungspinsel* macht ausgefranste Kanten glatt – allerdings stellt er dabei auch Hintergrundpixel wieder her. Hier ist es wichtig, die Pinselgröße gut anzupassen und bei einem hohen Zoomfaktor zu arbeiten.

8. Sind Sie mit der Bearbeitung zufrieden, bestätigen Sie mit *OK*. Der Freistellungsvorgang wird durchgeführt.

Das Schachbrettmuster im Hintergrund zeigt, dass die Ebene hier transparent ist.

Nachdem die obere Ebene perfekt ist, aktivieren Sie wieder die untere und machen sie wieder sichtbar.

Markieren Sie den gewünschten Bildausschnitt.

Mit einem Klick direkt auf das Rechteck bestimmen Sie die Farbe.

9. Die Hintergrundebene kommt wieder ins Spiel. Aktivieren Sie diese mit einem Klick auf die Bezeichnung *Hintergrund* und machen Sie sie wieder sichtbar, indem Sie in das noch leere Quadrat klicken; das Auge erscheint wieder.

10. Verwenden Sie erneut das *Auswahlrechteck*: Markieren Sie den Bereich des Bildes, der übrig bleiben und umrahmt werden soll.

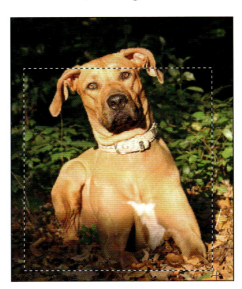

11. Um diese Markierung nachzuzeichnen, setzen Sie die Dialogbox *Bearbeiten/Konturauswahl* ein. Die Breite hängt von der Auflösung des Bildes ab – ich verwende hier *10 px*. Wichtig ist, dass die Option *Innen* im Bereich *Position* markiert wird, damit die Farbkontur nur innerhalb des Rahmens eingefügt wird. Um die Farbe zu bestimmen, klicken Sie auf das Farbfeld.

12. Die Konturfarbe lässt sich bestimmen, indem Sie direkt Farbwerte eingeben, eine Farbe aus dem Farbwähler verwenden oder direkt ins Bild klicken. Ist der Farbwähler aktiv und Sie bewegen den Mauszeiger über das Bild, wandelt er sich in eine Pipette zum Aufnehmen einer Farbe. Bestätigen Sie anschließend beide Dialogboxen.

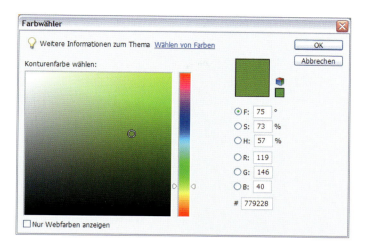

Mischen Sie entweder eine Farbe mit dem Farbwähler oder klicken Sie direkt ins Bild.

13. Die Kontur ist eingefügt, invertieren Sie die Markierung mit *Auswahl/Auswahl umkehren* und wählen Sie *Bearbeiten/Löschen*. Achtung: Die Pixel werden nicht wirklich entfernt, sondern in Hintergrundfarbe gefärbt. Falls Sie als Hintergrundfarbe gerade nicht Weiß eingestellt haben, stellen Sie die Standardfarben am schnellsten mit dem Buchstaben D wieder her und löschen erneut.

Die Auswahl wurde nachgezeichnet und die umliegenden Bereiche wurden entfernt.

14. Stellen Sie das Bild abschließend mit dem Freistellungswerkzeug wie in *Kapitel 1* beschrieben frei.

Verwenden Sie das Freistellungswerkzeug für die Ausschnittbestimmung.

Cinya.jpg bei 33,3% (Hintergrund, RGB/8)

33,33%   8,23 cm x 10 cm (300 ppi)

Das Endformat wurde markiert, die Freistellung wird nach Bestätigung mit ⏎ ausgelöst.

15. Abschließend habe ich das gesamte Bild mit *Auswahl/Alles auswählen* markiert und erneut mit *Bearbeiten/Konturauswahl* einen Rahmen eingefügt.

Perfekt ausgewogene Bilder mit der Ebenentechnik »50 % Grau«

Die Dialogbox *Tiefen und Lichter* kennen Sie bereits aus den vorigen Kapiteln. Diese Funktion analysiert automatisch das Bild, hellt dunkle Bereiche auf und dunkelt helle Bereiche ab, ohne dabei reines Schwarz und reines Weiß anzutasten. Der Nachteil liegt darin, dass die Methode auf das gesamte Bild angewendet wird – außer man erstellt zuvor eine Auswahl. Mit der nun beschriebenen Variante haben Sie die Möglichkeit, diesen Effekt auf ganz bestimmte Bildpartien einzugrenzen, ohne mit Auswahlwerkzeugen zu arbeiten. Diese Korrekturmöglichkeit ist prädestiniert für Bilder, in denen sowohl zu helle als auch zu dunkle Bereiche vorhanden sind.

1. Öffnen Sie das Bild *Blätter.jpg* oder eine ähnliche Datei.

   Bei diesem Foto wurde der Aufhellblitz für den Vordergrund vergessen, so dass die unteren Blätter zu dunkel erscheinen.

Nach der Korrektur wirkt das Bild ausgewogener.

2. Wählen Sie *Ebene/Neu/Ebene* – eine leere Ebene wird nach Bestätigung über das Foto eingefügt.

3. Öffnen Sie mit dem Befehl *Bearbeiten/Ebene füllen* die zugehörige Dialogbox. Hier haben Sie die Möglichkeit, den Eintrag *50 % Grau* direkt aus dem Listenfeld *Füllen mit* auszuwählen. Bestätigen Sie die Dialogbox.

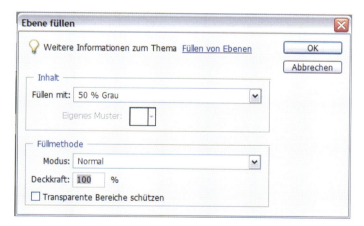

Füllen Sie die Ebene mit diesen Einstellungen.

4. Rufen Sie mit *Fenster/Ebenen* die Ebenen-Palette auf und stellen Sie für die graue Ebene die Füllmethode *Ineinanderkopieren* ein.

Die Füllmethode *Ineinanderkopieren* bewirkt bei einem neutralen Grau noch keine Veränderungen im Originalbild.

5. Aktivieren Sie das *Pinsel*-Werkzeug durch Wählen des Buchstabens [B] und legen Sie seine Deckkraft in den Werkzeugoptionen mit ca. *20 %* fest.

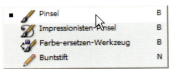

Dies ist nur ein Beispielwert, mit dem man gut starten kann. Soll die Veränderung intensiver oder weniger intensiv ausfallen, kann der Wert beliebig variiert werden.

6. Die Größe des Pinsels wird dem Bereich angepasst, der gerade bearbeitet wird. Für den Hintergrund habe ich mit einer großen Werkzeugspitze mit einem Durchmesser von *350 px* begonnen.

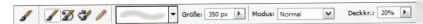

Die Optionen können während der Bearbeitung immer wieder an die aktuellen Anforderungen der Bildbereiche angepasst werden.

Mit dem Buchstaben [D] stellen Sie Schwarz und Weiß als Standardfarben ein.

7. Stellen Sie sicher, dass Vorder- und Hintergrundfarbe Schwarz und Weiß sind – am schnellsten erreichen Sie dies mit der Taste [D]. Durch Drücken des Buchstabens [X] wechseln Sie zwischen Weiß und Schwarz als Malfarbe hin und her.

8. Malen Sie mit Weiß, wo Sie Bereiche aufhellen möchten, und mit Schwarz, wo Bereiche abgedunkelt werden sollen. Mit [X] wechseln Sie schnell zwischen Vorder- und Hintergrundfarbe, so dass die Arbeit mit dem Pinsel sehr komfortabel ist.

Mit einer großen Werkzeugspitze und Weiß als Vordergrundfarbe habe ich die unteren Blätter aufgehellt.

9. Falls Sie einen Bereich versehentlich zu stark bearbeitet haben, wechseln Sie einfach mit ⌧ und übermalen den Bereich erneut.

Die vorgestellte Methode ähnelt der Arbeit mit Nachbelichter und Abwedler. Ein Vorteil ist, dass hier die Ebene 1 als Schutz des Originals dient. Die Pixel der Bildebene werden nicht verändert, so dass man flexibel abdunkeln und aufhellen kann. Erst wenn Sie mit dem Ergebnis zufrieden sind, werden die Ebenen mit dem Befehl Ebene/Auf Hintergrundebene reduzieren verschmolzen.

Mit einer kleineren Spitze und Schwarz als Malfarbe wird die Struktur der Blätter verstärkt.

So stellt sich die Korrekturebene Ebene 1 separat betrachtet dar. Möchten Sie die Ebene ebenfalls separat betrachten, klicken Sie das Auge der Hintergrundebene an, es wird damit ausgeblendet.

Wolkenhimmel einkopieren

In *Kapitel 2* finden Sie ein Projekt, in dem der Himmel mit den Farbvariationen blau gefärbt wird. Möchte man hingegen einen neuen Wolkenhimmel in ein Bild integrieren, kann dieser aus einem anderen Bild herüberkopiert werden. Es lohnt sich, für diesen Zweck Fotos unterschiedlicher Wolkenformationen zu erstellen, um immer passende Motive zur Verfügung zu haben.

Solch überstrahlter Himmel wie links im Originalbild entsteht häufig bei einem sehr hohen Kontrastumfang im Motiv.

Beim Ineinanderkopieren von Bildteilen sollten sich diese in Bezug auf Helligkeit, Kontrast und Sättigung ähneln, damit der Effekt realistisch wirkt. Ich habe die Datei mit Hilfe der Dialogboxen Helligkeit/Kontrast sowie Farbton/Sättigung vorher angepasst.

1. Öffnen Sie die Datei *Haus.jpg* und aktivieren Sie das *Zauberstab*-Werkzeug mit der Taste W.

    Der *Zauberstab* ist bei diesem Motiv sehr gut geeignet. Bei anderen Bildern kann es sein, dass Sie die Auswahl mit dem *Auswahlpinsel* korrigieren müssen. Dadurch, dass das Gebäude so klar zum Himmel abgegrenzt ist, kann die Option *Benachbart* in der Optionsleiste aktiviert bleiben. Möchte man hingegen in eine Landschaft mit Bäumen einen neuen Himmel kopieren, kann die Option bei Bedarf deaktiviert werden, damit der Zauberstab auch die Himmelbereiche zwischen den Ästen findet.

2. Definieren Sie in der Optionsleiste die *Toleranz*. Für dieses Beispiel erreichen Sie mit dem Wert *30* eine gute Auswahl. Aktivieren Sie das Kontrollkästchen *Benachbart*, da andernfalls auch helle Bereiche z. B. in den Fenstern ausgewählt würden.

Diese Optionen funktionieren gut beim Beispielbild.

Die Option *Glätten* glättet die Auswahlkante, sie wird also teilweise transparent. Bei diesem Motiv funktioniert das gut. Es kann aber bei manchen Bildern sein, dass die Option deaktiviert werden muss, damit Kanten nicht verwischt werden. Betrachten Sie die Kanten bei einem hohen Zoomfaktor, um die Wirkung zu kontrollieren.

3. Klicken Sie in den Himmel. Elements findet alle relevanten Pixel.

4. Öffnen Sie zusätzlich die Datei *Himmel.jpg* und markieren Sie sie komplett mit *Auswahl/Alles auswählen* oder Strg + A .

Die Datei Himmel.jpg muss komplett markiert und kopiert werden.

5. Kopieren Sie den Himmel mit *Bearbeiten/Kopieren* oder Strg + C in die Zwischenablage.

Zwischen geöffneten Bildern springen Sie in Elements und vielen anderen Programmen mit dem Tastaturbefehl [Strg]+[F6] hin und her.

6. Wechseln Sie wieder zum Bild *Haus.jpg*. Die Auswahl ist noch aktiv. Es bietet sich an, diese mit *Auswahl/Auswahl speichern* zu sichern.

   Falls Sie später noch andere Motive einkopieren möchten, lässt sich die Auswahl nach dem Speichern mit *Auswahl/Auswahl laden* wieder aufrufen.

7. An dieser Stelle folgt der entscheidende Befehl für diese Montage: Wählen Sie *Bearbeiten/In Auswahl einfügen*.

   Durch diesen Befehl wird Ihr Bild in die Auswahl eingefügt, der Clou bei der Sache liegt darin, dass das gesamte Bild noch als Information vorhanden ist. Sie können es transformieren, vergrößern, verkleinern und verschieben.

8. Wechseln Sie mit *Fenster/Bilder/Maximierungsmodus* in die Vollbildvorschau, damit Sie einen besseren Überblick haben, und wählen Sie *Bild/ Transformieren/Frei transformieren*. Falls Sie noch nicht alle Eckpunkte des Transformieren-Rahmens sehen, verkleinern Sie den Ansichtsfaktor mit [strg]+[-]. Ziehen Sie mit gehaltener [⇧]-Taste an den Ecken des Tranformieren-Rahmens. [⇧] sorgt dafür, dass das Bild verzerrungsfrei skaliert wird.

Im Maximierungsmodus sieht man beim Transformieren besser die Ausmaße des eingefügten Bildes.

9. Möchten Sie die Position der Wolken verändern, klicken und ziehen Sie innerhalb des Rahmens. Sind Sie zufrieden mit der Bearbeitung, bestätigen Sie mit [↵] oder dem *Häkchensymbol* in der Optionsleiste.

Mit dem Befehl *Überarbeiten/Farbe anpassen/Farbe ersetzen* lässt sich nach einem Klick in den Himmel der Farbton noch hervorragend anpassen.

Je ähnlicher die Lichtverhältnisse, desto weniger auffällig ist die Fotomontage.

Stürzende Linien korrigieren

Je nach Größe, Höhe und Abstand eines Objekts kommt es beim Fotografieren zu einer mehr oder weniger starken perspektivischen Verzerrung. Solche Verzerrungen, die besonders bei Architekturaufnahmen zum Tragen kommen, lassen sich durch Shift-Objektive korrigieren. Photoshop Elements ist allerdings in der Lage, solche Verzerrungen auszugleichen.

Auch ohne Shift-Objektiv lassen sich stürzende Linien gerade richten.

1. Öffnen Sie die Datei *Fassade.jpg* oder ein eigenes Bild, das perspektivische Verzerrungen aufweist.

2. Es ist hilfreich, in *Fenster/Bilder/Maximierungsmodus* zu wechseln, da Sie beim Transformieren-Vorgang die Eckpunkte des Rahmens aus dem Bild herausziehen müssen. Mit *Fenster/Bilder/Überlappend* verlassen Sie den Maximierungsmodus wieder.

3. Beim Entzerren ist es vorteilhaft, sich zur Orientierung ein Raster ein-blenden zu lassen. Dieses muss zuvor in seiner Größe definiert werden. Wählen Sie *Bearbeiten/Voreinstellungen/Raster*. In der darauf folgenden Dialogbox habe ich die Rastergröße auf *1 cm* eingestellt und mit einem Klick auf das Farbquadrat die Farbe auf Gelb verändert, da die Standard-einstellung Grau bei manchen Motiven nicht deutlich genug ausfällt.

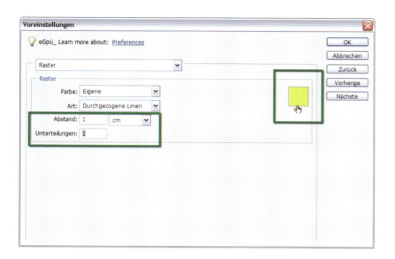

Abstand und Farbe der Rasterlinien lassen sich hier frei wählen.

4. Markieren Sie zunächst das gesamte Bild mit *Auswahl/Alles auswählen* oder Strg+A. Wählen Sie daraufhin den Befehl *Bild/Transformieren/ Verzerren*.

5. Ziehen Sie an den Eckpunkten des Transformieren-Rahmens. Sie sehen, wie Sie das Gebäude entzerren und neigen können. Sind Sie mit der Verzerrung zufrieden, bestätigen Sie mit der ↵-Taste.

Beim Verzerren kommt es an den Rändern zu Verlusten bestimmter Bildteile, die nur durch Retusche ausgeglichen werden können.

6. Leider kommt es hierbei an den Rändern auch immer zu Verlusten. Der fehlende Bereich im Himmel kann allerdings aufgrund seiner Gleichmäßigkeit gut retuschiert werden. Aktivieren Sie den *Kopierstempel*, klicken Sie mit gehaltener `Alt`-Taste in den blauen Himmel und retuschieren Sie ohne die `Alt`-Taste wie in *Kapitel 2* beschrieben.

Das Kreuz zeigt die Kopierquelle an.

Fertig retuschiert und gerade – die Korrektur ist kaum zu entlarven.

Kameraverzerrungen ausgleichen

Eine weitere wirklich hilfreiche Funktion in Photoshop Elements ist die Dialog-box *Kameraverzerrung korrigieren*. Hiermit gleichen Sie nicht nur perspektivische Verzerrungen aus, sondern auch tonnen- oder kissenförmige Verzeichnung sowie Vignettierung. Je nach Objektivart fallen Verzeichnungen mehr oder weniger stark aus. Bei der Arbeit mit Zoomobjektiven kommt es vor, dass es im kurzen Brennweitenbereich, z. B. 28 mm, zu einer tonnenförmigen und im langen Brennweitenbereich, z. B. 105 mm, zu einer kissenförmigen Verzeichnung kommt. Vignettierung bezeichnet die Abdunklung zu den Bildecken hin. All diese Probleme lassen sich per Schieberegler mit wenigen Handgriffen korrigieren.

1. Öffnen Sie die Datei *Tuer.jpg* oder ein Bild aus Ihrem Fundus, welches die beschriebenen Probleme enthält.

2. Rufen Sie den Befehl *Filter/Kameraverzerrung korrigieren* auf.

   Die Dialogbox ist sehr intuitiv bedienbar. Da das Beispielbild eine tonnenförmige Verzerrung aufweist, verschieben Sie den Regler *Verzerrung entfernen* nach rechts, bis die Tür gerade erscheint. Anhand des eingeblendeten Rasters in der Vorschauabbildung lässt sich die Korrektur gut kontrollieren. Ich habe mich hier für den Wert *+10,00* entschieden.

3. Zu den Ecken hin fällt die Helligkeit im Bild etwas ab. Verwenden Sie den Regler *Stärke* im Bereich *Vignette* und verschieben Sie ihn nach rechts in

Richtung *Aufhellen*. Der Wert *+40* bringt hier gute Ergebnisse. Mit dem Regler *Mittelpunkt* im selben Bereich stellen Sie ein, ob die Aufhellung sich hauptsächlich auf die Ecken beziehen soll. Je weiter Sie den Regler nach rechts schieben, desto weniger wird die Bildmitte in die Aufhellung einbezogen. Im Beispiel wurde dieser Regler allerdings auf dem Wert *0* belassen.

4. Das Beispielbild weist eine leichte vertikale Verzerrung der Perspektive auf. Aus diesem Grund habe ich den zugehörigen Regler auf den Wert *-8* verschoben.

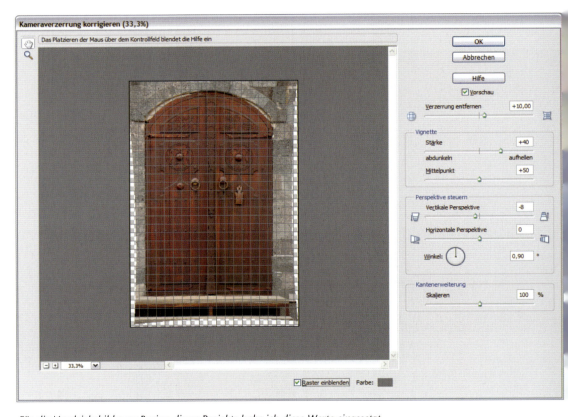

Für die Vergleichsbilder zu Beginn dieses Projekts habe ich diese Werte eingesetzt.

5. Sehr wichtig ist auch die Korrektur des *Winkels*. Oftmals muss man Winkel und Verzerrung abwechselnd mehrmals variieren, bis man die perfekten Werte gefunden hat. Da das Bild aber nach rechts kippt, stellen Sie einen Winkel von ca. 0,90° ein.

6. Durch die Drehung und die Korrektur der Verzerrung bestehen an den Bildrändern transparente Bereiche. Mit dem *Skalieren-Regler* lässt sich das Bild so weit vergrößern, dass das Format wieder gefüllt ist.

Allerdings verliert man hierbei einige Bildbereiche, da sie aus dem Format herausgeschoben werden. Ich habe mich daher bei diesem Bild dazu entschieden, die fehlenden Bereiche mit dem Werkzeug *Kopierstempel* auszugleichen. Wenn man Spaß an der Arbeit mit dem Kopierstempel hat und etwas Zeit investieren mag, ist die Retusche hier kaum zu entlarven.

7. Aktivieren Sie das Werkzeug *Kopierstempel* und kontrollieren Sie die Optionsleiste. Orientieren Sie sich bezüglich der Werte z. B. an der folgenden Abbildung.

Für das Auffüllen der Bildränder eignen sich diese Werte sehr gut.

8. Legen Sie bei gehaltener Alt-Taste – wie in *Kapitel 2* beschrieben – per Mausklick die Kopierquelle fest und retuschieren Sie dann die Ränder.

Die diffusen Strukturen am Rand eignen sich sehr gut zum Retuschieren.

9. Legen Sie bei gehaltener Alt-Taste – wie in *Kapitel 2* beschrieben – per Mausklick die Kopierquelle fest und retuschieren Sie die Ränder.

10. Durch die Korrektur der Kameraverzerrung hat Elements die Hintergrundebene in eine freie, verschiebbare Ebene umgewandelt. Diese muss abschließend noch mit dem Befehl *Ebene/Auf Hintergrundebene reduzieren* zurück auf die Hintergrundebene verschmolzen werden.

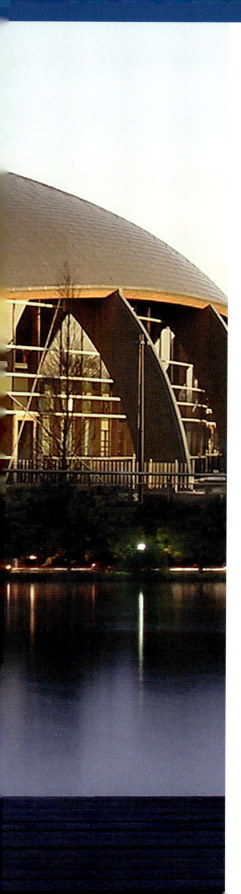

Außergewöhnliche Fotomontagen

Glaub keinem Bildbearbeiter – dieses Motto ist Thema des vorliegenden Kapitels. Egal ob unauffällig oder augenscheinlich und surrealistisch – Fotomontagen machen einfach Spaß, weil sie immer wieder verblüffen.

Wenn Sie dieses Beispiel mit eigenen Bildern nachvollziehen möchten, ist es hilfreich, wenn diese die gleiche Größe aufweisen. Bringen Sie beide Bilder mit der Dialogbox Bild/Skalieren/Bildgröße unter Verwendung der Neuberechnungsmethode Bikubisch auf die gleiche Breite.

Landschaften fließend kombinieren

Wer sich nicht so einfach zwischen Natur- und Architekturaufnahmen oder Sommer und Winter entscheiden kann, wird womöglich an diesem Projekt Gefallen finden. Mit Photoshop Elements lassen sich ganz gegensätzliche Landschaften kombinieren. Sie benötigen dafür lediglich drei Ebenen, das Verlaufswerkzeug und zur Korrektur eventuell den Pinsel.

1. Öffnen Sie die Beispieldatei *Expowal.jpg*. Hier wird der karge Vordergrund mit dem See überblendet.

2. Wählen Sie ⌈Strg⌉+⌈A⌉ oder *Auswahl/Alles auswählen,* um das gesamte Bild zu markieren.

3. Kopieren Sie das Foto mit dem Befehl *Bearbeiten/Kopieren* oder ⌈Strg⌉+⌈C⌉ in die Zwischenablage.

4. Der Wal soll über den See eingefügt werden. Schließen Sie daher *Expowal.jpg* und öffnen Sie *Ufer.jpg.*

5. Laden Sie mit *Fenster/Ebenen* die Ebenen-Palette und erstellen Sie mit dem Befehl *Ebene/Neu/Ebene* eine neue, transparente Ebene.

Ich habe als Ebenennamen die Bezeichnung Verlauf eingegeben.

6. Aktivieren Sie das *Verlaufswerkzeug* – am schnellsten erreichen Sie es mit dem Buchstaben ⌈G⌉.

Von besonderer Wichtigkeit sind in diesem Projekt wieder die Einstellungen in der Optionsleiste. Der Verlauf muss von einer beliebigen Farbe zu Transparent verlaufen.

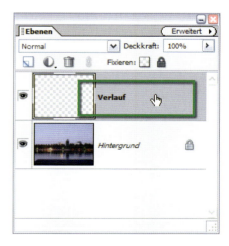

Die Transparenz der Ebene wird mit einem Schachbrettmuster symbolisiert.

7. Öffnen Sie die Liste der Verläufe in der Optionsleiste und wählen Sie den zweiten Verlauf der Standardliste aus: den Verlauf *Vordergrund-Transparent*. Kontrollieren Sie alle Optionen der Leiste. Von den fünf Symbolschaltflächen muss die erste ausgewählt sein, dies ist der *Lineare Verlauf*. Der *Modus* ist *Normal*, die *Deckkraft 100 %*. Zusätzlich müssen die Kontrollkästchen *Dither* und *Transparenz* aktiviert sein.

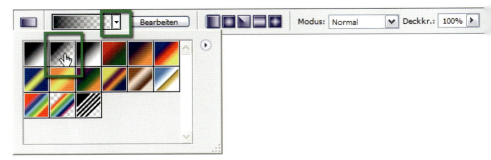

Mit einem Klick auf den Listenpfeil öffnen Sie die Liste der Verläufe.

8. Klicken Sie jetzt etwa in die Mitte des Bildes und ziehen Sie mit dem *Verlaufswerkzeug* eine kurze Strecke nach unten. Hierdurch wird ein Verlauf eingefügt. Vergleichen Sie dies mit der Abbildung.

Ziehen Sie mit dem Verlaufswerkzeug etwa in diesem Bereich.

Da hier die Vordergrundfarbe Schwarz ange-wählt war, ist dies das Ergebnis. Bei Ihnen kann die Darstellung je nach Vordergrund-farbe abweichen.

9. Über den Verlauf soll das Gebäude eingefügt werden, das sich noch in der Zwischenablage befindet. Wählen Sie *Bearbeiten/Einfügen*.

10. Wählen Sie daraufhin *Ebene/Mit vorheriger gruppieren*.

Elements gruppiert die beiden Ebenen. Dadurch erscheinen aus dem obe-ren Bild ausschließlich die Bereiche, die in der *Verlauf*-Ebene gefüllt sind. Die *Verlauf*-Ebene fungiert somit als Stanzform, die auch fließende Über-gänge erzeugt.

Bei Ebenengruppierungen fungiert die Ver-lauf-Ebene sozusagen als Stanzform für die obere Ebene.

Hier sehen Sie das Ergebnis der Ebenengruppierung.

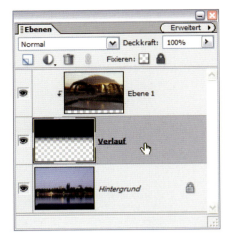

11. Falls die Lage des Verlaufs nicht genau Ihren Vorstellungen entspricht, können Sie ihn jederzeit korrigieren: Aktivieren Sie die *Verlauf*-Ebene mit einem Klick auf den Ebenennamen in der Ebenen-Palette und wählen Sie ⌨Strg+⌨A, um wieder alles auszuwählen. Nach Ausführen des Befehls *Bearbeiten/Löschen* oder Drücken der ⌨Entf-Taste haben Sie die Möglichkeit, einen neuen Verlauf einzuziehen.

12. Da zwischen Ufer und Expowal teilweise etwas Himmel durchlugt, müssen noch Korrekturen mit dem *Pinsel*-Werkzeug vorgenommen werden. Aktivieren Sie den *Pinsel* durch Wählen des Buchstabens ⌨B bzw. ⌨⇧+⌨B, falls gerade einer der anderen Pinsel ausgewählt war.

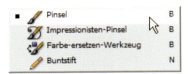

13. Stellen Sie mit dem Buchstaben ⌨D sicher, dass Schwarz als Vordergrund- und Weiß als Hintergrundfarbe eingestellt sind. Mit dem Buchstaben ⌨X tauschen Sie bei Bedarf Vorder- und Hintergrundfarbe.

14. Malen Sie in der Verlaufsebene überall dort mit dem Pinsel, wo die obere Ebene, also die Walebene, sichtbar sein soll. Möchten Sie hingegen Bereiche aus der oberen Ebene unsichtbar machen, arbeiten Sie mit dem *Radiergummi* und löschen Bildpixel der Verlaufsebene.

Der große Vorteil dieser Technik ist, dass niemals Bildpixel gelöscht werden müssen – lediglich das Aussehen der Verlaufsebene regelt, welche Bereiche der oberen Ebene ein- oder ausgeblendet werden.

Surrealistische Bildkompositionen

Dieses Projekt ist eine Variation des vorigen Workshops. Sie arbeiten auch hier mit Ebenengruppierung und *Pinsel*. Jede beliebige Form kann bei der Ebenengruppierung als Stanzform dienen. Überall dort, wo sich in einer Ebene Informationen, also Pixel, befinden, wird die darüberliegende gruppierte Ebene sichtbar.

1. Für dieses Beispiel benötigen Sie die Dateien *Pepi.jpg* und *Banane.jpg*, öffnen Sie beide in Elements.

2. Aktivieren Sie das *Verschieben-Werkzeug* und klicken Sie die Banane an. Halten Sie die Maustaste gedrückt und ziehen Sie sie bei gehaltener ⌨⇧-Taste auf die Peperoni.

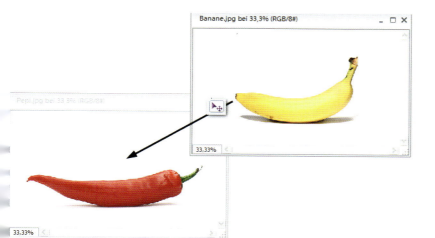

Kopieren Sie die Banane per Drag&Drop.

Mit dieser Aktion wird die Banane über der Peperoni in eine neue Ebene eingefügt. Das Halten der ⌂-Taste bewirkt, dass die Banane exakt in der Mitte der Peperoni-Datei platziert wird.

3. Laden Sie die Ebenen-Palette mit *Fenster/Ebenen*, falls diese noch nicht geöffnet ist, und aktivieren Sie die untere Ebene – in diesem Beispiel die Ebene *Hintergrund* – mit einem Klick auf deren Ebenennamen.

4. Fügen Sie mit dem quadratischen Symbol oben links in der Ebenen-Palette eine neue Ebene hinzu – diese wird zwischen die Foto-Ebenen eingefügt.

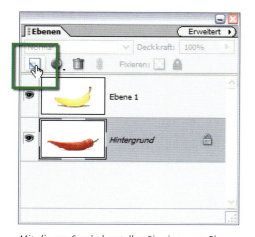

Mit diesem Symbol erstellen Sie eine neue Ebene – neue Ebenen werden immer über die gerade aktive Ebene eingefügt.

In diesem Beispiel haben die Dateien schon die füreinander passende Größe. Sollte dies bei Ihren persönlichen Bildern nicht der Fall sein, ziehen Sie die größere Datei auf die kleinere, setzen in der Ebenen-Palette die Deckkraft herab, so dass Sie beide Bilder sehen können, und wählen Bild/Transformieren/Frei transformieren. *Verkleinern Sie das Bild entweder durch Ziehen mit ⌂ an den Eckpunkten, was eine proportionale Transformation bewirkt, oder geben Sie in der Optionsleiste die gewünschten Werte ein. Nach Bestätigung mit ↵ muss die Deckkraft der oberen Ebene wieder heraufgesetzt werden.*

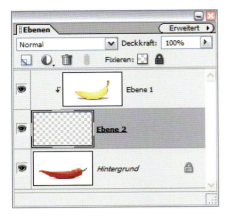

Eine gruppierte Ebene wird durch die Einrückung der Ebene angezeigt.

5. Wechseln Sie mit einem Klick auf den Namen wieder zu *Ebene 1*, der Bananen-Ebene, und wählen Sie *Ebene/Mit vorheriger gruppieren* – die Banane wird unsichtbar.

6. Aktivieren Sie das *Pinsel*-Werkzeug.

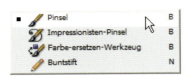

7. Definieren Sie in der Optionsleiste eine Werkzeugspitze mit großem Durchmesser und geringer Kantenschärfe. Ich habe einen Durchmesser von *300 px* gewählt, um weiche Übergänge zwischen Peperoni und Banane zu erzielen. Die Kantenschärfe wählen Sie im unten markierten Listenfeld.

8. Aktivieren Sie die mittlere, leere Ebene und fügen Sie hier Pixel ein, indem Sie mit dem Pinsel ins Bild malen. Sie sehen, dass die Banane überall dort sichtbar wird, wo Sie mit dem Pinsel Informationen einfügen.

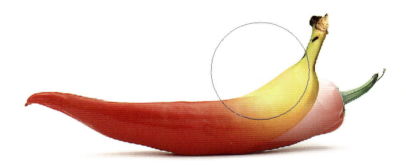

Übermalen Sie die einzublendenden Bereiche.

9. Sollten Sie versehentlich zu viele Pixel eingefügt haben, lassen sich diese jederzeit mit dem *Radiergummi*-Werkzeug ($\boxed{E}$ bzw. $\boxed{\Uparrow}$+$\boxed{E}$) wieder entfernen. Arbeiten Sie so lange mit diesen Werkzeugen, bis der perfekte Übergang erzielt ist.

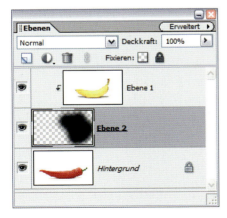

Das Erscheinungsbild der Ebenen nach der Bearbeitung – die schwarzen Bereiche zeigen an, wo die obere Ebene eingeblendet wird.

10. Fixieren Sie abschließend die Ebenen zu einer Hintergrundebene mit *Ebene/Auf Hintergrundebene reduzieren.*

Digitale Doppelgänger

Interessante Fotomontagen gestalten Sie ebenfalls mit der Ebenentechnik. Für das folgende Projekt habe ich Einzelfotos mit Stativ und manuell fest eingestellter Belichtung aufgenommen und diese in Photoshop Elements in Ebenen übereinanderkopiert. Mit dem Radiergummi wurden dann bestimmte Bereiche als durchsichtig definiert. Dieses Projekt ließe sich auch in Kombination mit den zu Beginn dieses Kapitels vorgestellten Ebenengruppierungen durchführen.

Beim Erstellen solcher Aufnahmen ist es praktisch, z. B. mit einem Kabelfernauslöser zu arbeiten, da man andernfalls beim Auslösen eine leichte Verwacklung auslösen könnte.

Die Beispielbilder für dieses Projekt heißen *Marti_01.jpg* bis *Marti_05.jpg*. Sie finden sie auf der M+T-Website.

Zunächst müssen die Bilder übereinanderkopiert werden. Da sie durch die Verwendung des Stativs exakt den gleichen Ausschnitt beschreiben, ist es einfach, sie deckungsgleich zu kopieren.

1. Öffnen Sie *Marti_01*; in diese Datei kopieren Sie im Folgenden die anderen Bilder hinein – sie fungiert also als »Container-Datei«.

2. Öffnen Sie zusätzlich *Marti_02*. Aktivieren Sie das *Verschieben-Werkzeug*. Klicken Sie in das Bild *Marti_02*, halten Sie die Maustaste gedrückt und drücken Sie zusätzlich die [⇧]-Taste. Schieben Sie jetzt das Bild über *Marti_01*.

Es ist wichtig, dass Sie die Maustaste zwischendurch nicht loslassen, da sonst eine Fehlermeldung darüber informiert, dass die Ebene nicht verschiebbar ist. Wenn Sie das eine Bild über das andere schieben, erscheint ein Pluszeichen, das anzeigt, dass das Bild kopiert wird. Lassen Sie zuerst die Maustaste und dann die [⇧]-Taste los. Durch das Halten der [⇧]-Taste wird das Bild exakt in die Mitte und, da die Bilder die gleiche Größe aufweisen, deckungsgleich eingefügt.

Häufig irritiert es, dass man beim Verschieben lediglich ein kleines Plussymbol, nicht aber das Bild sieht.

3. Da das obere Bild die Füllmethode *Normal* aufweist, deckt es das untere komplett ab. Aktivieren Sie den *Radiergummi* und löschen Sie die Stellen aus dem oberen Bild, die durchsichtig sein sollen, so dass das untere Bild hindurchscheint.

4. Um eine bessere Kontrolle darüber zu haben, welchen Teil Sie radieren müssen, ist es hilfreich, die Deckkraft der oben liegenden Ebene kurzfristig zu verringern.

5. Definieren Sie in den Werkzeugoptionen *Größe* und Kantenschärfe des Radiergummis. Ich habe einen Durchmesser von *300 Pixeln* verwendet. Es bietet sich an, eine harte Kante zu verwenden, da sich keine fließenden Übergänge ergeben sollen.

6. Radieren Sie die Bereiche, die durchscheinend definiert werden sollen, und stellen Sie anschließend die *Deckkraft* der Ebene wieder auf *100 %* ein.

In der Ebenen-Palette werden die durchsichtigen Bereiche durch ein kleines Schachbrettmuster dargestellt, das nicht druckbar ist, sondern der Transparenzanzeige dient.

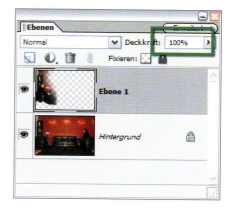

Manchmal ist es hilfreich, die Deckkraft der oberen Ebene zu verringern, da man dann eine bessere Kontrolle über die zu radierenden Bereiche hat.

Radieren Sie, so dass die unten liegende Ebene zum Vorschein kommt.

So große Bereiche können auf der oberen Ebene radiert werden.

Durch Stativ und gleiche Kameraeinstellung passen die Ebenen exakt übereinander.

7. Öffnen Sie die Dateien *Marti_03* bis *Marti_05* und verfahren Sie hier genauso.

8. Ist die Fotomontage fertig gestellt, reduzieren Sie mit dem Befehl *Ebene/ Auf Hintergrundebene reduzieren* die Ebenen. Dadurch sparen Sie Speicherplatz, allerdings sind die einzelnen Ebenen anschließend nicht mehr zu bearbeiten.

Aktbilder mit Texturen

Ein besonders ästhetischer Effekt kann die Kombination von Aktfotografien und Texturen sein. Wie projiziert wirkt die Ebene, die mit Elements auf das Motiv geblendet wird. Sie erstellen in diesem Projekt aus dem Aktbild eine Verschiebungsmatrix, anschließend wird die Textur über das Foto gelegt und mit Hilfe der Matrix an die Struktur des Bildes angepasst.

Vorbereitung der Matrix

1. Öffnen Sie die Datei *Aktfoto.jpg*.

2. Um die Datei als Verschiebungsmatrix vorzubereiten, speichern Sie eine Kopie mit dem Befehl *Datei/Speichern unter*. Geben Sie als Dateiname *Matrix* ein und wählen Sie aus der Liste das Format *PSD*. Dies ist wichtig, da nur PSD-Formate als Matrix dienen können.

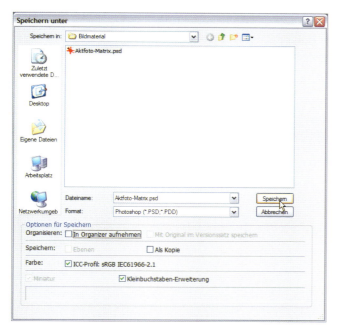

Wichtig ist die Wahl des Formats Photoshop (*.PSD,*.PDD).

3. Das Bild benötigt eine Weichzeichnung, da andernfalls in der Textur harte Kanten entstehen. Wählen Sie *Filter/Weichzeichnungsfilter/Gauß-scher Weichzeichner*. Stellen Sie in der gleichnamigen Dialogbox den Radius auf ca. *8 Pixel* ein.

Je höher die Auflösung eines Bildes, desto größer darf der Radius ausfallen.

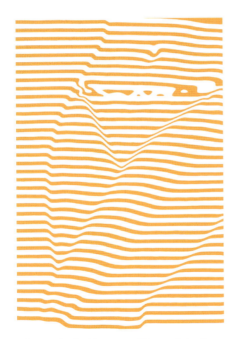

Hier wurde der Versetzen-Filter auf ein einfaches Linienmuster angewendet, um darzustellen, wie der Filter wirkt.

Die Anzahl der Pixel hängt hier von der Auflösung ab. Wenn Sie mit höher aufgelösten Bildern als diesem Beispielbild arbeiten, können höhere Werte für den Gaußschen Weichzeichner erforderlich sein.

Je stärker die Unterschiede zwischen hellen und dunklen Bereichen in der Matrix sind, desto deutlicher fällt später die Verzerrung aus.

4. Wählen Sie *Überarbeiten/Beleuchtung anpassen/Helligkeit/Kontrast*. Ich habe die Matrix um den Wert *10* aufgehellt und den Kontrast auf den Wert *15* heraufgesetzt.

5. Die Anpassung erfolgt exakter, wenn die Matrix ausschließlich Graustufen aufweist. Wählen Sie daher ⎡Strg⎤+⎡U⎤ und verschieben Sie den Sättigungsregler auf *-100*.

Die Verschiebung ist bei Graustufen leichter zu kontrollieren. Ein dunkler Bereich in der Matrix bedeutet eine Verschiebung der Textur nach unten und ein heller Bereich eine Verschiebung nach oben. Auf diese Weise passt Elements die Textur dem Bild an. Folgende Abbildung veranschaulicht, wie horizontale Linien durch Verwendung des *Versetzen*-Filters verzerrt werden.

6. Die Vorbereitung ist abgeschlossen. Wählen Sie *Datei/Schließen* und bestätigen Sie die Speicherabfrage mit *Ja*.

Die Überblendung der Ebenen

Für den Überblendungsvorgang benötigen Sie wieder Ihre Ebenen-Palette. Außerdem bestimmen Sie nach einer Ebenengruppierung durch Farbauftrag mit dem Pinsel, an welchen Stellen die Textur sichtbar sein soll.

1. Öffnen Sie erneut das Original *Aktfoto.jpg* und zusätzlich die Datei *Tigerfell.jpg*.

2. Aktivieren Sie das *Verschieben-Werkzeug*, klicken Sie in die Textur und ziehen Sie sie bei gehaltener ⎡⇧⎤-Taste auf das Aktfoto. Auf diese Weise wird es per Drag&Drop zentriert über das Aktfoto kopiert.

3. Die Texturebene, *Ebene 1*, wird in diesem Schritt angepasst. Rufen Sie *Filter/Verzerrungsfilter/Versetzen* auf. Auch hier haben Sie Einfluss auf die Stärke der Verzerrung. Ich habe mich für den Wert *30* bei der horizontalen sowie der vertikalen Skalierung entschieden.

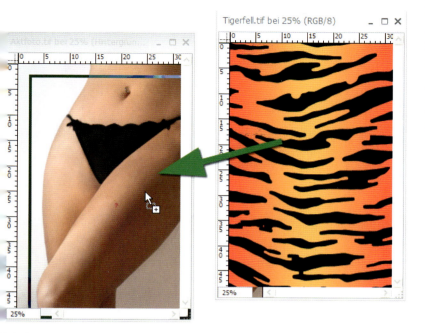

Mit dem *Verschieben-Werkzeug* kopieren Sie Bildinhalte per Drag&Drop – also »Ziehen und Fallenlassen«.

Die Textur wird über dem Foto eingefügt.

Verwenden Sie beispielsweise diese Werte für die Verzerrung.

4. Nachdem Sie die Dialogbox *Versetzen* mit *OK* bestätigt haben, erscheint eine weitere Dialogbox, in der Sie zu Ihrer Datei *Aktfoto-Matrix.psd* navigieren können. Markieren Sie die Matrix per Mausklick und bestätigen Sie auch dieses Dialogfenster. Die Verzerrung wird direkt angewendet.

Mit dieser Dialogbox wird die Verschiebungs-matrix geladen.

Um die Textur nur auf gewünschte Bereiche zu blenden, ist eine weitere Ebene notwendig.

5. Aktivieren Sie die Ebene *Hintergrund* mit einem Klick auf deren Namen in der Ebenen-Palette und wählen Sie dann *Ebene/Neu/Ebene.* Die neue Ebene wird nach Bestätigung zwischen die Bildebenen eingefügt.

6. Die neue Ebene muss die Füllmethode *Weiches Licht* erhalten – wählen Sie diese in der Ebenen-Palette aus.

7. Halten Sie die [Alt]-Taste gedrückt und bewegen Sie den Mauszeiger exakt zwischen die neue leere Ebene und die Texturebene. Mit einem Mausklick an dieser Stelle werden die beiden oberen Ebenen gruppiert. Dies blendet zunächst die Textur aus, da die mittlere Ebene noch leer ist.

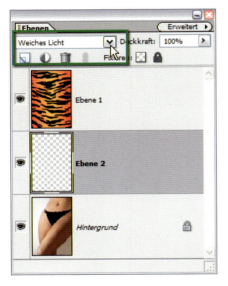

Die leere Ebene benötigt die Füllmethode *Weiches Licht,* damit die Textur weich auf das Aktfoto projiziert wird.

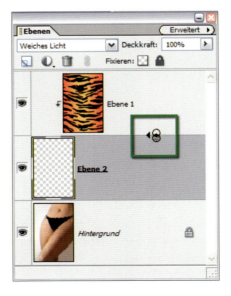

Ein Klick zwischen zwei Ebenen bei gehal-tener [Alt]-Taste gruppiert sie, so dass die untere der beiden als Stanzform für die obere fungiert.

8. Aktivieren Sie das *Pinsel*-Werkzeug und tragen Sie auf der mittleren Ebene Farbe auf – die Farbe ist frei wählbar, wichtig ist nur, dass Informationen in die Ebene eingegeben werden. An diesen Stellen kommt die Textur zum Vorschein.

9. Falls Sie an manchen Stellen die Information wieder zurücknehmen möchten, aktivieren Sie das Werkzeug *Radiergummi* (E) und entfernen die Pixel aus der mittleren Ebene – die Textur wird wieder unsichtbar.

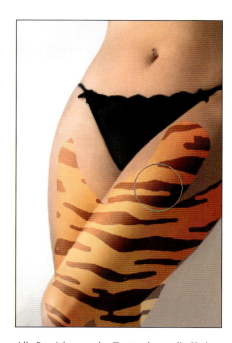

Alle Bereiche aus der Texturebene, die Sie in der mittleren Ebene mit dem *Pinsel* bearbeiten, werden sichtbar. Stellen, an denen man versehentlich übermalt hat – wie hier unten rechts –, können mit dem Radiergummi korrigiert werden.

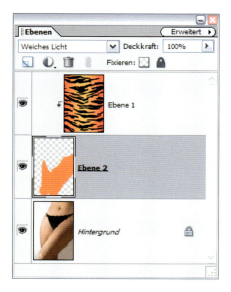

So zeigt sich die Bearbeitung in der Ebenen-Palette.

10. Verschmelzen Sie die Ebenen auch hier zu einer Hintergrundebene mit *Ebene/Auf Hintergrundebene reduzieren*.

Die eigene Unterschrift als Stempel

In Photoshop Elements stehen Ihnen in der *Optionsleiste* standardgemäß schon viele Werkzeugspitzen zur Verfügung. Wenn Ihnen diese noch nicht genügen, haben Sie die Möglichkeit, eigene Werkzeugspitzen in wenigen Schritten zu erstellen. Nach der Gestaltung ganz persönlicher Fotomontagen ist das Schützen des Bildes durch Ihre eigene Unterschrift, ein Symbol oder Logo interessant. In diesem Workshop erfahren Sie, wie Sie Ihre persönliche Unterschrift in eine Werkzeugspitze umwandeln und so Ihre Bilder und Collagen mit einem Mausklick signieren können.

1. Unterschreiben Sie mit einem möglichst einheitlich deckenden Stift auf möglichst glattem Papier, damit die Schriftränder nicht ausfransen.

2. Öffnen Sie die Beispieldatei *Unterschrift.jpg* oder scannen Sie die Unterschrift im Graustufen-Modus 8 Bit und mit einer Auflösung von 400 dpi. Da Werkzeugspitzen nur einfarbig sein können, müssen Sie keinen Farbmodus wählen.

3. Öffnen Sie die Unterschrift in Photoshop Elements, falls Sie nicht direkt mit Elements gescannt haben.

4. Im Beispiel fransen die Schriftkanten etwas aus. Um dem entgegenzuwirken, ist es hilfreich, den Filter *Filter/Störungsfilter/Helligkeit interpolieren* anzuwenden.

Dieser Befehl bewirkt, dass die Kanten Ihrer Unterschrift abgerundet werden. Dieser Filter wirkt sich sehr stark aus, verwenden Sie daher relativ niedrige *Radius*-Werte zwischen 1 und 10 Pixeln. Nicht nur die Ränder, sondern auch Helligkeitsunterschiede innerhalb der Schrift werden mit diesem Filter ausgeglichen.

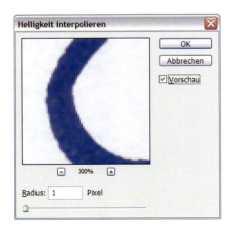

5. Das Beispielbild liegt im RGB-Modus vor. Wählen Sie für die Umwandlung den Befehl *Bild/Modus/Graustufen*. Elements fragt, ob die Farbinformationen verworfen werden sollen, dies muss gegebenenfalls mit *OK* bestätigt werden.

Nach der Kantenglättung führen Sie eine Tonwertkorrektur durch. Der Hintergrund – das Papier – ist wahrscheinlich noch nicht reinweiß und die Unterschrift noch nicht hundertprozentig deckend.

6. Wählen Sie zu diesem Zweck *Überarbeiten/Beleuchtung anpassen/Tonwertkorrektur*.

In der Dialogbox *Tonwertkorrektur* zeigt Ihnen das Histogramm die Verteilung der Pixel im Bild an. Sie sehen zwei Erhöhungen: Die linke Erhöhung repräsentiert die dunklen Bildpixel der Schrift und die rechte Erhöhung die weißen bzw. hellgrauen Bildpixel des Papiers. Die Höhe des Ausschlags gibt Ihnen Auskunft über die Menge der Pixel, die pro Farbwert im Bild vertreten sind.

7. Schieben Sie jetzt die beiden oberen Regler etwas zusammen in Richtung Mitte. Bei aktivem *Vorschau*-Kontrollkästchen können Sie die Auswirkungen auf Ihren Scan beobachten.

Sie sehen, dass der Kontrast des Scans erhöht wird. Schieben Sie den rechten Regler, der für die hellen Tonwerte zuständig ist, bis über die rechte Erhöhung. Das »Papier« – also der Hintergrund – wird jetzt vollständig weiß ohne graue Schattierungen. Durch die Verschiebung des linken Reglers wird die Schrift schwarz. Das Histogramm zeigt eine Helligkeitsverteilung der Pixel auf den 256 Helligkeitsstufen.

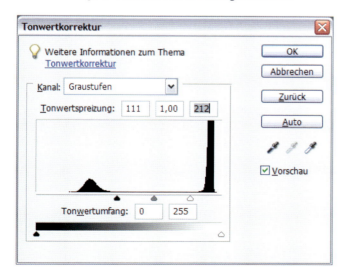

8. Wenden Sie sich jetzt dem mittleren Regler zu. Sie sehen beim Hin-und-her-Schieben, dass Sie mit dem mittleren Regler die Strichstärke beeinflussen können.

Beurteilen Sie die Auswirkungen im Scan und finden Sie Reglereinstellungen, bei denen die Unterschrift eine ideale Strichstärke hat. Orientieren Sie sich hierbei eventuell an der folgenden Abbildung.

9. Bestätigen Sie mit *OK*, wenn Sie die richtige Einstellung gefunden haben.

10. Wählen Sie den Befehl *Bild/Modus/Bitmap*. Elements fragt Sie, ob Sie die Modusumwandlung wirklich vornehmen möchten, bestätigen Sie diese Dialogbox.

Die Unterschrift ist jetzt perfekt für die Umwandlung in eine Schwarzweißzeichnung vorbereitet.

11. In der nächsten Dialogbox werden Sie aufgefordert, eine Auflösung zu bestimmen. Bleiben Sie bei der aktuellen *Auflösung* von *400 Pixel/Zoll*. Aus dem Listenfeld *Verwenden* wählen Sie den Eintrag *Schwellenwert 50%*. Dies bewirkt, dass die Zeichnung ohne Verwendung von Rasterpunkten in Schwarz und Weiß umgewandelt wird – es entsteht eine so genannte Strichzeichnung. Bestätigen Sie mit *OK*.

Im Bitmap-Modus, in den Sie Ihr Bild jetzt konvertiert haben, belegen Bilder extrem wenig Speicherplatz. Aus diesem Grund können Sie bei Bedarf auch deutlich höhere Auflösungen als 300 dpi verwenden, sie schlagen bei der Dateigröße nur wenig zu Buche.

12. Im Menü *Bearbeiten* finden Sie den Befehl *Pinsel definieren*. Führen Sie diesen Befehl aus. In einer weiteren Dialogbox werden Sie um einen Namen für die Werkzeugspitze gebeten. Geben Sie in das Eintragfeld z. B. die Bezeichnung »Unterschrift« ein und bestätigen Sie mit *OK*.

Die Unterschrift wird jetzt als neue Werkzeugspitze an das Ende Ihrer Werkzeugspitzenliste eingefügt.

13. Aktivieren Sie das *Pinsel*-Werkzeug z. B. durch Drücken der Taste [B] auf Ihrer Tastatur. Falls dadurch stattdessen der *Impressionisten-Pinsel* oder das *Farbe-ersetzen-Werkzeug* aktiviert wird, können Sie mit [⇧]+[B] zum *Pinsel* wechseln.

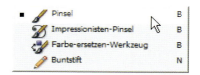

14. Öffnen Sie die Werkzeugspitzenliste in der Optionsleiste durch einen Klick auf den Listenpfeil.

15. Scrollen Sie in der Liste nach ganz unten, dort finden Sie Ihre Werkzeugspitze – wählen Sie diese mit einem Mausklick aus.

16. Öffnen Sie eine beliebige Datei – die Beispieldatei heißt *Drummer.jpg* – und testen Sie die Werkzeugspitze. Sie können verschiedene Vordergrundfarben auswählen, die Werkzeugspitze nimmt wie alle anderen Spitzen die Farbe des Vordergrunds an. Auf diese Weise können Sie jede von Ihnen erstellte Datei signieren.

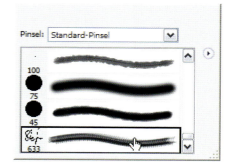

Eigene Werkzeugspitzen können mit jedem Malwerkzeug eingesetzt werden – egal ob Pinsel, Buntstift oder Kopierstempel.

Die Unterschriften-Werkzeugspitze ist nur ein Beispiel – jede Markierung ist in Elements in eine Werkzeugspitze verwandelbar.

Nachtaufnahmen und Available-Light-Fotografie

Beim nächtlichen Fotografieren mit langen Belichtungszeiten lassen sich völlig neue Welten entdecken. Mit Hilfe eines Stativs entstehen auf Straßenkreuzungen faszinierende Muster durch vorbeifahrende Autos. Lichteffekte mit Bewegungsunschärfen lassen sich am Tag so nicht einfangen. Selbst wenn Motive durch die Langzeitbelichtung nahezu taghell erscheinen, wirken die Szenen dennoch anders als bei Tageslicht.

Ein anderer Effekt soll bei der Available-Light-Fotografie, dargestellt im zweiten Abschnitt dieses Kapitels, entstehen. Der Begriff könnte mit »vorhandenes Licht« bzw. »zur Verfügung stehendes Licht« übersetzt werden. Trotz ungünstiger Lichtverhältnisse – etwa abends oder bei geringer Beleuchtung in Innenräumen – fängt der Fotograf die vorhandene Lichtstimmung ein. Hier geht es darum, auf zusätzliche Dauerlichtquellen oder Blitzeinsatz zu verzichten. Auch Stative und Langzeitbelichtung kommen hier meist nicht zum Einsatz. In der Available-Light-Fotografie wird vielmehr versucht, durch lichtstarke Objektive und höhere ISO-Zahlen so kurze Belichtungszeiten zu erzielen, dass die Aufnahmen nicht verwackelt erscheinen. Available-Light-Bilder sollen die Atmosphäre so authentisch wie möglich wiedergeben. Konzertfotografie und Kerzenlichtaufnahmen gehören in die Kategorie »Available Light«.

Die Einstellungen bei diesem Bild waren: 25 Sekunden, Blende F/8, Brennweite 30 und ISO 100. Foto: www.soeren-meyer.de.tl

Nachtaufnahmen mit Langzeit-belichtung und DRI-Technik

Im ersten Teil dieses Kapitels sind solche Nachtaufnahmen das Thema, bei denen lange Belichtungszeiten zum Einsatz kommen. Lange Belichtung macht die Verwendung eines Stativs oder einer anderen festen Unterlage notwendig.

Bei Nachtaufnahmen mit der Digitalkamera gibt es ein Problem, das mittels Bildbearbeitung gelöst werden kann: Digitale Kameras verfügen über einen geringeren Kontrastumfang, als dies bei analogen Filmen der Fall ist. Befinden sich helle Lichtquellen wie etwa Leuchtreklamen in der Szene, kommt es an diesen Stellen bei Belichtungszeiten von z. B. 30 Sekunden zu Überstrahlungen. Es erscheinen reinweiße Bereiche ohne Detailzeichnung. Die Problematik ist: Sind helle Bereiche richtig belichtet, erscheinen Schatten zu dunkel und ohne Zeichnung. Werden hingegen die dunklen Partien im Bild richtig belichtet, überstrahlen die hellen Stellen und es gehen wichtige Details verloren.

Fotografiert man nachts aus freier Hand, können zwar interessante Effekte entstehen – doch selbst bei Belichtungszeiten von z. B. einer halben Sekunde kommt es zu Bewegungsunschärfen.

Bei weichem, gleichmäßigem Licht kommt diese Problematik eher nicht zum Tragen. Ist ein Gebäude mit sanftem Licht ausgeleuchtet, ist diese Szene oft mit einer Aufnahme bei ca. 30 Sekunden gut einzufangen. Finden sich hingegen sehr helle und sehr dunkle Stellen im Bild, ist die im Folgenden vorgestellte DRI-Technik ein tolles Instrument für ausgewogene, strahlende Bilder.

Ohne DRI-Technik: Die dunklen Bereiche sind gut ausgeleuchtet, die Lichter überstrahlen stark. Das Logo des American Diner ist nicht mehr zu erkennen.

Mit DRI-Technik erhält das Bild mehr Dynamik – das Logo ist nicht mehr überstrahlt.

Die Abkürzung *DRI* steht für »Dynamic Range Increase« und bedeutet so viel wie »den Dynamikumfang erhöhen«. Ein Motiv wird mit unterschiedlichen Belichtungszeiten aufgenommen, wobei alle anderen Kameraeinstellungen wie etwa die Blendenzahl und der Fokus gleich bleiben. Anschließend werden die Einzelbilder in Photoshop Elements übereinanderkopiert. Aus jeder Ebene werden dann die problematischen Bereiche ausgeblendet. Die Summe ergibt ein harmonisch belichtetes Bild.

Für die DRI-Technik wird eine Kamera benötigt, die manuelle Einstellungen der Belichtungszeit sowie Langzeitbelichtungen ermöglicht oder Belichtungsreihen aufnimmt. Wie viele Einzelaufnahmen nötig sind, hängt vom Motivkontrast ab. Drei bis sechs Aufnahmen bringen meist qualitativ hochwertige Ergebnisse, bei einfacheren Situationen können schon drei Bilder eine perfekte Montage ermöglichen, es kann aber auch sein, dass bei sehr schwierigen Kontrastverhältnissen noch mehr Bilder zur Verfügung stehen sollten.

Die Aufnahmesituation im Griff

An erster Stelle steht die Wahl des richtigen Blickwinkels. Wichtig ist hierbei, dass Sie einen geschützten Standort finden, an dem der Aufbau eines Stativs oder einer anderen Auflage für die Kamera möglich ist. Da die verschiedenen Aufnahmen für die DRI-Technik exakt übereinandermontiert werden, muss die Kamera erschütterungsfrei platziert werden. Beispielsweise kann es in U-Bahn-Stationen vorkommen, dass durch die Vibration vorbeifahrender Züge leichte Verwacklungen entstehen – dies erschwert die Montage. Auch das Betätigen des Auslösers kann zu geringen Positionsänderungen führen. Ein Fernauslöser ist hier ausgesprochen hilfreich.

Kabel-Fernauslöser wie dieser sichern verwacklungsfreies Auslösen.

Wählen Sie eine tendenziell höhere Blendenzahl, um eine gute Schärfentiefe zu erzielen. Je höher die Blendenzahl, desto kleiner ist die Öffnung und desto weniger Licht fällt auf den Sensor, es muss somit länger belichtet werden. Falls die Zeiten sehr lang werden, gilt es einen Kompromiss in Form einer mittleren Blendenzahl zu finden. Brennweite und Fokus dürfen während der verschiedenen Aufnahmen nicht verändert werden. Deaktivieren Sie daher nach dem ersten Scharfstellen wenn möglich den Autofokus, so dass es auf keinen Fall zu Unterschieden zwischen den Aufnahmen kommen kann.

Ob am Tag oder in der Nacht: Verwenden Sie für Landschafts- und Architekturaufnahmen immer eine hohe Bildqualität, denn hier kommt es auf detailgetreue Wiedergabe an. Bevorzugen Sie daher ein Dateiformat wie TIF oder RAW, damit es nicht zu Qualitätsverlusten kommt, und verwenden Sie eine hohe Megapixelzahl. Sollte Ihre Kamera RAW oder TIF nicht speichern, setzen Sie JPG in maximaler Qualität, also geringster Kompression, ein.

Bei indirekter Beleuchtung ist häufig keine DRI-Technik notwendig. Diese Aufnahme einer Brücke im Hamburger Hafen ist mit ISO 200, Blende F 7,1 und 3,2 Sekunden Belichtungszeit ohne DRI-Technik entstanden.

Auch die Höhe der ISO-Zahl, welche die Lichtempfindlichkeit des Sensors regelt, muss man abwägen. Ist die Zahl zu niedrig, kommen sehr lange Belichtungszeiten zustande, ist sie zu hoch, kann es zu störendem Bildrauschen kommen. Ich habe mich hier für ISO 200 entschieden. Zu beachten ist, dass Kompaktkameras schon bei geringeren ISO-Zahlen Rauschen erzeugen, als es bei digitalen Spiegelreflexkameras der Fall ist. Dieses Bildrauschen kann allerdings mit *Filter/Störungsfilter/Störung reduzieren* deutlich vermindert werden.

Nachtaufnahmen lassen sich elegant mit Verläufen kolorieren – das Vorgehen wird in Kapitel 10 *erläutert.*

ISO ist die Abkürzung für »International Organization for Standardization«. In der neueren ISO 5800 wurden die früher üblichen DIN- und ASA-Normen für die Lichtempfindlichkeit von Filmen zusammengefasst. Ein Beispiel: Beim ISO-Wert 400/27° entspricht der erste Wert 400 der früheren ASA-Skalierung und 27° der früheren DIN-Skalierung.

Ich habe für Sie mit der Olympus C 750 Ultrazoom und der Canon 20D verschiedene ISO-Werte eingesetzt – vergleichen Sie die Aufnahmen:

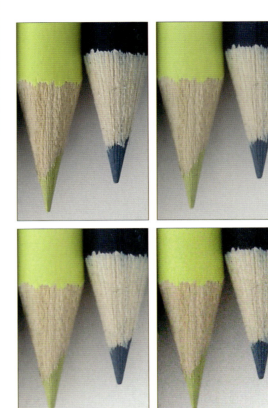

Die C 750 verfügt über die ISO-Empfindlichkeiten 50, 100, 200 und 400, die hier von links nach rechts dargestellt sind. Bei ISO 400 wird das Bildrauschen sehr deutlich.

Anders bei der digitalen Spiegelreflex D 20: ISO 100, 200, 400 ...

… 800, 1600 und 3200 – selbst beim höchsten ISO-Wert fällt das Rauschen noch geringer aus als bei der Kompaktkamera.

Erstellen Sie eine Belichtungsreihe mit mehr Bildern, als Sie für die spätere Montage benötigen, somit steht Ihnen eine gute Auswahl zur Verfügung. Beginnen Sie mit einer leichten Unterbelichtung. Das dunkelste Bild in meiner Montage wurde mit 1 Sekunde aufgenommen. Erhöhen Sie dann Schritt für Schritt die Belichtungszeit bis zu einer leichten Überbelichtung. Das hellste Beispielbild ist mit 30 Sekunden Belichtungszeit entstanden. Für jeden Helligkeitsbereich im Motiv sollte ein ideal belichtetes Bild aufgenommen werden.

Einige Kameras verfügen über die so genannte Bulb-Funktion. Diese ermöglicht noch mehr Flexibilität bezüglich der Belichtungszeiten, denn hier wird so lange belichtet, wie Sie den Auslöser bzw. Fernauslöser drücken.

Die Montage in Photoshop Elements

Bei der Montage in Photoshop Elements sind folgende grundsätzliche Schritte nötig: Sie kopieren zunächst alle Einzelbilder in Ebenen übereinander, wobei die dunkelste Ebene in der Ebenen-Palette unten und die nächsthelleren in einzelnen Ebenen darüber liegen. Wählen Sie in jeder Ebene die Bereiche aus, die gelöscht werden sollen, erstellen Sie eine weiche Auswahlkante und entfernen Sie diese Bereiche. Anschließend wird an den gelöschten Stellen die darunterliegende Ebene sichtbar. Sehr wichtig werden hierbei die richtigen Toleranzwerte für den Zauberstab und die Wahl der Werte für die weiche Auswahlkante sein. Da die Qualität der DRI-Montage sehr von diesen Angaben abhängt, ist es hilfreich, viel Erfahrung mit dieser Technik zu sammeln und sie an unterschiedlichen Motiven auszuprobieren.

Die Bilder in Ebenen kopieren

Das *Verschieben-Werkzeug* ist im Grunde ein Kopierwerkzeug, wenn Sie damit ein Bild in ein anderes schieben.

1. Öffnen Sie eine persönliche Bildreihe oder die Dateien *Villa_01.jpg* bis *Villa_04.jpg*. Achten Sie darauf, dass der Modus *Fenster/Bilder/Neben-einander* angewählt ist, so dass Sie alle Bilder gleichzeitig sehen können. Verkleinern Sie sie eventuell mit der Tastenkombination `Strg`+`-`, um einen besseren Überblick zu erhalten.

   Die Datei *Villa_01* ist die dunkelste, sie dient als Untergrundebene. Sie ist somit die »Container-Datei«, in die alle anderen Bilder hineinkopiert werden.

2. Aktivieren Sie das *Verschieben-Werkzeug*.

Das Verschieben-Werkzeug befindet sich an erster Stelle in der Werkzeugpalette.

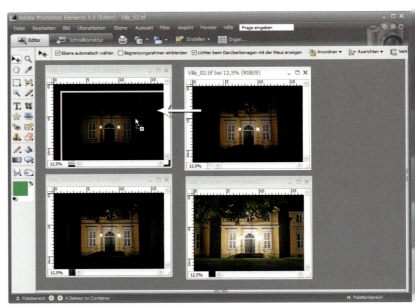

Kopieren Sie die Bilder mit dem Verschieben-Werkzeug in die »Container-Datei«.

3. Klicken Sie in das Bild *Villa_02.jpg*, halten Sie die Maustaste gedrückt, betätigen Sie zusätzlich die `⇧`-Taste und ziehen Sie das Bild auf *Villa_01.jpg*.

   Durch diese Aktion wird Bild 2 in eine neue Ebene über Bild 1 kopiert. Das Halten der `⇧`-Taste garantiert, dass das Bild exakt zentriert einge-fügt wird und beide Bilder somit genau übereinanderpassen. Das Original des kopierten Bildes *Villa_02.jpg* kann dann mit *Datei/Schließen* geschlossen werden.

4. Verfahren Sie genauso mit den restlichen Bildern. Mit *Fenster/Ebenen* öff-nen und schließen Sie Ihre Ebenen-Palette. Hier können Sie Ihre Ebenen verwalten.

Beim Kopieren der Bilder benennt Elements die Ebenen nicht entsprechend der Dateinamen, sondern nummeriert die Ebenen durch. Möchten Sie dies ändern, klicken Sie doppelt auf den Ebenennamen, um in den Überschreibmodus zu gelangen. Ich habe die Ebenen entsprechend den Dateinamen umbenannt. Beim Doppelklick auf eine Hintergrundebene erscheint dabei immer eine kleine Dialogbox, in die Sie den neuen Namen eingeben.

Auswählen und Löschen bestimmter Bereiche

Bildbearbeitungsprogramme, die über Ebenenmasken verfügen, bieten die Möglichkeit, die zu entfernenden Bereiche auszublenden, ohne dass sie gelöscht werden. Diese Möglichkeit besteht in Photoshop Elements nicht, hier müssen die ausgewählten Pixel tatsächlich gelöscht werden. Auch die Funktion *Farbbereich auswählen/Lichter* ist in Elements nicht vorhanden, kann aber gleichermaßen mit dem *Zauberstab* durchgeführt werden. Zwar ist es möglich, eine Art Ebenenmaskentechnik mit Hilfe der Ebenengruppierung durchzuführen, allerdings ist dies aufwändiger. Falls Sie die Kombination mit Ebenengruppierungen interessiert, lesen Sie dazu *Kapitel 6*. Mit Ebenengruppierungen lassen sich Ebenenbereiche ausblenden, ohne dass sie gelöscht werden. In diesem Projekt führen Sie zunächst die einfachere Technik durch.

1. Stellen Sie sicher, dass Ihre Ebenen-Palette geöffnet ist, und aktivieren Sie mit einem Klick in den Ebenennamen die oberste Ebene *Villa 04*.

2. Vergrößern Sie mit ⌈Strg⌉+⌈+⌉ die Ansicht Ihres Bildes, so dass Sie beim Auswählen eine bessere Kontrolle haben. Aktivieren Sie das Werkzeug *Zauberstab*.

Benennen Sie die Ebenen um, um eine gute Übersicht zu erhalten.

Der *Zauberstab* wählt Pixel gleicher oder ähnlicher Farbe.

Die oberste Ebene muss aktiv sein.

3. In der Optionsleiste haben Sie die Möglichkeit, für jedes Werkzeug individuelle Einstellungen vorzunehmen.

Für die DRI-Montage sind diese Optionen besonders wichtig. Stellen Sie zunächst eine relativ hohe *Toleranz* von ca. *60 Pixeln* ein. Dadurch werden nicht nur Pixel des zuerst angeklickten Tonwerts ausgewählt, sondern mit einer Toleranz von 60 Tonwerten auch dunklere und hellere Pixel. Deaktivieren Sie die Option *Benachbart,* damit werden alle Pixel dieses Tonwerts im Bild ausgewählt und nicht ausschließlich solche, die benachbart liegen. Die Option *Glätten* glättet die Auswahlkante etwas und sollte aktiviert sein, die Option *Alle Ebenen aufnehmen* wird hier nicht benötigt.

In der Optionsleiste definieren Sie die individuellen Einstellungen für jedes Werkzeug.

4. Klicken Sie in den hellsten Punkt im Bild. Daraufhin werden mit einer Toleranz von 60 Tonwerten alle hellen Pixel im Bild ausgewählt.

Die hellsten Bereiche des Bildes müssen ausgewählt werden.

Die hellen Tonwerte wurden ausgewählt. Je nach angeklicktem Punkt kann diese Abbildung von Ihrem Ergebnis abweichen.

5. Die Auswahlkante muss noch weichgezeichnet werden, damit es keine harten Übergänge zwischen den Ebenen gibt. Wählen Sie *Auswahl/Weiche Auswahlkante* und verwenden Sie einen *Radius* von *30 Pixeln*. Die Kante wird in einem Bereich von 30 Pixeln weichgezeichnet und erscheint abgerundet. Es können von Bild zu Bild und von Ebene zu Ebene völlig unterschiedliche Werte für Toleranz und Weichzeichnung notwendig sein.

Mit dieser Dialogbox wird die Auswahlkante geglättet.

Durch die weiche Auswahlkante erscheint die Auswahlmarkierung abgerundet.

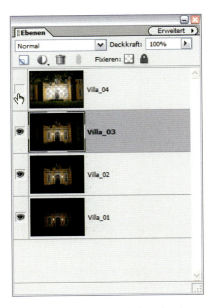

Durch das An- und Ausschalten der Augensymbole kann man die Auswirkungen der Montage beurteilen. Die transparenten Bereiche der oberen Ebene werden mit einem Schachbrettmuster symbolisiert.

Die hier verwendeten Werte sind für das Beispielbild optimiert. Je nach Megapixelanzahl, die in einem Bild verwendet wurde, und je nach Kontrast und Größe der hellen Bereiche können die Werte abweichen. Es ist hilfreich, mit der DRI-Technik häufiger zu experimentieren, um viel Erfahrung für die Einstellungen der Zauberstab-Toleranz und die Weichheit der Auswahlkante zu sammeln.

6. Mit *Bearbeiten/Löschen* entfernen Sie diese hellen Pixel aus der Ebene. Die dunklere, darunterliegende Ebene kommt an den gelöschten Stellen zum Vorschein. Dies bewirkt bereits eine leichte Verbesserung der Kontrastdynamik.

   Zur Kontrolle klicken Sie das Augensymbol vor der Ebene aus und wieder an, dadurch können die Auswirkungen dieser Montage gut beurteilt werden.

7. Deaktivieren Sie das Auge der Ebene *Villa_04* und aktivieren Sie die nächste Ebene darunter – also Ebene *Villa_03*.

   Wiederholen Sie hier die zuvor durchgeführten Schritte, verringern Sie allerdings die Toleranz für den *Zauberstab* etwas. Ich habe mit einer Toleranz von *40* in die Lichter geklickt.

8. Wählen Sie erneut *Auswahl/Weiche Auswahlkante*. Diesmal soll die Kante etwas weniger weich ausfallen, verwenden Sie 10 Pixel und löschen Sie wieder mit *Bearbeiten/Löschen*.

9. Führen Sie diese Schritte auch bei der folgenden Ebene *Villa_02* durch. Toleranz und Kantenweichheit müssen bei jeder Ebene etwas verringert werden. Ich habe folgende Werte eingesetzt: *Villa_02: Toleranz 20* und *weiche Auswahlkante 5 Pixel*.

Links vor und rechts nach der DRI-Montage: Die hellen Bereiche erhalten mehr Detailzeichnung und wirken weniger überstrahlt.

0. Um die Auswirkungen der einzelnen Ebenen zu kontrollieren, deaktivieren Sie jeweils die Augensymbole vor den Ebenen.

Manchmal erscheinen bei schwierigen Montagen oder zu wenigen Einzelbildern um die Lichter herum störende dunkle Schatten. Diese Schatten können mit dem *Radiergummi*-Werkzeug und einer weichen Pinselspitze nachträglich entfernt werden.

1. Sind Sie mit dem Ergebnis zufrieden, verschmelzen Sie die Ebenen mit *Ebene/Auf Hintergrundebene reduzieren.*

Das Ergebnis der DRI-Montage ist ein ausgewogen belichtetes Bild.

Wenig Licht und viel Bewegung: Konzertfotografie

Das Thema »Available Light« soll am Beispiel Konzertfotografie erläutert werden, denn diese gehört mit zu den kniffligsten Aufnahmesituationen. Sie haben hier gleich mit einer Kombination aus schwierigen Bedingungen zu kämpfen. Überall ist Bewegung, je nach Konzertsaal ist der Abstand zu den Musikern relativ groß. Zusätzlich befindet sich der Fotograf womöglich in einer bewegten Menschenmenge. Je nach Instrument werden die Musiker eventuell über die Bühne wirbeln und nicht einmal die Lichter bleiben dort, wo sie sind. Zudem wird man meist hauptsächlich mit Gegenlicht konfrontiert. Doch wenn Sie in dieser Atmosphäre genau den gewissen Moment mit einer besonderen Ausstrahlung einfangen, werden Sie für die »Strapazen« mit einem besonderen Bild entschädigt.

Dieses Bild von Dom Famularo ist bei Blende F/2,8, mit 1/100 Sekunde, ISO 400 und 37mm Brennweite entstanden. http://www.domfamularo.com/

Grundeinstellungen für schwierige Lichtverhältnisse und Bewegung

Besonders bei Konzerten besteht die Szene oft aus größeren dunklen Bereichen und wenigen hellen Spots. Die Automatik der Kamera hat in dieser Atmosphäre große Schwierigkeiten, die richtige Einstellung zu finden. Sie erreichen meistens bessere Ergebnisse, wenn Sie die Einstellungen manuell vornehmen. Dabei geht es darum, möglichst kurze Belichtungszeiten gegen Bewegungsunschärfe zu erzielen.

Zu lang für die Schärfe, zu kurz für die Ausleuchtung – hier ist es nicht einfach, die richtige Belichtungszeit zu finden.
www.drumparade.de

Starke Kontraste zwischen hellem Gegenlicht und dunklen Bühnenbereichen machen diese Aufnahmesituation so schwierig.
http://www.tyronnesilva.com

Belichtungsautomatik und Blitz deaktivieren

Fotografiert man im Automatikmodus der Kamera, erhält man häufig unscharfe Bilder, denn die Belichtungsautomatik wird eine relativ lange Belichtungszeit wählen, um den Raum gut auszuleuchten. Fotografiert man mit Blitz erreicht dieser die Musiker je nach Entfernung gar nicht. Ein anderes Problem ist, dass der Blitz die Lichtstimmung verändert und die Bilder weniger Atmosphäre ausstrahlen, als dies in der ursprünglichen Situation der Fall war.

ISO-Zahlen regeln die Empfindlichkeit

Stellen Sie zunächst eine relativ hohe ISO-Zahl ein, um eine starke Lichtempfindlichkeit des Sensors zu gewährleisten. Hohe ISO-Zahlen bedeuten allerdings meist auch starkes Bildrauschen. Testen Sie am besten bei Aufnahmen in dunkler Umgebung, etwa bei Kerzenlicht, ab welcher ISO-Zahl es zu deutlichem Rauschen kommt, und wählen Sie eine Einstellung darunter aus. Hierbei gibt es keine allgemeingültige Empfehlung, da die Ergebnisse von Kamera zu Kamera stark variieren.

Je länger die Brennweite, desto größer die Verwacklungsgefahr

Der Abstand zur Bühne bestimmt notwendigerweise die Wahl der Brennweite. Besonders wenn Sie Porträts einzelner Akteure machen möchten, muss womöglich gezoomt werden. Allerdings sollte man tendenziell kürzeren Brennweiten den Vorzug geben, da Teleeinstellungen die Gefahr des Verwackelns erhöhen. Eine bekannte Faustregel lautet: Die Belichtungszeit sollte dem Kehrwert der Brennweite entsprechen. Bei einer Brennweite von 70 mm ließe sich demnach bis zu einer Zeit von maximal 1/70 Sekunde verwacklungsfrei fotografieren. Bei den bisher meisten Digitalkameras ist allerdings der Brennweitenverlängerungsfaktor, der so genannte Crop-Faktor, zu berücksichtigen. Dahinter verbirgt sich Folgendes: Bei vielen gängigen Digitalkameras ist der Bildsensor etwa halb so groß wie das Format eines Kleinbildfilms. Der Bildwinkel einer Digitalkamera entspricht somit – außer bei Kameras mit Vollformatsensoren – nicht dem Bildwinkel einer analogen Kamera. Fotografiert man bei 200 mm Brennweite mit einer Digitalkamera, erhält man einen anderen Bildausschnitt, als dies bei einer analogen Kamera der Fall wäre. Mit dem Crop-Faktor muss die Brennweite zunächst multipliziert werden, will man die ideale Belichtungszeit ermitteln. Als Crop-Faktor kann 1,5 eingesetzt werden, da er von Hersteller zu Hersteller nur wenig variiert.

Kameras und Objektive mit Bildstabilisator sind eine große Hilfe bei der Available-Light-Fotografie. Hierbei wird die Kamerabewegung gemessen und ein Prozessor errechnet, wie stark gegengesteuert werden muss. Kleine Motoren sorgen dafür, dass die Informationen ohne Verwackeln auf dem Chip landen.

Dieses Bild wurde mit einem Kleinbildfilm bei einer Brennweite von 50 mm aufgenommen – der markierte innere Bereich entspräche etwa dem Ausschnitt eines Fotos bei Einsatz einer Digitalkamera mit dem Crop-Faktor 1,5 bei gleicher Brennweite. Foto: Rüdiger Haussels

Die Wahl der Blendenzahl

Die schwierige Lichtsituation lässt dem Fotografen weniger Spielraum bezüglich der Blendenzahl, als ihm lieb ist. Um kurze Belichtungszeiten zu erzielen, muss eine möglichst geringe Zahl, also große Blendenöffnung, erreicht werden. Bei großer Blendenöffnung ist die Schärfentiefe allerdings klein.

Links wurde mit Blende 2,8 und rechts mit Blende 3,5 fotografiert. Um die gleiche Helligkeit zu erhalten, wurde links mit 1/125 Sekunde und rechts mit 1/80 Sekunde belichtet – selbst bei so geringem Blendenunterschied ein deutlicher Zeitunterschied, wenn es auf kurze Belichtung ankommt.

Für Porträts einzelner Personen ist dieser Effekt perfekt – der Hintergrund erscheint unscharf, was die Ausstrahlung der Hauptperson betont. Sollen aber mehrere, versetzt stehende Musiker scharf abgebildet werden, ist dies bei kleiner Blendenzahl problematisch. Es gilt also wieder einen Kompromiss zu finden. Können Sie die Blendenzahl aufgrund geringer Beleuchtung nicht erhöhen, versuchen Sie, einen Moment abzupassen, in dem alle Personen etwa den gleichen Abstand zur Kamera haben. Zugegeben, bei Konzerten ist dies kein leichtes Unterfangen.

Auch das Fokussieren ist unter Konzertbedingungen problematisch. Hier wurden versehentlich die Becken fokussiert, wodurch das Gesicht bei geringer Schärfentiefe bei Blende F/2,8 unscharf erscheint. http://www.domfamularo.com/

Lichtstarke Objektive sind hilfreich

Bei der Available-Light-Fotografie sind lichtstarke Objektive ein echter Segen, da diese die Belichtungszeiten deutlich verkürzen können. Je lichtstärker ein Objektiv ist, desto größer ist die maximale Blendenöffnung und desto mehr Licht fällt auf den Sensor. Die Lichtstärke wird in einer Verhältniszahl 1 : X,X angegeben. Eine gängige Lichtstärke für Normalobjektive ist z. B. 1 : 3,5. Die Zahl 3,5 ist hierbei die kleinstmögliche Blendenzahl und somit größtmögliche Öffnung. 1 : 1,4 würde ein sehr lichtstarkes Objektiv kennzeichnen. Bei 1 : 4,5 hingegen ist die kleinstmögliche Blendenzahl relativ groß und somit fällt weniger Licht auf den Sensor. Bei den meisten Zoomobjektiven variiert die Lichtstärke je nach Brennweite. Dies wird dann z. B. mit 70–300 / 4–5,6 gekennzeichnet – diese Angabe bedeutet: Bei einer Brennweite von 70 mm ist der kleinste erreichbare Blendenwert 4 und bei einer Brennweite von 300 mm ist der kleinste Blendenwert 5,6. Objektive mit einer durchgängig gleichen Lichtstärke in allen Brennweitenbereichen gehören zu den teureren. Für die Konzertfotografie lohnt sich die Anschaffung eines lichtstarken Objektivs unbedingt. Um Kosten zu sparen, ist zu überlegen, statt eines Zoomobjektivs sich für eines mit fester Brennweite zu entscheiden. Gute Objektive mit einer Lichtstärke von 1,8 sind bei fester Brennweite von 50 mm schon für unter 100,– Euro zu haben.

Belichtungszeiten sollten möglichst gering ausfallen

Ungewollte Bewegungsunschärfen gehören in der Konzertfotografie zu den größten Problemen, daher gilt für die Belichtungszeit: so gering wie möglich bzw. nötig. Je mehr Bewegung der Musiker im Spiel ist, desto kürzer muss die Zeit ausfallen, will man die Akteure in ihrer Bewegung festhalten. Nicht zu verwechseln mit Bewegungsunschärfen ist das Verwackeln, das durch die ungewollte Kamerabewegung beim Auslösen entsteht. Gute Ergebnisse habe ich mit 1/400 Sekunde bei Blende 2,8 und ISO 800 erzielt.

Dieses Tamron-Objektiv hat bei einem Brennweitenbereich von 28 bis 75 mm eine Lichtstärke von 2,8 und ist ein gutes Zoomobjektiv für Available-Light-Fotografie.

Entscheidet man sich für ein Objektiv mit fester Brennweite von z. B. 50 mm, findet man Objektive mit einer Lichtstärke von 1,8 für ca. 100,– Euro.

Dieses Bild ist mit Blende F/3,5, 1/320 Sekunde, ISO 800 und Brennweite 75 mm entstanden. Hier wurde der Moment abgepasst, in dem der Spot in das Gesicht des Sängers fiel, so dass eine relativ kurze Belichtungszeit erreicht wurde. Foto: Rüdiger Haussels

Fällt ein Spot auf den Künstler, sorgt dies für gute Beleuchtung bei kurzen Belichtungszeiten. Muss man mit längeren Zeiten arbeiten, sind Momente mit weniger Bewegung, etwa am Ende eines Stücks, gut einzufangen.

Produkte faszinierend beleuchtet

Immer mehr Produkte werden im Internet gehandelt – über Auktionspor-
tale oder Online-Händler. Hierbei müssen die Artikel gut in Szene gesetzt
werden, denn oft zählt der erste Eindruck, den der Betrachter bei einem
kurzen Blick erhält. Vorbereitung ist in der Produktfotografie ausgesprochen
lohnend, denn der Unterschied zwischen einem Schnappschuss und einer
inszenierten Aufnahme beeinflusst die Kauflust potentieller Kunden, wie die
folgenden Vergleichsfotos zeigen.

Die Unterschiede im Aufbau sind gering, die Wirkung jedoch auffallend: Das erste Foto zeigt einen Schnappschuss, beim zweiten Bild wurde auf Hintergrund, Perspektive und Lichtrichtung Wert gelegt. Beide Bilder sind mit der Canon 20D bei gleichen Kameraeinstellungen entstanden.

Ausrüstung und Zubehör

Bei der Ausrüstung kommt es mehr auf Hintergrund, Beleuchtung und Perspektive an als auf die Wahl der Kameraeinstellungen und des Kameramodells. Sie benötigen hier neben einer Kamera mit möglichst manueller Einstellungsmöglichkeit ein Stativ, damit Sie dieselbe Position bei verschiedenen Lichteinstellungen halten können – dies gibt mehr Freiheit beim Experimentieren mit Details. Falls Ihre Kamera nicht über manuelle Einstellungsmöglichkeiten verfügt, ist dies nur eine leichte Einschränkung, denn passende Hintergründe und Dauerlichtquellen, die diffuses Licht werfen, sind in diesem Bereich ausschlaggebender.

Mit einer kleinen Taschenlampe wurde hier der bläuliche Schein erzeugt.

Hintergründe für elegante Aufnahmen

Farben beeinflussen sich gegenseitig – gerade bei filigranen Gegenständen wie Schmuck kann dies ausschlaggebend sein. Bevorzugen Sie tendenziell eher neutrale Hintergründe – Weiß, Grau, Schwarz. Hintergründe spiegeln sich auch immer etwas in den Materialien, dies ist bei der Farbwahl immer zu bedenken, die Farben dürfen sich nicht »beißen«. Karton ist für viele Objekte ein idealer Hintergrund – doch bei sehr edlen Materialien nimmt er dem Objekt eventuell etwas von der Ausstrahlung.

Farben wirken sehr unterschiedlich – testen Sie verschiedene Hintergründe, um den harmonischsten zu finden.

Ich habe für das Titelbild einen Samthintergrund gewählt, da dieser die Uhr gut in Szene setzt. Sehr praktisch sind auch Spiegel als Unterlage, da sich hier das Problem des Schattenwurfs nicht ergibt. Ich habe einen Manschettenknopf auf einem einfachen Handspiegel fotografiert. Dieser simple Untergrund ist in der Aufnahme nicht mehr zu entlarven. Sehr gut geeignet sind auch Spiegelfliesen, die man im Baumarkt erhält. Bedenken Sie, dass sich nicht nur das zu fotografierende Objekt spiegelt, sondern die gesamte Umgebung. Gut ist es, wenn Sie entweder in einem Lichtzelt fotografieren oder sich eine homogene Zimmerdecke spiegelt – bei geringer Schärfentiefe wird sie nicht als solche auszumachen sein. Variieren Sie die Kameraposition, um den idealen Winkel zu finden, in dem sich keine störenden Elemente spiegeln.

Simpler Aufbau – große Wirkung: Dieser Handspiegel eignet sich durchaus als Unterlage.

Dem Produktfoto sieht man den einfachen Aufbau nicht an.

Schattenwurf ist in der Produktfotografie häufig unerwünscht und wird durch die Verwendung mehrerer Lichtquellen verhindert – doch er kann auch etwas Mystisches und Interessantes ausstrahlen. Hier unterstützt er gemeinsam mit dem Sand-Hintergrund die Ausstrahlung der Szene.

Bildaufbau und Perspektive

In unserem Titelbild befindet sich die Uhr in Samt gehüllt auf einem Aufnahmetisch, wobei Licht durchs Fenster fällt und schon für eine ausreichende Grundhelligkeit sorgt. Um etwas Dramatik zu schaffen, habe ich einen Halogenfluter verwendet. Dieser wurde seitlich positioniert und es wurde ein genügend großer Abstand zwischen Lichtquelle und Objekt eingehalten, da das Licht so diffuser auf das Schmuckstück geworfen wird.

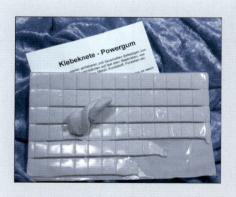

Für das Anbringen kleiner Gegenstände eignen sich besonders gut Styroporplatten. Hier können Sie Objekte unauffällig mit feinen Nadeln befestigen, welche sich später mit dem Kopierstempel leicht retuschieren lassen. Falls Sie Gegenstände festkleben müssen, ist Dekoknete, die man im Dekofachhandel findet, eine große Hilfe.

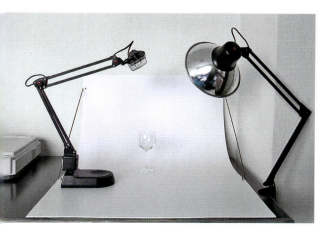

Komfortabel für Produktfotos sind solche Fotohintergründe und Leuchten, wie sie z. B. auf www.dimp3.de erhältlich sind.

Ob ein Objekt anmutig wirkt, können Sie durch die Blickrichtung, mit der Sie es fotografieren, beeinflussen. Die Vogelperspektive lässt Produkte oft kleiner wirken, als sie tatsächlich sind. Die beste Perspektive ist meist die, bei der die Kamera auf gleiche Höhe mit dem Objekt gebracht wird. Als Blickwinkel ist das Halbprofil oft gut geeignet. Vergleichen Sie die Ausstrahlung der beiden folgenden Fotos – wieder kam dieselbe Kamera zum Einsatz, allein Hintergrund und Blickrichtung entscheiden über die Wirkung.

Erstaunliche Unterschiede in der Wirkung entstehen durch verschiedene Blickwinkel und Hintergründe.

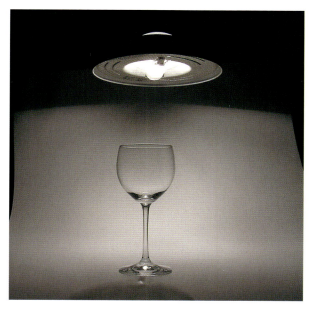

Bei gläsernen Produkten ist es vorteilhaft, diese von hinten und oben zu beleuchten, damit entfällt das Problem der Spiegelung im Glas.

Der Aufbau für das obige Foto – der Deckenfluter lässt sich durch Gelenke variabel positionieren.

Kameraeinstellungen und Aufnahme

Beim Thema Produktfotografie gilt, dass direktes Blitzen mit dem eingebauten Kamerablitz eher problematisch ist. Es kommt an reflektierenden Stellen zu Überstrahlungen und der Blitz erzeugt starke Schlagschatten. Wenn Sie einen Spiegel als Unterlage einsetzen, reflektiert hier der Blitz unter Umständen deutlich. Sanftes Licht, eventuell mit Hilfe von Softboxen, präsentiert Produkte meist am besten.

Besonders metallische Gegenstände wirken bei Verwendung des eingebauten Kamerablitzes überstrahlt und grell.

Die Beleuchtung mit Halogenflutern wirkt sehr viel wärmer. Gut geeignet für eine warme Ausleuchtung sind auch Baustrahler.

Bei der Wahl der Blendenzahl ist zu überlegen, ob das Objekt komplett scharf gestellt sein soll oder ob Sie mit geringer Schärfentiefe arbeiten möchten. Je weiter die Blendenöffnung, also je kleiner die Blendenzahl, desto geringer ist die Schärfentiefe. Da im Titelbild nur die Uhr scharf und der Hintergrund hingegen weich dargestellt werden sollte, habe ich mich für eine niedrige Blende F 2,8 bei einer Belichtungszeit von 1/60 Sekunden entschieden. Die ISO-Einstellung ist 100 – wenn Sie ein Stativ verwenden und es somit nicht auf sehr kurze Belichtungszeiten ankommt, empfiehlt sich eine geringe ISO-Zahl, da bei höheren Werten Bildrauschen entstehen kann. Um perspektivische Verzerrungen zu vermeiden, wählen Sie einen größeren Abstand zum Objekt und zoomen es heran. Die Brennweite im Beispielbild beträgt 75 mm.

 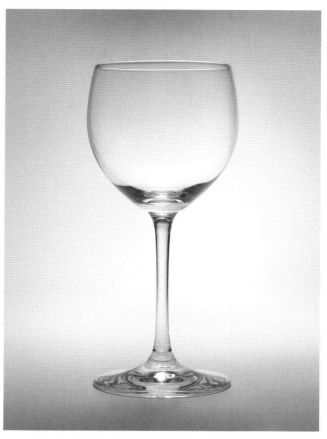

Wieder waren alle Einstellungen gleich – mit Ausnahme von Brennweite und Abstand zum Glas. Nähert man sich einem Objekt sehr stark und arbeitet im Weitwinkelbereich, also einer geringen Brennweite, kommt es zu Verzerrungen. Im rechten Bild habe ich einen Abstand von ca. 1,5 m eingenommen und das Glas herangezoomt.

Bei einer geringen Schärfentiefe ist es immer wichtig, auf den schärfsten Punkt und den Schärfeverlauf zu achten. Hier sollte sich die Schärfe von oben vorn nach hinten unten erstrecken. Aus jeder Leuchte wird eine Softbox, wenn man zwischen Objekt und Lichtquelle Pergamentpapier anbringt. Hierbei muss der Abstand zwischen Lichtquelle und Papier unbedingt groß genug sein, um Brandgefahr zu verhindern.

Falls Ihre Kamera nicht über manuelle Einstellungsmöglichkeiten verfügt, nutzen Sie die Motivprogramme. Möchten Sie eine geringe Schärfentiefe erzielen, bietet sich ein Porträtprogramm an – diese wählen automatisch geringe Blendenzahlen. Kommt es hingegen auf eine große Schärfentiefe an, setzen Sie z. B. Landschaftsprogramme ein, da diese mit höheren Blendenzahlen arbeiten.

*Links ist der Schärfepunkt nach hinten ver-
lagert, was für die Ausstrahlung des Rings
eher ungünstig ist. Im rechten Bild wird die
Aufmerksamkeit auf den vorderen Bereich
gelenkt, da das menschliche Auge automatisch den Bereich betrachtet, der scharf
dargestellt wird.*

Testen Sie unbedingt verschiedene Lichtrichtungen, um Produkte in bestem Licht darzustellen. Je nachdem, wie Sie die Lichtquelle platzieren, können Objekte matt oder glänzend wirken. Bei Gegenständen mit Reliefs ist es eventuell wichtig, zusätzlich zur Grundausleuchtung Spots zu setzen. Da diffuses Licht Unebenheiten ausgleicht, müssen Sie vielleicht mit einem oder mehreren Spots für mehr Kontrast im Relief sorgen, so dass die Unebenheiten bewusst unterstützt werden. Um Schlagschatten auszuleuchten, ist es oft sinnvoll, mehrere Lichtquellen einzusetzen.

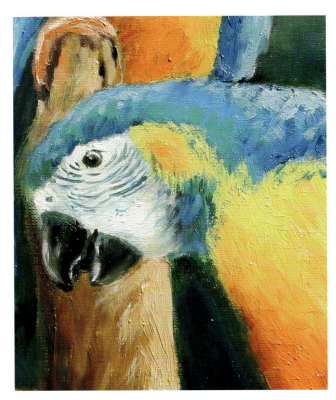 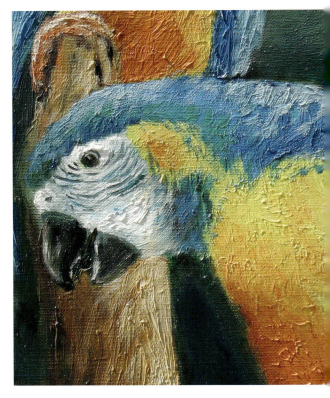

Das Bild links wurde gleichmäßig mit diffusem Licht beleuchtet – das Relief des Gemäldes wird nicht mehr deutlich. Beim rechten Foto habe ich zusätzlich einen seitlichen Spot eingesetzt – das Relief kommt deutlich heraus. Gemälde: www.art63.de

Bei manchen Produkten entscheiden Accessoires über die Wirkung.

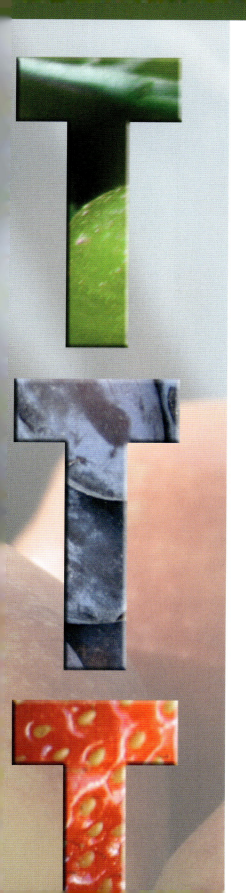

Aussagekräftige Typografie

Photoshop Elements wurde zwar primär für die Bildbearbeitung entwickelt, dennoch enthält es leistungsstarke Textfunktionen, mit denen Sie Bilder beschriften, Buttons für Internetseiten erstellen oder Menüs für Ihre DVD-Shows gestalten.

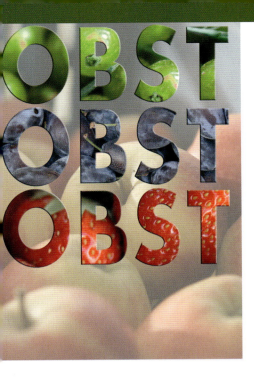

Bilder in Textform

Eine interessante Möglichkeit, die Aussage eines Wortes durch Bilder zu verstärken, ist die Technik der Ebenengruppierung. Diese Methode wurde schon in *Kapitel 6* bei Fotomontagen eingesetzt. Hier wird sie in Kombination von Text und Bild dargestellt.

1. Öffnen Sie ein beliebiges Bild oder die Datei *Erdbeeren.jpg* und wählen Sie *Fenster/Ebenen einblenden*.

    Der erste wichtige Schritt ist, dass Sie die Hintergrundebene – also die Bildebene – in eine freie Ebene verwandeln. Nur so können Sie sie später über die Textebene ziehen, was für die Ebenengruppierung wichtig ist.

2. Klicken Sie daher doppelt auf die Bezeichnung *Hintergrund* in der Ebenen-Palette. Photoshop Elements fragt nach einem Namen für die Bildebene. Geben Sie die Bezeichnung *Erdbeeren* ein und bestätigen Sie mit *OK*.

3. Aktivieren Sie das *horizontale Textwerkzeug*, klicken Sie oben links in die Datei, der Textcursor blinkt daraufhin und ist bereit für die Texteingabe.

4. Gestalten Sie die Schrift passend zum Bild. Je stärker die Schrift ist, desto mehr wird vom Bild sichtbar, allerdings sehen die Schattierungen auch bei filigranen Schriftarten schön aus. Ich habe in der Optionsleiste folgende Werte eingegeben: *Schriftfamilie Futura*, *Schriftschnitt Bold*, *Schriftgrad 240 pt* und *Ausrichtung linksbündig*.

Die beiden oberen Werkzeuge erzeugen eine Textebene, die unteren Werkzeuge in der Palette erstellen eine Auswahl in Textform.

Ich habe diese Einstellungen verwendet.

Die Einstellung des Zeilenabstands ist bei einer einzelnen Zeile, wie sie hier Verwendung findet, nicht notwendig. Wichtig ist hingegen, die Schaltfläche *aa* zu aktivieren. Die Buchstaben *aa* stehen für Anti-Aliasing, was »Kantenglättung« bedeutet. Ohne diesen Glättungseffekt wirkt die Schrift stufig, aktiviert man die Option hingegen, gestaltet Elements die Randpixel der Schrift teilweise transparent, so dass es zu einem Glättungseffekt kommt. Bei großen Schriftgraden kann das Anti-Aliasing immer aktiviert werden. Bei sehr kleinen Graden – etwa bei der Beschriftung von Buttons für das Internet – kann die Kantenglättung störend wirken.

Textebenen müssen mit einem Klick auf dieses Häkchensymbol abgeschlossen werden.

5. Bestätigen Sie die Gestaltung der Textebene mit einem Klick auf das *Häkchen* in der Optionsleiste.

6. Wählen Sie aus der Werkzeugpalette das *Verschieben-Werkzeug* und verschieben Sie die Schrift an die gewünschte Position.

7. Sind Sie mit der Platzierung zufrieden, wenden Sie sich der Ebenen-Palette zu. Für die Ebenengruppierung muss die Bildebene über der Textebene liegen. Klicken Sie die Miniatur der Bildebene an, halten Sie die Maus gedrückt und ziehen Sie sie exakt über die Textebene.

Es ist wichtig, dass Sie weit genug nach oben ziehen, mindestens bis über den Namen der Textebene, damit die Position der Ebenen im Ebenenstapel getauscht wird. Leider verschiebt Photoshop Elements die Ebene nur dann, wenn man genau den richtigen Punkt trifft.

8. Für die Ebenengruppierung muss die nun oben liegende Bildebene aktiv sein. Aktivieren Sie sie mit einem Klick auf den Ebenennamen. Daraufhin wählen Sie den Befehl *Ebene/Mit vorheriger gruppieren*. Der Text wirkt nun wie eine Stanzform für die Bildebene.

Je nach Bildmotiv kann es sein, dass der Schriftzug nicht gut lesbar ist. Sie können die Lesbarkeit unterstützen, indem Sie einen Ebenenstil auf die Textebene anwenden:

9. Aktivieren Sie die Textebene mit einem Klick auf deren Ebenennamen in der Ebenen-Palette und öffnen Sie dann oben rechts in der Optionsleiste das Listenfeld *Stil*. Ich habe den Stil *Einfach innen* aus der Liste *Abgeflachte Kante und Relief* eingesetzt.

Erfassen Sie ein Wort, die Schriftfarbe ist in diesem Projekt nicht wichtig, da der Text mit dem Bild gefüllt wird.

Ist das Verschieben-Werkzeug aktiv, lässt sich der Text auch mit den Cursortasten auf der Tastatur verschieben.

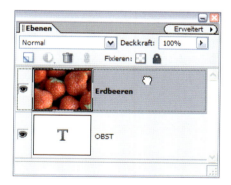

Beim Loslassen der Maus tauschen die beiden Ebenen die Position.

Wie Sie Ebenenstile individuell anpassen, erfahren Sie im Workshop des nächsten Kapitels.

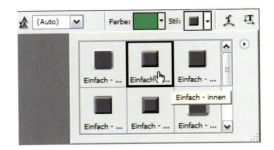

Ebenenstile können die Lesbarkeit von Text-ebenen erhöhen.

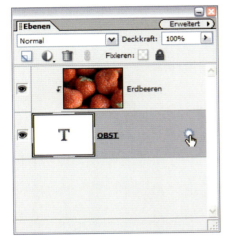

Das Symbol rechts in der Ebenen-Palette zeigt an, dass ein Ebenenstil angewendet wurde.

Die beiden Ebenen wurden verschmolzen und sind jetzt nicht mehr editierbar.

Der Schriftzug ist in andere Bilder kopierbar. Allerdings müssen hierzu die beiden Ebenen verschmolzen werden. Schriftarten und Größe müssen dann schon perfekt sein, da der Text daraufhin nicht mehr verändert werden kann.

10. Wählen Sie *Ebene/Sichtbare auf eine reduzieren*. Hierbei werden zwar die Ebenen kombiniert, die umliegende Transparenz bleibt aber erhalten.

Das Schachbrettmuster symbolisiert hier die Transparenz.

11. Öffnen Sie die Datei *Obst.jpg*. Achten Sie darauf, dass Sie im Ansichtsmodus *Fenster/Bilder/Nebeneinander* sind, so dass beide Bilder nebeneinander oder überlappend platziert werden können.

12. Das *Verschieben-Werkzeug* sollte noch aktiv sein. Klicken Sie damit in den Schriftzug, halten Sie die Maustaste die ganze Zeit gedrückt und ziehen Sie ihn auf das Obstbild. In dem Moment, in dem Sie die Maustaste über dem Bild loslassen, wird der Text einkopiert.

Ziehen Sie die Montage in ein anderes Bild – das +-Zeichen zeigt an, dass der Schriftzug beim Loslassen der Maus kopiert wird.

13. Wiederholen Sie diese Schritte nach Belieben auch mit den Dateien *Johannisbeeren.jpg* und *Zwetschgen.jgp*.

14. Damit die Schrift besser lesbar ist, habe ich den Hintergrund aufgehellt. Klicken Sie dazu die Hintergrundebene in der Ebenen-Palette an und wählen Sie [Strg]+[L] für die Tonwertkorrektur. Schieben Sie den unteren linken Regler unter dem Histogramm so weit nach rechts, bis ein guter Kontrast zwischen Hintergrundbild und Schrift entstanden ist.

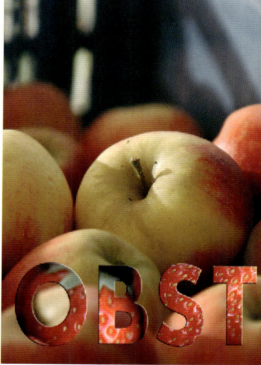

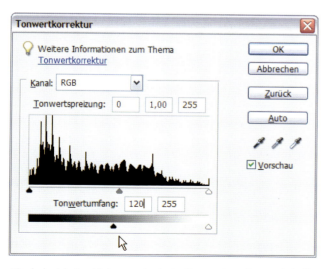

Hier habe ich den Hintergrund mit der Tonwertkorrektur aufgehellt.

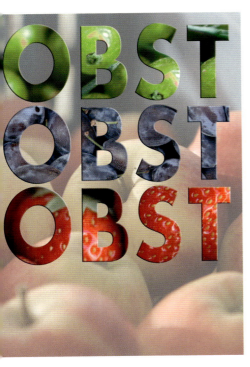

Mit aufgehelltem Hintergrund erhält die Schrift eine stärkere Wirkung.

Die oberen Regler in der Tonwertkorrektur erhöhen den Kontrast des Bildes, wenn sie zusammengeschoben werden. Bei den unteren Reglern ist das Gegenteil der Fall. Wird der Schwarzregler nach rechts geschoben, begrenzen Sie die Tiefen, schieben Sie den Weißregler nach links, werden die Lichter begrenzt und Weiß würde somit zu Hellgrau.

Schriftkonturen mit Ebenenstilen

In diesem Projekt gestalten Sie die Vorderseite einer Angebotskarte für ein Café. Aus zwei vorliegenden Fotos wird kombiniert mit Linien und Flächen der Rahmen aufgebaut. Die darüberliegende Schrift soll eine Kontur erhalten, die dem Rahmen der Fotos entspricht und eine klare Abgrenzung zur Hintergrundfläche und damit eine bessere Lesbarkeit bewirkt.

Tendenziell sollte man für Dateien, die Schriftelemente enthalten, eher eine höhere Auflösung verwenden. Obwohl die Dateien dadurch relativ groß werden, kann es sinnvoll sein, Auflösungen von 400 bis 600 Pixel/Zoll zu verwenden, da durch die starken Kontraste von Schrift zu Bild oder Hintergrundfläche und durch die klaren Kanten Treppcheneffekte schneller auffallen als bei Bildern. Für Notenblätter beispielsweise wählt man Auflösungen von bis zu 1200 Pixel/Zoll.

1. Erstellen Sie zunächst eine ganz neue leere Datei mit *Datei/Neu*. Ich verwende eine Größe von *16 x 10 cm* mit *300 Pixeln pro Zoll*, den *Modus RGB-Farbe* und als *Hintergrundinhalt Weiß*, allerdings wird der Hintergrund noch mit dem Rotton gefüllt.

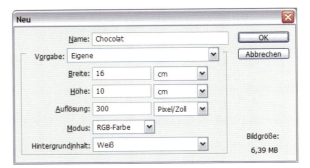

2. Die Vordergrundfarbe muss auf den Rotton eingestellt werden. Führen Sie daher ganz unten in Ihrer Werkzeugpalette einen Klick auf das oben liegende Quadrat aus, um in den Farbwähler zu gelangen.

Mit einem Klick auf das obere Quadrat lässt sich die Vordergrundfarbe definieren.

3. Im Farbwähler sind Farben per Mausklick oder per Eingabe zu definieren. Ich habe im Beispiel die Werte *R: 143, G: 32* und *B: 0* verwendet.

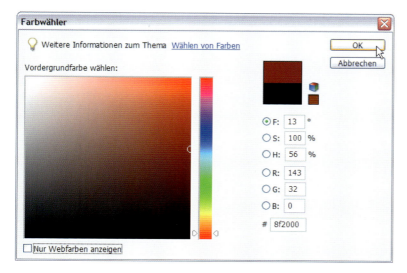

4. Die gesamte Fläche soll rot gefüllt werden, dies erreichen Sie mit *Bearbeiten/Ebene füllen*. Wählen Sie im Listenfeld *Füllen mit* den Eintrag *Vordergrundfarbe* aus. Der *Modus* soll *Normal* und die *Deckkraft 100 %* sein.

5. Aktivieren Sie das *Verschieben-Werkzeug*, da Sie mit seiner Hilfe die beiden Fotos in die Datei ziehen. Zuvor muss aber noch das Hilfslinien-Raster eingestellt werden.

6. Der Menübefehl *Bearbeiten/Voreinstellungen/Raster* führt Sie in die nächste Dialogbox. Hier sind wahrscheinlich schon die richtigen Werte eingestellt, da es sich dabei um eine Standardeinstellung handelt. Der Rasterabstand soll 1 cm betragen. Vergleichen Sie Ihre Einstellungen mit der folgenden Abbildung.

Nach der Bestätigung mit *OK* wird Ihnen das Raster angezeigt. Zum Aktivieren und Deaktivieren steht Ihnen der Befehl *Ansicht/Raster* zur Verfügung. Damit die Bilder auch wirklich an den Rasterlinien angedockt werden, muss *Ansicht/Ausrichten an/Raster* mit einem Häkchen versehen sein.

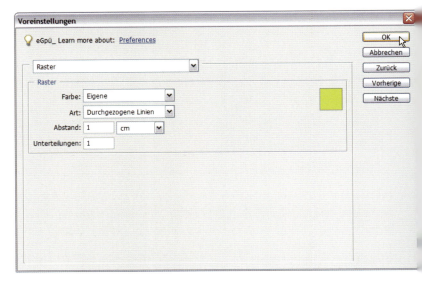

7. Die Bilder können platziert werden. Sie sind schon so auf den Workshop zugeschnitten, dass sie eine Größe von 8 x 6 cm aufweisen und sich somit gut einpassen lassen. Öffnen Sie *Kaffee.jpg* und *Kuchen.jpg* und ziehen Sie diese Bilder in die Montage-Datei. Platzieren Sie sie wie in der Abbildung dargestellt.

Mit Hilfe des Verschieben-Werkzeugs und der Rasterunterteilungen lassen sich die Bilder perfekt andocken.

8. Rufen Sie mit *Fenster/Ebenen* die Ebenen-Palette auf. Achten Sie darauf, dass die oberste Ebene aktiv ist. Dies erreichen Sie mit einem Mausklick auf den Namen der obersten Ebene. Hierüber soll eine leere Ebene für die Umrandung der Bilder eingefügt werden. Wählen Sie *Ebenen/Neu/Ebene* und geben Sie ihr die Bezeichnung *Ebene 3*.

9. Damit die Bildkonturen exakt nachgezeichnet werden, muss eine Auswahl beider Bilder erstellt werden. Dies lässt sich mit Hilfe der Ebenen-Palette durchführen. Halten Sie die Strg-Taste und klicken Sie in die Kuchen-Ebene – diese wird als Auswahl geladen, obwohl weiterhin *Ebene 3* aktiv ist. Halten Sie dann zusätzlich zur Strg-Taste die ⇧-Taste und klicken Sie in die Kaffee-Ebene. Durch das Halten der ⇧-Taste wird die Auswahl der Kaffee-Ebene hinzugerechnet.

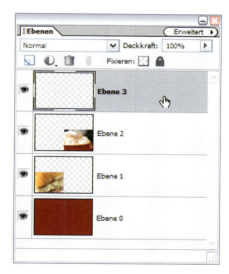

An oberster Stelle – in der Ebene 3 – werden die Bildkonturen eingefügt.

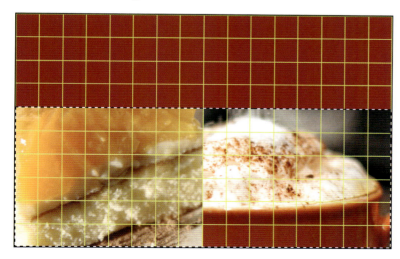

Die Abmessungen von Kuchen und Kaffee sind als Auswahl geladen.

10. Die Auswahl soll eine Kontur erhalten. Wählen Sie dazu *Bearbeiten/Konturauswahl*. In dieser Dialogbox haben Sie vielfältige Einstellungsmöglichkeiten. Ich habe eine *Breite* von *20 px* gewählt, dann auf das Rechteck *Farbe* geklickt und den Farbton *R: 255, G: 200* und *B: 185* definiert. Die *Position* muss *Innen* sein, andernfalls würden auch außerhalb der Auswahl und somit außerhalb des Formats gefüllt werden. Der *Modus* ist *Normal*, die *Deckkraft 100 %*.

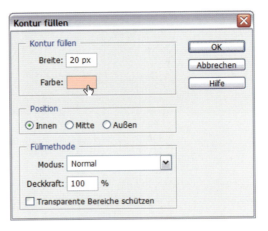

Verwenden Sie diese Einstellungen.

11. Die Arbeit am Hintergrund ist vollbracht, entfernen Sie mit *Auswahl/Auswahl aufheben* die Markierung. Es fehlt nur noch der Text. Aktivieren Sie das *Textwerkzeug*.

12. Definieren Sie in der Optionsleiste die Schriftart und -größe. Die Farbe ist bereits auf das helle Rosé eingestellt, da die Schriftfarbe grundsätzlich die Vordergrundfarbe ist, solange man nichts anderes einstellt.

13. Klicken Sie links in die obere Fläche und schreiben Sie Ihren Text. Zum Abschließen der Textebene klicken Sie auf das grüne Häkchen oben rechts in der Optionsleiste. Zum exakten Platzieren des Textes aktivieren Sie das *Verschieben-Werkzeug* – anschließend ist der Text damit oder mit Hilfe der Pfeiltasten auf der Tastatur frei verschiebbar.

café chocolat

Schreiben Sie diesen oder auch einen beliebigen Text.

14. Die Karte ist zwar in dieser Form auch schon ansprechend, doch der Text soll einen Kontureffekt erhalten: Oben rechts in der Optionsleiste befindet sich das Listenfeld *Stil*. Öffnen Sie es mit einem Klick auf den Listenpfeil und klicken Sie einen beliebigen Stil aus der Liste an.

Da die Stile noch verändert werden können, ist es nicht wichtig, welchen Stil Sie auswählen. Falls Sie einmal einen Stil löschen möchten, klicken Sie in der Ebenen-Palette mit der rechten Maustaste auf die betreffende Ebene und wählen Sie aus dem Kontextmenü den Befehl *Ebenenstil löschen*.

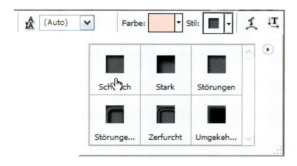

Suchen Sie sich einen beliebigen Stil aus.

15. Der Stil soll jetzt so verändert werden, dass der Text eine weiße Outline-Kontur erhält. Doppelklicken Sie dazu auf das kleine Sonnensymbol in der Ebenen-Palette oder wählen Sie *Ebene/Ebenenstil/Stileinstellungen*.

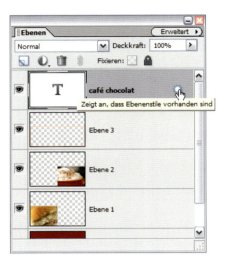

Das kleine Symbol kann doppelt angeklickt werden, um die Stileinstellungen zu öffnen.

16. Aktivieren Sie das Kontrollkästchen *Kontur*, dabei sollte die kleine Liste automatisch aufklappen. Daraufhin sind Größe der Kontur, Deckkraft sowie die Farbe einstellbar. Ich habe eine *Größe* von *6 Pixeln*, eine *Deckkraft* von *100* verwendet und mit einem Klick auf das kleine Quadrat als Farbe *Weiß* eingestellt.

Ein Klick auf das Quadrat rechts lässt die Konturfarbe auswählen.

7. Die Ebenen sind zurzeit alle noch offen und verschiebbar. Falls Sie später noch Änderungen vornehmen möchten, speichern Sie die Datei im PSD-Format, da hier alle Ebenen erhalten bleiben. Sind Sie hingegen mit der Bearbeitung zufrieden und möchten sie nicht mehr verändern, wählen Sie *Ebene/Auf Hintergrundebene reduzieren*, um Speicherplatz zu sparen.

Bilder wie dieses lassen sich aufgrund der großen gleichfarbigen Flächen gut als TIF-Datei mit LZW-Komprimierung speichern. Die LZW-Komprimierung sucht nach farblichen Wiederholungen und komprimiert diese verlustfrei. Solche Dateien werden als TIF oftmals kleiner als im JPG-Format.

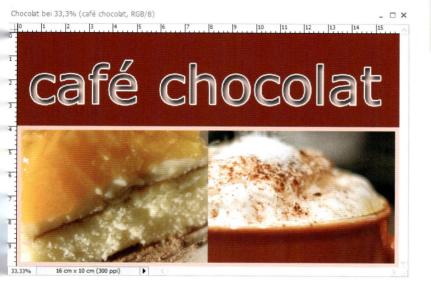

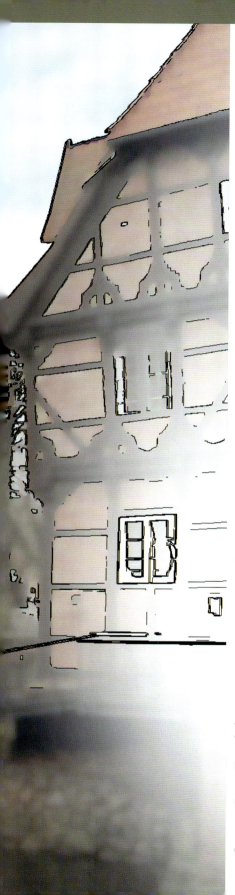

Foto: www.Soeren-Meyer.de.tl

Schimmernde Farben

Photoshop Elements ist so etwas wie die Staffelei für Fotografen. Hier frischen Sie Farben auf, verändern die Lichtstimmung oder gestalten gar surrealistische Effekte. Als Vorbereitung für die Farbveränderung müssen in der Regel bestimmte Bereiche ausgewählt werden, daher finden Sie in diesem Kapitel eine Kombination aus Auswahl- und Farbkorrekturtechniken.

Ein Prototyp – verschiedene Farben

Der Wagen in diesem Projekt weist zahlreiche Farbschattierungen auf, dies macht die Auswahl mit dem Zauberstab schwierig. Gut geeignet hingegen ist der *Auswahlpinsel*. Mit ihm gelingt die exakte Markierung von Objekten, die sowohl gerade als auch abgerundete Kanten aufweisen. Praktisch ist auch, dass die Kantenschärfe des Auswahlpinsels von 0 bis 100 % variiert werden kann. Nach der Auswahl folgt die »Umlackierung« mit Hilfe der Mittelregler der Tonwertkorrektur.

Foto: *www.Soeren-Meyer.de.tl*

Exakte Auswahl mit dem Auswahlpinsel

Sie starten die Arbeit mit dem *Auswahlpinsel*. Er ist das richtige Werkzeug, wann immer es um die Markierung von Bildteilen geht, die farblich nicht klar abgegrenzt sind.

1. Öffnen Sie die Bilddatei *Prototyp.jpg*, um die Arbeit mit den Werkzeugen in diesem Projekt nachzuvollziehen.

2. Aktivieren Sie den *Auswahlpinsel*, er teilt sich den Platz mit dem *Magischen Auswahlpinsel*. Am schnellsten erreichen Sie ihn durch Betätigen des Buchstabens Ā auf Ihrer Tastatur, sofort wechselt Elements zu diesem Werkzeug.

   Um das Menü der *Auswahlpinsel* zu öffnen, ist es nötig, den *Magischen Auswahlpinsel* anzuklicken. Hierbei öffnet sich zunächst eine Hinweis-Dialogbox, die dieses Werkzeug erläutert. Erst wenn diese Dialogbox mit *OK* bestätigt wurde, lässt sich der *Auswahlpinsel* aktivieren. Möchten Sie, dass die Dialogbox zukünftig nicht mehr angezeigt wird, versehen Sie das Kontrollkästchen *Nicht mehr anzeigen* mit einem Häkchen.

Auswahlpinsel und Magischer Auswahlpinsel teilen sich den Platz in der Werkzeugpalette.

Aktivieren Sie das Kontrollkästchen unten links, wenn diese Dialogbox nicht mehr angezeigt werden soll.

3. Bei der Arbeit mit dem *Auswahlpinsel* ist die Optionsleiste von besonderer Wichtigkeit, denn hier wird das Verhalten des Pinsels gesteuert. Starten Sie mit einer relativ großen Pinselspitze von ca. *80 px* Durchmesser und arbeiten Sie im Modus *Auswahl*. Um eine klar abgegrenzte Auswahl des Wagens zu gewährleisten, definieren Sie eine *Kantenschärfe* von *100 %*.

Starten Sie die Bearbeitung mit diesen Einstellungen.

4. Markieren Sie die Lackteile des Wagens. Widmen Sie sich dabei zunächst den großen Flächen und sparen Sie alle Bereiche aus, die nicht lackiert sind. Es ist allerdings unproblematisch, wenn solche Bereiche versehentlich markiert werden, da Details im Folgenden korrigiert werden.

Wählen Sie zunächst die großen Bereiche, um dann anschließend ins Detail zu gehen.

Eine zusätzliche Hilfe beim Markieren bietet die ⇧-Taste. Hält man diese Zusatztaste gedrückt, verbindet Elements einzelne Mausklicks miteinander. Die Maustaste muss also beim Markieren nicht wie gewöhnlich gedrückt gehalten werden, sondern einzelne Klicks werden verbunden, so dass man hervorragend gerade Kanten markieren kann.

Durch Halten der ⇧-Taste lassen sich Mausklicks verbinden, was die Auswahlarbeit entlang gerader Kanten erleichtert.

5. Verringern Sie die Werkzeugspitzengröße auf ca. *10 px*, um schmale Bereiche zu markieren.

5. Die Arbeit mit der Maus bringt es mit sich, dass man an schwierigen Stellen manchmal »übermalt« und auch unlackierte Bereiche markiert werden. Dies lässt sich korrigieren, indem man mit Hilfe der Optionsleiste vom Modus *Der Auswahl hinzufügen* zum Modus *Von der Auswahl abziehen* wechselt. Diese beiden Modi werden durch zwei Schaltflächen in der Optionsleiste repräsentiert.

Aktivieren Sie die rechte der beiden Schaltflächen.

7. Die Optionsleiste bietet eine weitere hilfreiche Funktion – den Modus *Maskieren*. Wählen Sie ihn aus dem Listenfeld *Modus* aus.

Im Modus Maskieren werden die nicht ausgewählten Bereiche mit einer »Schutzfolie« versehen – rechts wählen Sie die Overlay-Farbe aus.

Im Standardmodus *Auswahl* steht in Photoshop Elements als Anzeige nur die gestrichelte Lauflinie zur Verfügung. Diese ist aber bei filigranen Bereichen ungenau. Arbeitet man mit weichen Pinselspitzen, kommt diese Problematik noch stärker zum Tragen als in diesem Beispielprojekt, denn teilweise transparente Auswahlkanten können mit der gestrichelten Linie gar nicht dargestellt werden. Im Modus *Maskieren* hingegen wird der nicht ausgewählte Bereich mit einer Art »Schutzfolie« versehen, so dass man einen guten Überblick hat, welche Bereiche ausgewählt und welche maskiert sind. Die Farbe der Maskierung ist standardmäßig rot, lässt sich aber in der Optionsleiste mit dem Listenfeld *Overlay-Farbe* variieren und den Anforderungen des Bildes anpassen. Es sollte immer die Overlay-Farbe Verwendung finden, die im Bild wenig oder gar nicht vorkommt.

8. Perfektionieren Sie die Auswahl. Zoomen Sie dazu mit der Tastenkombination $\boxed{\text{Strg}}$+$\boxed{+}$, um die Auswahlarbeit mit kleineren Werkzeugspitzen zu erleichtern. Möchten Sie hierbei den Ausschnitt verschieben, also im Fenster navigieren, halten Sie die $\boxed{\text{Leertaste}}$ gedrückt. Sie erhalten ein Handsymbol und sofort können Sie durch Klicken und Ziehen mit der Maus den sichtbaren Ausschnitt bestimmen.

*Im Modus Der Auswahl hinzufügen lässt
sich die Schutzfolie entfernen.*

Die Auswahl in diesem Beispiel ist durchaus aufwändig. Photoshop Elements bietet die Möglichkeit, eine Auswahl zu speichern, um die Arbeit nach Belieben zu unterbrechen und zu einem späteren Zeitpunkt weiterzuführen. Allerdings ist das JPG-Format nicht in der Lage, Auswahlmarkierungen zu verwalten. Wenn Sie eine Auswahl sichern, speichern Sie Ihr Bild anschließend mit *Datei/Speichern unter* im TIF-Format.

9. Wählen Sie *Auswahl/Auswahl speichern* und vergeben Sie einen Namen für die Auswahlmarkierung. Diese Markierung kann später mit *Auswahl/Auswahl laden* wieder aufgerufen werden.

*Vergeben Sie hier einen Namen für die
Auswahlmarkierung.*

10. Vergleichen Sie Ihre Markierung in beiden Modi – sowohl im Modus *Auswahl* als auch im Modus *Maskieren* –, so lassen sich Markierungsfehler gut kontrollieren.

Links sehen Sie die Auswahl im Modus Maskieren – rechts im Modus Auswahl.

Umfärben mit der Tonwertkorrektur

In diesem Abschnitt kopieren Sie die lackierten Bereiche in eine neue Ebene. Dies hat den Vorteil, dass Ihr Originalbild geschützt ist und Sie auf der neuen Ebene verschiedene Farbwirkungen nach Belieben testen können.

1. Rufen Sie mit *Fenster/Ebenen* die Ebenen-Palette auf, falls diese noch nicht eingeblendet ist.

2. Wählen Sie *Ebene/Neu/Ebene durch Kopie* oder die Tastenkombination Strg + J, um die markierten Bereiche in eine separate Ebene zu transferieren.

3. Zum Umfärben des Wagens ist die Tonwertkorrektur sehr gut geeignet. Wählen Sie *Ebene/Neue Einstellungsebene/Tonwertkorrektur*. Aktivieren Sie in der Dialogbox *Neue Ebene* das Kontrollkästchen *Mit vorheriger Ebene gruppieren*, andernfalls wird die Farbveränderung auf alle Ebenen und somit auch auf die Umgebung des Wagens angewendet.

Es ist wichtig, die Ebene mit der vorherigen zu gruppieren, damit die Tonwertkorrektur nicht für alle Ebenen aktiv ist.

Die Ebenen-Palette erscheint standardmäßig am rechten Bildschirmrand angedockt. Möchten Sie die Palette losgelöst von den anderen Paletten auf dem Bildschirm platzieren, ziehen Sie an der Bezeichnung Ebenen nach links. Die Palette ist nun frei bewegbar.

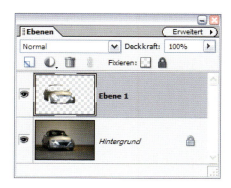

Die neue Ebene beinhaltet nach der Kopie ausschließlich die Lackteile.

Einstellungsebenen sind Ebenen, mit denen Sie Tonwertkorrekturen auf Ebenen projizieren können, ohne dass die Farbwerte der Originalebene tatsächlich verändert werden. Dadurch sind Sie noch flexibler. Die Einstellungsebene kann jederzeit verändert oder gelöscht werden. Einstellungsebenen vergrößern die Größe der Bilddatei. Wenn Sie mit dem Ergebnis zufrieden sind, verschmelzen Sie die Ebenen, so dass die Veränderung dauerhaft eingerechnet wird.

4. Öffnen Sie in der Dialogbox *Tonwertkorrektur* das Listenfeld *Kanal* und wählen Sie nacheinander die einzelnen Farbkanäle aus. Durch Verschieben der Mittelregler verfärben Sie die Lackierung.

Jeder Farbkanal in der Tonwertkorrektur repräsentiert den Kanal-Grundton, also *Rot*, *Grün* und *Blau*, sowie deren Komplementärfarben *Cyan*, *Magenta* und *Gelb*. Komplementärfarben liegen sich im Farbkreis genau gegenüber.

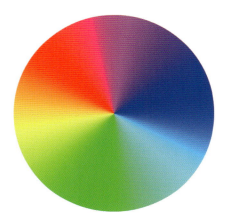

Komplementärfarben liegen sich im Farbkreis exakt gegenüber.

Wie in *Kapitel 1* dargestellt, sorgen die Mittelregler für die Balance zwischen den beiden Komplementärfarben. Schieben Sie den Mittelregler im *Rot*-Kanal nach links, fügen Sie Rot hinzu, verschieben Sie ihn nach rechts, fügen Sie Cyan hinzu. Für den *Grün*-Kanal bedeutet das: Eine Verschiebung des Mittelreglers nach links fügt Grün hinzu, nach rechts fügt Magenta hinzu. Im *Blau*-Kanal bewirkt ein Verschieben nach links, dass Blau hinzugefügt wird, und nach rechts, dass Gelb hinzugefügt wird. Auf diese Weise mischen Sie Ihre Wunschfarbe.

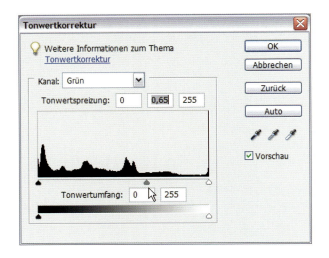

Verschieben Sie die Mittelregler der einzelnen Farbkanäle *Rot*, *Grün* und *Blau*.

5. Bestätigen Sie die Einstellungen in der Tonwertkorrektur-Ebene mit *OK* und betrachten Sie Ihre Ebenen-Palette. Sie sehen, dass hier über der *Ebene 1* die Einstellungsebene eingefügt wurde.

5. Sind Sie mit der Farbgebung noch nicht zufrieden, gelangen Sie mit einem Doppelklick auf das Symbol *Ebenenminiatur* in der Ebenen-Palette in die Tonwertkorrektur und können diese anpassen.

Es lassen sich auch mehrere Einstellungsebenen auf eine Ebene anwenden, so könnten Sie beispielsweise *Ebene/Neue Einstellungsebene/Farbton/ Sättigung* zusätzlich anwenden, um die Sättigung der Farben zu verändern. Aktivieren Sie dabei wieder das Kontrollkästchen *Mit vorheriger Ebene gruppieren*.

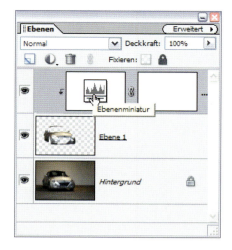

Die Einstellungsebene ist jederzeit korrigierbar.

Dieser Farbton wurde erzielt, indem der Mittelregler im Rot-Kanal auf den Wert 0,4, im Grün-Kanal auf 0,65 verschoben und im Blau-Kanal auf 0,1 belassen wurde.
Foto: www.Soeren-Meyer.de.tl

7. Wenn Sie mit der Tönung zufrieden sind, wählen Sie *Ebene/Auf Hintergrundebene reduzieren.* Die Ebenen werden »verschmolzen« – Elements rechnet die drei Ebenen zu einer Ebene zusammen.

Duoton-Bilder für Farbstimmungen mit antiker Anmutung

Mit der Duplex-Technik steht Ihnen ein sehr interessantes Verfahren zur Verfügung, um Bildstimmungen zu verändern. Sie wird auch häufig als Duoton oder Sepiatönung bezeichnet. Farb- oder Schwarzweißfotos werden hierbei aus Schwarz und einer Zusatzfarbe erstellt. Durch die Farbwahl kann dasselbe Bild ganz unterschiedliche Wirkungen erzielen.

Für dieses Projekt eignet sich grundsätzlich jedes beliebige Bild – sowohl Farb- als auch Schwarzweißbilder lassen sich wie hier vorgestellt in Sepia oder anderen Farben tönen. Das Beispielbild finden Sie unter *Altstadt.jpg* auf unserer Website.

Dieses Projekt ist als Baukasten zu sehen, jeder der Schritte ist für sich genommen schon ein interessanter Effekt. In der Kombination entsteht ein fast antik anmutendes Foto.

1. Wenn Sie mit einem Schwarzweißbild arbeiten, stellen Sie mit dem Befehl *Bild/Modus/RGB-Farbe* sicher, dass es sich im Farbmodus befindet.

2. Wählen Sie den Befehl *Überarbeiten/Farbe anpassen/Farbton/Sättigung anpassen.*

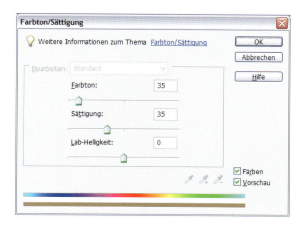

Mit diesen Werten erhalten Sie einen Sepiaton.

3. Unten rechts in der Dialogbox finden Sie über dem Kontrollkästchen *Vorschau* das Kontrollkästchen *Färben*. Sobald Sie es aktivieren, wird Ihr Bild in Graustufen umgewandelt und mit einer Zusatzfarbe eingefärbt – es wird somit zu einem Duoton-Bild.

4. Verschieben Sie den *Farbton*-Regler. Sie sehen, dass Sie eine beliebige Farbe des Spektrums einstellen können. Je nachdem, in welcher Richtung Sie den Regler bewegen, ändert sich die Farbgebung.

5. Testen Sie zusätzlich die Verschiebung des *Sättigung*-Reglers. Wenn Sie den Regler nach links bewegen, nimmt die Sättigung ab und das Bild wirkt grauer, schieben Sie den Regler nach rechts, nimmt die Sättigung, die Reinheit der Farbe, zu. Bestätigen Sie die Dialogbox mit *OK*.

Das Ergebnis der Bearbeitung mit Farbton/ Sättigung

6. Um dem Bild zusätzlich eine antike Ästhetik zu verleihen, wählen Sie *Filter/ Störungsfilter/Störungen hinzufügen*. Ich habe eine Körnung von *10 %* hinzugefügt. Achten Sie darauf, dass das Kontrollkästchen *Monochrom* aktiviert ist, und bestätigen Sie mit *OK*. Das Ergebnis ist ein körniges Bild, wie es durch die Verwendung sehr lichtempfindlichen Filmmaterials entsteht.

Verwenden Sie die Option Gleichmäßig *– die* Gaußsche Normalverteilung *verstärkt den Effekt.*

Die Körnung verstärkt den antiken »Touch« und kaschiert zudem reinweiße Stellen in Bildern.

7. Charakteristisch bei älteren Fotos ist außerdem ein stärkerer Kontrast. Aus diesem Grund setzen Sie mit dem Befehl *Überarbeiten/Beleuchtung anpassen/Helligkeit/Kontrast* den Kontrast herauf. Testen Sie die ideale Einstellung. Ich habe für die Kontrasterhöhung den Wert *15* gewählt.

Hier wurde der Kontrast zum vorigen Bild um den Wert 15 erhöht.

3. Die antike Ausstrahlung ist schon fast perfekt. Mit einem Beleuchtungseffekt können Sie zusätzlich die Dramatik erhöhen. Wählen Sie *Filter/ Rendering-Filter/Beleuchtungseffekte*.

Das Handling der vielfältigen Einstellungsmöglichkeiten wirkt anfangs etwas unüberschaubar. Ich verwende als Grundlage die *Lichtart Spot*. Diesen verwandeln Sie dann, bis die Beleuchtung perfekt ist. Drehen Sie den Spot, indem Sie an dem Punkt ziehen, der den Kreis mit der Geraden verbindet. Die Position wird verschoben, indem man am Mittelpunkt zieht; durch Ziehen an den anderen Punkten verändern Sie den Lichteinfall. Variieren Sie die Intensität der Beleuchtung durch Verschieben der Regler im rechten Bereich. Diese Einstellungen sind sehr motivabhängig und Sie müssen damit ein wenig experimentieren.

In der Dialogbox Beleuchtungseffekte haben Sie auch die Möglichkeit, mehrere Spots zu setzen. Durch einen Klick auf das Lampensymbol unterhalb des Vorschaufensters erhalten Sie eine neue Lichtquelle, die Sie dann durch Klicken und Ziehen am Mittelpunkt verschieben und neu gestalten können. Möchten Sie eine bereits bestehende Lichtquelle kopieren, klicken Sie sie mit gehaltener Alt*-Taste an und ziehen sie an eine andere Position. Die kopierte Lichtquelle kann individuell gestaltet werden.*

9. Ebenfalls charakteristisch ist eine vignettenförmige Abdunklung der Ecken. Bei aktuellen Kameras bzw. Objektiven achtet man immer sehr darauf, dass dieser Effekt nicht zum Tragen kommt, doch im Beispielbild verleiht er zusätzlichen Charme. Wählen Sie *Filter/Kameraverzerrung korrigieren* und schieben Sie den *Stärke*-Regler im Bereich *Vignette* nach links.

Ich habe in der Dialogbox Kameraverzerrung korrigieren das Bild vignettenförmig abgedunkelt.

Das antike Foto ist fertig gestaltet. Die einzelnen Funktionen sind Beispiele, die beliebig variiert werden können und somit immer neue Effekte schaffen.

Kolorieren mit Verläufen

Mitunter kommt es vor, dass man ein schönes Motiv fotografiert hat, die Farbgebung aber trübe wirkt oder nicht zu einem Gesamtlayout passt. In einem solchen Fall können Sie Ihr Bild einfach mit einem Farbverlauf kolorieren. Sie haben die Möglichkeit, einen Verlauf zwischen zwei Farben einzusetzen oder auch mehrere Farben zu durchlaufen. Gehen Sie folgendermaßen vor:

Der Hamburger Hafen lässt sich mit einer Verlaufsebene in verschiedenste Stimmungen tauchen.

Den Verlauf definieren

Farbverläufe bestehen aus mindestens zwei Farben, die ineinanderfließen. In Photoshop Elements haben Sie unzählige Möglichkeiten, Verläufe zu gestalten. Fügen Sie verschiedene Farbwechsel ein und definieren Sie die Position der Farbwechsel.

1. Öffnen Sie wieder ein beliebiges Bild in Elements. Das hier verwendete Bild heißt *Bluegoals.jpg*. Der farbgebende Verlauf wird auf einer gesonderten Ebene eingefügt. Sie benötigen daher für die Steuerung wieder die Ebenen-Palette aus dem Menü *Fenster*.

2. Wählen Sie den Befehl *Ebene/Neu/Ebene*. Eine leere Ebene wird über das Bild eingefügt.

3. Aktivieren Sie das *Verlaufswerkzeug* durch Drücken der Taste ⌐G⌐.

4. Das Aussehen und die Farbe des Verlaufs können für dieses Projekt frei gewählt werden. Entscheiden Sie durch einen Klick auf eine der fünf kleinen Symbolschaltflächen in der Optionsleiste, ob der Verlauf *linear*, *radial*, *winkelförmig*, *reflektierend* oder *rautenförmig* sein soll.

Auch ein Klick auf diese Symbolschaltfläche fügt eine neue leere Ebene ein.

Hier definieren Sie die Art des Verlaufs.

Ist das Verlaufswerkzeug angewählt, finden Sie rechts in den Werkzeugoptionen das Kontrollkästchen *Dither*. Wenn Sie es aktivieren, wird dem Verlauf ein Störungsmuster hinzugefügt. Da Verläufe im Druck stufig wirken können, ist das eine hilfreiche Option. Durch die Störungen wird diese Stufenbildung verhindert und der Verlauf wirkt gleichmäßig.

5. Relativ weit links in der Optionsleiste befindet sich die Auswahl aller vorgefertigten Farbverläufe in einem Listenfeld. Klicken Sie auf den kleinen Listenpfeil, um die Auswahl zu öffnen. Wählen Sie einen der Verläufe per Mausklick aus.

6. Jeder vorgefertigte Verlauf ist veränderbar. Klicken Sie einfach mitten auf den stilisierten Verlauf, um ihn zu bearbeiten. Es öffnet sich die Dialogbox *Verläufe bearbeiten*.

Ein Klick direkt auf den stilisierten Verlauf öffnet die Dialogbox Verläufe bearbeiten.

7. Unterhalb des dargestellten Verlaufs befinden sich kleine quadratische Farbsymbole, die Sie mit der Maus verschieben können; dadurch verändern Sie die Position des Farbwechsels im Verlauf.

8. Wenn Sie eine Farbe des Verlaufs löschen möchten, klicken Sie das entsprechende Quadrat an und dann auf die Schaltfläche *Löschen*.

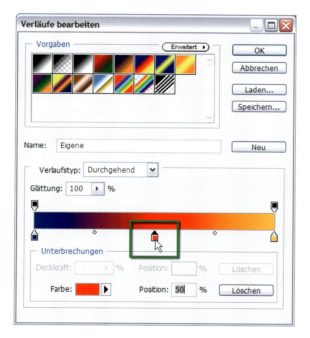

In der Dialogbox Verläufe bearbeiten haben Sie nicht nur die Möglichkeit, einen bestehenden Verlauf zu verändern. Wenn Sie auf die Schaltfläche Neu und dann auf Speichern klicken, wird der aktuelle Verlauf dupliziert und an das Ende der Liste eingefügt. Sie können ihn dann beliebig modifizieren.

9. Zum Erstellen eines neuen Farbquadrats klicken Sie an eine freie Stelle unterhalb des Verlaufs. Das Farbkästchen muss dann noch mit der gewünschten Farbe belegt werden. Klicken Sie doppelt auf das kleine quadratische Farbfeld.

10. Es öffnet sich der *Farbwähler*, bei dem Sie zunächst durch Ziehen an einem der Dreiecke den Farbbereich und dann durch einen Klick in den linken Bereich der Dialogbox die exakte Farbe auswählen können. Wenn Sie diese Dialogbox mit *OK* bestätigt haben, wird der Farbwechsel im Verlauf sichtbar.

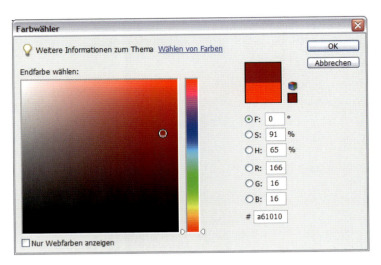

11. Bearbeiten Sie den Verlauf, bis er Ihren Vorstellungen entspricht, und bestätigen Sie dann auch diese Dialogbox. Im folgenden Abschnitt färben Sie das Bild.

Die neue Ebene färben und auf das Bild überblenden

Der Trick beim Färben mit Verläufen besteht darin, dass der Verlauf auf der separaten Ebene eingefügt und dann mit einer der verschiedenen Ebenen-Füllmethoden auf das darunterliegende Bild geblendet wird. Dadurch, dass beide Ebenen separat sind, können Sie den Verlauf jederzeit verändern oder auch wieder löschen.

Sie befinden sich noch auf der neuen Ebene, die Sie zu Beginn des Kapitels eingefügt haben. In der Ebenen-Palette sehen Sie das daran, dass die oberste Ebene markiert ist und sich vor der Ebene ein kleines Pinselsymbol befindet. Wann immer Sie zwischen zwei Ebenen wechseln möchten, klicken Sie einfach auf die Ebenenbezeichnung in der Ebenen-Palette – also beispielsweise *Hintergrund* oder *Ebene 1*.

1. Klicken und ziehen Sie jetzt im Bild. Beginnen Sie z. B. oben im Bild mit einem Mausklick, halten Sie die Maustaste gedrückt und ziehen Sie bis zur unteren Bildkante. Sobald Sie die Maustaste loslassen, wird der Verlauf eingefügt.

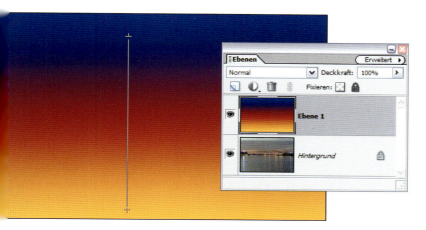

2. Testen Sie das Verhalten des Verlaufswerkzeugs, indem Sie an verschiedenen Startpunkten ansetzen und unterschiedlich lange ziehen.

Sie können den Verlauf senkrecht, waagerecht oder diagonal einfügen. Je länger Sie ziehen, desto weicher wird der Übergang zwischen den einzelnen Farben. Halten Sie während des Ziehens die ⌂-Taste, wird die Bewegung auf 45°-Schritte eingeschränkt.

Wenn der Verlauf eingefügt wurde, ist das Bild zunächst komplett bedeckt, da standardmäßig die Füllmethode *Normal* ausgewählt ist. In diesem Modus wirken zwei Ebenen wie zwei Blatt Papier oder Fotos, die man übereinanderlegt – die obere verdeckt die untere. Für die Überblendung müssen alternative Füllmethoden ausgewählt werden. Mit der Füllmethode *Ineinanderkopieren* z. B. wirken die zwei Ebenen wie übereinanderliegende Farbfolien.

3. In der Ebenen-Palette finden Sie oben links das Listenfeld *Füllmethode einstellen*. Diese Bezeichnung wird allerdings erst sichtbar, wenn Sie den Mauszeiger über dem Listenfeld ruhen lassen, so dass eine QuickInfo eingeblendet wird. Öffnen Sie das Listenfeld durch einen Mausklick und wählen Sie eine andere Füllmethode aus als *Normal* – ich habe mich für *Weiches Licht* entschieden.

Die Füllmethode Weiches Licht *ist für das Einfärben von Ebenen besonders gut geeignet.*

Die Füllmethoden wirken von Bild zu Bild und Verlauf zu Verlauf völlig unterschiedlich. Für dieses Beispiel funktioniert die Füllmethode *Ineinanderkopieren* sehr schön, es ist aber auch möglich, dass bei Ihrem Bild *Multiplizieren* oder *Farbton* attraktiv aussehen. Testen Sie die verschiedenen Füllmethoden. Anhand des *Deckkraft*-Reglers in der Ebenen-Palette ist die Intensität dieses Effekts variierbar.

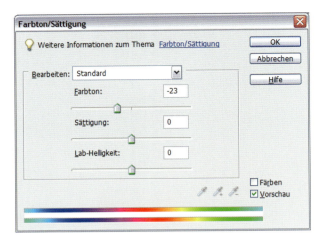

Mit *Farbton/Sättigung* lässt sich der Verlauf im Nachhinein noch komfortabel umfärben.

4. Wenn Sie den Verlauf als separate Ebene erhalten möchten, speichern Sie das Bild mit dem Befehl *Datei/Speichern unter* im TIF- oder PSD-Fcrmat. Möchten Sie hingegen Verlauf und Bild miteinander verschmelzen, wählen Sie den Befehl *Ebene/Auf Hintergrundebene reduzieren*. Da das Bild dann nur noch eine einzelne Ebene enthält, können Sie es in einem beliebigen Bildformat speichern.

Farbpapier-Collagen gestalten

Dieser stark akzentuierte Effekt ist nicht nur interessant, sondern bietet noch weitere Vorteile. Schnappschüsse, die z. B. versehentlich falsch belichtet wurden und somit nur wenig verwendbar sind, lassen sich hiermit zu interessanten Bildern gestalten. Ein weiterer Pluspunkt für diesen Stil ist der extrem geringe Speicherbedarf. Angesichts der homogenen Flächen, in Kombination mit einer geringen Anzahl von Farben, kommt die LZW-Komprimierung in erster Linie in Betracht. Sie kann bei den Formaten TIF und GIF zum Einsatz kommen und komprimiert solche Bilder besonders gut. Aus diesem Grund eignet sich der Effekt auch besonders für die Präsentation auf Websites, bei denen es auf schnelle Ladezeiten ankommt.

Foto: www.dj-thorsten.com

Die Abstraktion in Photoshop

Bevor Sie den hier verwendeten Filter einsetzen, ist ein wenig Vorarbeit nötig. Die Auflösung der Datei muss kontrolliert und sehr dunkle Bereiche können mit den Gradationskurven, aber z. B. auch mit dem *Abwedler*-Werkzeug herausgearbeitet werden, damit sie bei der plakativen Umsetzung nicht verloren gehen.

Das Originalbild ist etwas zu dunkel – durch die schwierigen Lichtverhältnisse unterbelichtet – doch für den Collagen-Effekt ist das Bild gut geeignet.

1. Die Datei für dieses Projekt heißt *dj-dynas-t.jpg*. Rufen Sie die Dialogbox *Bild/Skalieren/Bildgröße* auf. Bei einer eher geringen Auflösung wird nach der Umsetzung mit dem Filter an Kanten ein Treppcheneffekt sichtbar. Stellen Sie daher Ihre Wunschbreite und -höhe sowie eine Auflösung von mindestens *400 Pixel/Zoll* ein.

Normalerweise bewirkt ein starkes Vergrößern von Pixelbildern grundsätzlich einen Qualitätsverlust in Form von Weichzeichnung. Bei diesem Effekt jedoch kommt dieser Schärfeverlust nicht zum Tragen, Sie können die Datei vor der Bearbeitung problemlos auf die gewünschte Größe bringen.

Eine hohe Auflösung ist bei solch klar abgegrenzten Flächen wie in diesem Beispiel besonders wichtig.

2. Bei deutlich zu dunklen Bildern gehen bei der Filterumsetzung zu viele Details verloren. Wählen Sie daher bei Bedarf *Überarbeiten/Beleuchtung anpassen/Helligkeit und Kontrast* und hellen Sie das Bild auf. Bearbeiten Sie wichtige Details eventuell zusätzlich mit dem *Abwedler*-Werkzeug.

3. Wenden Sie den Filter an, Sie finden ihn unter *Filter/Kunstfilter/Farb-papier-Collage*. Bei diesem Filter kommt es sehr auf die Einstellung der drei verschiedenen Regler an, ob das Bild gut umgesetzt wird.

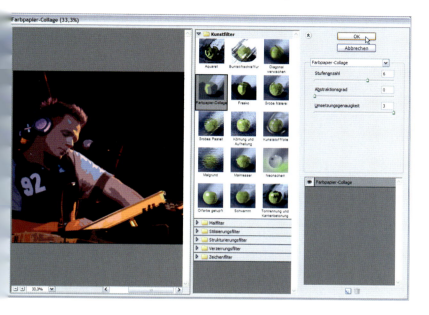

Links in der Dialogbox ist der Vorschaube-reich zu sehen, der eine gute Kontrolle über die Umsetzung zulässt.

Bei einer hohen Anzahl von Stufen wird der originale Ausdruck schön umgesetzt.

Eine Verringerung der Stufen bei gleichzeitiger Erhöhung des Abstraktionsgrads verändert das Bild sehr, allerdings ist auch dies ein inter-essantes Ergebnis.

Hohe Stufenzahl und hohe Umsetzungs-genauigkeit lassen mehr Details zu.

4. Auch die Originalfarbumsetzung wirkt schon attraktiv. Möchten Sie die Farbgebung verändern, um sie beispielsweise einem Layout oder der Farbgebung einer Website anzupassen, wählen Sie *Überarbeiten/Farbe anpassen/Farbton/Sättigung anpassen* und verschieben den *Farbton*-Regler auf den gewünschten Wert.

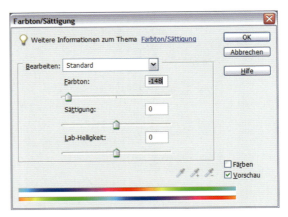

Die Dialogbox Farbton/Sättigung sorgt für die Farbverschiebung.

Das Bild nach der Bearbeitung mit dem Filter und mit Hilfe der Dialogbox Farbton/ Sättigung

Das Beispielbild kann noch gut auf exakte Proportionen erweitert werden – es soll auf die Maße 14 × 10 cm gebracht werden. Aus diesem Grund soll die Arbeitsfläche in der Hintergrundfarbe erweitert werden. Hierbei ergibt sich folgende Problemstellung: Da der dunkle Hintergrund eine Mischfarbe aus verschiedenen Farbanteilen ist und kein reines Schwarz, würde man die Erweiterung im Druck wahrnehmen, wenn diese mit 100 % Schwarz erfolgen würde. Daher muss als Hintergrundfarbe zunächst der exakte Ton aufgenommen werden.

5. Aktivieren Sie dazu das *Pipette*-Werkzeug mit der Taste ⌶.

6. Klickt man mit der Pipette in das Bild, wird die Vordergrundfarbe gewählt, da aber die Hintergrundfarbe benötigt wird, halten Sie zusätzlich die ⌐Alt⌐-Taste und führen dann einen Mausklick in den dunklen Bildhintergrund aus. Die Farbe wird in der Werkzeugpalette als Hintergrundfarbe gewählt.

Das Pipette-Werkzeug stellt Vorder- bzw. Hintergrundfarbe ein.

7. Rufen Sie *Bild/Skalieren/Arbeitsfläche* auf und geben Sie hier das Wunschverhältnis für die Erweiterung – in diesem Beispiel 14 × 10 cm – ein.

Standardmäßig ist in dieser Dialogbox die Option *Hintergrund* aktiv, so dass die Datei nach Bestätigung mit der Hintergrundfarbe erweitert wird. Achten Sie darauf, welche der neun quadratischen Stützpunkte aktiv sind. Diese regeln, in welche Richtung die Datei erweitert wird – dies wird auch durch die Pfeile symbolisiert. In der folgenden Abbildung erfolgt die Erweiterung nach links und oben.

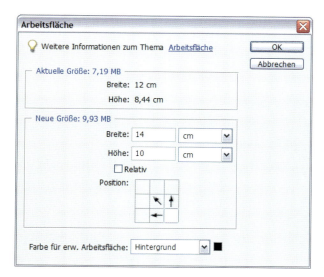

Mit dieser Dialogbox erweitern Sie Ihr Bild. Die Originalpixel bleiben erhalten, es werden nur weitere Pixel an die Datei angefügt.

Die Arbeitsfläche wurde erweitert.

Um sicherzugehen, dass im Hintergrund wirklich keine Abstufung zur Erweiterung erkennbar ist, kann es sinnvoll sein, mittels Tonwertkorrektur den Schwarzpunkt neu zu setzen.

8. Wählen Sie *Überarbeiten/Beleuchtung anpassen/Tonwertkorrektur* und verschieben Sie den oberen linken Regler etwas nach rechts, so dass eventuell noch vorhandene dunkle Schattierungen zu Schwarz werden.

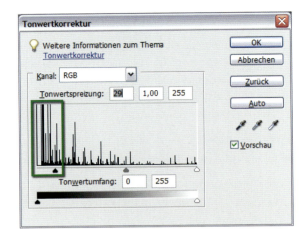

Alle Tonwerte links des Reglers werden zu gleichmäßigem Schwarz.

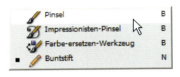

Mit dem Pinsel-Werkzeug korrigieren Sie störende Bildteile.

9. Kleine Korrekturen lassen sich bei dieser Art von Bildern leicht mit dem *Pinsel*-Werkzeug durchführen. Aktivieren Sie es und stellen Sie eine hohe Kantenschärfe ein.

Wenn Sie während der Arbeit die Malfarbe ändern möchten, klicken Sie bei aktivem *Pinsel*-Werkzeug mit gehaltener Alt-Taste in die Wunschfarbe. Daraufhin wird diese als Malfarbe eingestellt.

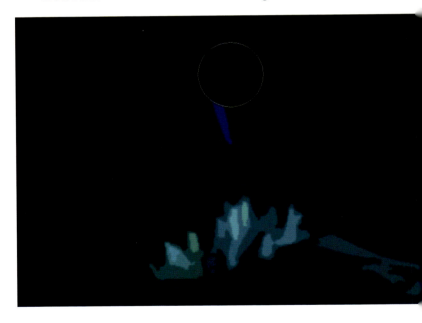

Mit dem Pinsel lassen sich störende Bereiche schnell korrigieren.

0. Zum Speichern des Bildes wählen Sie *Datei/Speichern unter*.

Es bietet sich an, im Listenfeld *Format TIFF* auszuwählen und in der darauf folgenden Dialogbox die LZW-Komprimierung zu aktivieren. Durch diese Speicherung wird die Datei besonders klein, da LZW Pixelfolgen gleicher Farbe gut komprimiert. Möchten Sie das Bild im Internet präsentieren, wählen Sie statt *TIFF* das Format *CompuServe GIF*, da es ebenfalls mit LZW arbeitet und gut für die Veröffentlichung im Internet geeignet ist. Problematisch ist, wenn man LZW-komprimierte Dateien belichten lassen möchte, viele Dienstleister akzeptieren ausschließlich *JPG*.

Das Entfärben von Bildern durch Verringerung der Sättigung ist die schnellste Methode. Hierbei ist aber der Kontrast nicht immer ideal. Tipps zum perfekten Umwandeln von Farb- in Schwarzweißfotos erhalten Sie in Kapitel 4.

Schwarzweißfotos kolorieren

Möchten Sie Schwarzweißfotos kolorieren oder ein Farbbild zunächst in ein Graustufenbild wandeln, um es dann wieder zu färben? Im Folgenden wird das Malen mit dem Pinsel unter Verwendung des Modus *Farbe* beschrieben.

Foto: www.Soeren-Meyer.de.tl

1. Öffnen Sie ein beliebiges Bild oder die Datei *Aegi.jpg*. Verwenden Sie für dieses Projekt ein Schwarzweißfoto. Falls Sie ein Farbbild selbst kolorieren möchten, wandeln Sie es zuvor mit dem Befehl *Überarbeiten/In Schwarzweiß konvertieren* in Graustufen um.

2. Rufen Sie *Fenster/Farbfelder* auf, um möglichst viele Farben im direkten Zugriff zu haben. Aus dieser Palette wählen Sie bei der Arbeit mit dem *Pinsel* die gewünschte Farbe per Mausklick aus.

3. Wählen Sie den *Pinsel* aus der Werkzeugpalette. Achten Sie darauf, dass Sie das gewöhnliche *Pinsel*-Werkzeug und nicht den *Impressionisten-Pinsel* oder das *Farbe-ersetzen-Werkzeug* erwischen. Die drei teilen sich den Platz in der Werkzeugpalette. Mit der Tastenkombination ⬆+B wechseln Sie zwischen ihnen hin und her.

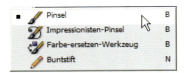

4. Wie bei allen Werkzeugen benötigen Sie jetzt wieder die Optionsleiste, um das Verhalten des *Pinsel*-Werkzeugs zu steuern. Überlegen Sie, welchen Bereich Sie zuerst einfärben möchten. Es ist sinnvoll, sich vom Hintergrund in den Vordergrund zu arbeiten.

5. Wählen Sie die Größe der Werkzeugspitze entsprechend dem Bereich, den Sie einfärben möchten. Je filigraner der zu färbende Bereich ist, desto kleiner muss auch die Werkzeugspitze sein.

6. Die wichtigste Einstellung der Werkzeugoptionen ist der *Modus*. Wählen Sie hier aus dem Listenfeld den Eintrag *Farbe*.

Dieser Modus bewirkt, dass zwar Farbe aufgetragen wird, aber diese verändert nicht die Helligkeit; somit bleibt die Struktur erhalten. In diesem Modus können Sie an Rändern getrost »übermalen«, da sich das jederzeit durch die Wahl einer anderen Farbe wieder überpinseln lässt. Die Deckkraft variieren Sie entsprechend den Schattierungen, die Sie erzeugen möchten.

Die verschiedenen Farbmodi sind eine große Hilfe bei der Arbeit in Photoshop Elements. Überwiegend wird im Normal-Modus gearbeitet, dieser entspricht dem Malen mit 100 % deckender Farbe. Mit den verschiedenen Modi legen Sie fest, welche Art von Bildpixeln in Bezug auf Farbe und Helligkeit modifiziert werden. Wenn Sie beispielsweise im Modus Farbe malen, bleiben die Helligkeitswerte des Bildes erhalten, lediglich der Farbton wird verändert. Dieser Modus ist ideal zum Färben von Schwarzweißbildern. Experimentieren Sie aber auch mit den anderen Farbmodi, es können überraschende Effekte zustande kommen.

7. Sind die Werkzeugoptionen angepasst, klicken Sie in der Farbpalette den Farbton an, den Sie auf das Bild auftragen möchten. Er wird daraufhin als Vordergrundfarbe definiert.

Falls die Palette zu wenig Farbtöne für Ihr Bild enthält, können Sie alternativ auf das Symbol *Vordergrundfarbe* – das oben liegende große Quadrat in der Werkzeugpalette – klicken und dann mit dem Farbwähler einen Farbton bestimmen.

8. Nach der Wahl der Wunschfarbe tragen Sie die Farbe auf. Wenn Sie dabei mit einer geringen Deckkraft arbeiten, die Farbe wechseln und denselben Bereich erneut übermalen, können Sie Mischtöne erzeugen.

Sie können auf diesem Weg das gesamte Bild färben, allerdings ist es nicht ganz einfach, abgegrenzte Bereiche ohne den Schutz der Auswahl zu färben. Wenn Sie für die Ränder feine Werkzeugspitzen und einen hohen Vergrößerungsfaktor verwenden, funktioniert das relativ gut.

9. Bei schwierigen Kantenbereichen ist es praktisch, zunächst eine Auswahl zu erstellen, um den Bereich abzugrenzen, und dann per Menübefehl die Fläche zu füllen. Aktivieren Sie das *Polygon-Lasso.* Es ist das dritte der drei Symbole. Zwischen den drei Lassosymbolen wechseln Sie mit der Tastenkombination ⌂+Ⓛ.

10. Klicken Sie entlang einer Kante und umrunden Sie mit dem Lasso den gewünschten Bildbereich. Sie müssen die Auswahl schließen. Führen Sie dazu den letzten Klick bei gehaltener Strg-Taste durch. Verwenden Sie eventuell eine leicht weichgezeichnete Auswahl mit dem Befehl *Auswahl/ Weiche Auswahlkante* – nehmen Sie kleine Werte wie z. B. 2 Pixel.

1. Stellen Sie die gewünschte Vordergrundfarbe ein und wählen Sie den Befehl *Bearbeiten/Auswahl füllen*. Selektieren Sie aus dem obersten Listenfeld den Eintrag *Vordergrundfarbe* und aus dem Listenfeld *Modus* den Eintrag *Farbe*. Die Deckkraft variieren Sie Ihren Anforderungen entsprechend. Bestätigen Sie mit *OK*.

2. Heben Sie die Auswahl mit der Tastenkombination `Strg`+`D` wieder auf.

   Sollten die Kanten jetzt noch teilweise unsauber sein, ist der *Wischfinger* ein praktisches Werkzeug, um sie zu glätten.

3. Aktivieren Sie den *Wischfinger* durch Drücken der Taste `R` bzw. `⇧`+`R` auf Ihrer Tastatur, stellen Sie eine sehr kleine Werkzeugspitze ein und überfahren Sie die Kanten. Hierbei muss man allerdings vorsichtig vorgehen, da die Kante sonst verschmiert wirken könnte. Der *Wischfinger* funktioniert so, als würden Sie mit dem Finger durch nasse Farbe wischen. Die Farbe, in die Sie klicken und dann ziehen, wird in benachbarte Bereiche verschmiert.

Auf diese Weise färben Sie nicht nur Schwarzweißfotos, Sie können auch farbige Bilder im Modus Farbe mit dem Pinsel bearbeiten, wenn Sie Bereiche umfärben möchten.

Stimmungsvolle Beleuchtungsfilter

Der Rendering-Filter *Beleuchtungseffekte* kann zum partiellen Aufhellen von Fotos verwendet werden. Doch dieser Filter kann mehr, er ist auch in der Lage Bilder in beliebigen Farben zu tönen.

1. Öffnen Sie die Datei *01_Sinn.jpg* und erstellen Sie mit *Ebene/Neu/Ebene* eine neue leere Ebene.

    Der Beleuchtungseffekt wird auf die neue Ebene angewendet, so dass die Bildebene vor der Bearbeitung geschützt ist und jederzeit verändert werden kann.

2. Bevor Sie den Beleuchtungseffekt auf die neue Ebene anwenden können, muss diese mit Weiß gefüllt werden, denn leere Ebenen lassen sich nicht beleuchten. Wählen Sie *Bearbeiten/Ebene füllen* und verwenden Sie aus dem Listenfeld *Füllen mit* den Eintrag *Weiß*.

Behalten Sie die Standardeinstellungen im Bereich Füllmethode bei, also Modus Normal und Deckkraft 100 %.

3. Laden Sie mit *Fenster/Ebenen* Ihre Ebenen-Palette und selektieren Sie aus dem Listenfeld *Füllmethode für die Ebene einstellen* statt *Normal* den Eintrag *Weiches Licht*.

Durch die Füllmethode *Weiches Licht* werden die in den nächsten Schritten erstellten Spots weich auf die Bildebene geblendet.

4. Wählen Sie den Befehl *Filter/Rendering-Filter/Beleuchtungseffekte*.

Im Listenfeld *Stil* finden Sie zahlreiche Spots, also Lichtstile, die Adobe vordefiniert hat. Häufig wirken auch diese Beleuchtungseffekte schon sehr interessant und man muss Farbe und Position gar nicht mehr verändern.

5. Wählen Sie den Stil *Standard* aus, wenn Sie den gleichen Spot verwenden möchten, der im Beispiel dargestellt wird.

6. Links in der Dialogbox sehen Sie eine Vorschau Ihres Bildes, die die Wirkung der Beleuchtung zeigt. Spots werden durch einen Kreis dargestellt, der aktivierbar ist. Nachdem Sie den Spot angeklickt haben, erhält er fünf Anfasserpunkte. Mit diesen Anfasserpunkten regeln Sie den Lichteinfall und die Größe des Scheinwerfers.

Wenn Sie den mittleren Ankerpunkt verschieben, ändern Sie die Position des Spots, mit Hilfe der anderen vier Ankerpunkte werden die Größe und der Einfallwinkel des Spots eingestellt.

7. Ich habe den Spot umgefärbt. Klicken Sie dazu auf das Quadrat rechts im Bereich *Lichtart*. Es öffnet sich ein Farbwähler, über den Sie die Wunschfarbe aussuchen.

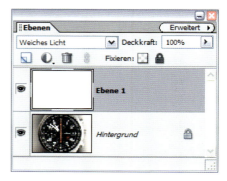

Das Listenfeld Füllmethode für Ebene einstellen *ist nicht beschriftet – es befindet sich oben links in der Ebenen-Palette.*

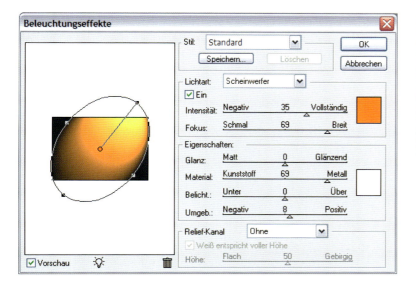

Leider werden die Beleuchtungseffekte während der Gestaltung nicht auf das Bild angewendet, sondern nur auf eine kleine Vorschau innerhalb der Dialogbox. Doch da Sie den Spot auf die weiße Ebene und nicht auf das Bild werfen, ist es unproblematisch, zu experimentieren.

Mit den sechs Reglern stellen Sie die Intensität des Lichts ganz individuell ein.

Wenn Sie einen attraktiven Spot gestaltet haben und diesen an eine andere Stelle kopieren möchten, halten Sie die ⌈Alt⌋-Taste gedrückt und ziehen ihn ausgehend vom Mittelpunkt des Spots an die betreffende Stelle. Durch dieses Vorgehen wird der Spot kopiert. Fügen Sie auf diese Weise so viele Spots ein, wie Sie wünschen. Jeder Spot kann anders gedreht, gefärbt und in der Helligkeit bearbeitet werden. Zum Drehen eines Spots müssen Sie auf den Ankerpunkt, der die Verbindung zwischen Spotkreis und Linie repräsentiert, klicken und ziehen. Gestalten Sie die Scheinwerfer und bestätigen Sie mit *OK*.

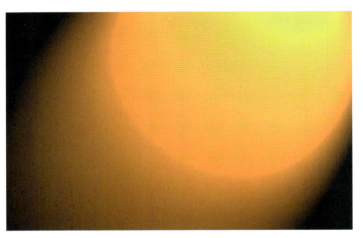

So wirkt der verwendete Spot ohne die Projektion auf die Bildebene – auch für sich genommen ein interessanter Effekt z. B. für Hintergründe.

8. Gestalten Sie die Beleuchtungsebene nach Ihren Vorstellungen. Mit der Dialogbox *Farbton/Sättigung* beispielsweise verändern Sie nachträglich den Farbton und mit *Helligkeit/Kontrast* kann die Wirkung des Beleuchtungsfilters verstärkt werden.

   Stellen Sie nach Belieben alternative *Füllmethoden* – z. B. *Weiches Licht, Aufhellen* oder *Multiplizieren* – in der Ebenen-Palette ein. Mit dem *Deckkraft*-Regler der Ebenen-Palette bestimmen Sie zusätzlich die Stärke der Beleuchtung. Da der Spot auf einer separaten Ebene liegt, können Sie ihn auch mit Farbkorrekturfunktionen bearbeiten.

9. Um die Wirkung des Beleuchtungseffekts zu intensivieren, habe ich eine weitere Ebene eingefügt und die vorigen Schritte hier mit einem blauen Strahler wiederholt.

Die Ebenen-Palette, nachdem noch eine weitere Beleuchtungsebene eingefügt wurde

Dieses Bild wurde mit der Füllmethode
Weiches Licht erstellt.

Bildbereiche in Weiß umwandeln

n vielen Kapiteln dieses Buches ist das Verändern von Farbwerten das Thema, doch die Umwandlung in Weiß ist ein Spezialfall. Hierbei ist wichtig, dass die Luminanz, also die Helligkeitsschattierungen, erhalten bleiben, da andernfalls einfach eine weiße Fläche entsteht. Wenn Sie Objekte in Weiß darstellen möchten, gehen Sie so vor:

Foto: www.Soeren-Meyer.de.tl

Falls bei Ihrem Beispielbild die Auswahl der Gelbtöne noch nicht ausreicht, aktivieren Sie die +-Pipette unten rechts in der Dialogbox und klicken die Farbe im Bild an, die verändert werden soll.

Lab ist ein Farbmodell, bei dem die Farben aus drei Komponenten aufgebaut sind: Das L steht für Luminanz – die Helligkeit des Bildes. Im Kanal a finden sich Farbwerte von Grün bis Rot und im Kanal b von Blau bis Gelb. Photoshop verwendet das Lab-System für die interne Umrechnung von Farbsystemen.

Der Regler Lab-Helligkeit kann bis auf den Wert +100 verschoben werden, der Regler Sättigung hingegen auf -100.

1. Öffnen Sie die Datei *Sonnenblume.jpg*. Das Gelb soll in Weiß umgewandelt werden. Hier funktioniert der Effekt sehr schön, da ausschließlich die Sonnenblumen gelb sind. Möchten Sie bei bestimmten Bildern Farben in Weiß umwandeln, die auch an anderer Stelle vorkommen, ist es nötig, zuvor eine Auswahl zu erstellen. Als Auswahlwerkzeuge funktionieren dann das *Lasso*-Werkzeug oder der *Auswahlpinsel*.

2. Wählen Sie *Überarbeiten/Farbe anpassen/Farbton/Sättigung*. Diese Funktion verändert nicht nur alle Farben gleichzeitig in Bezug auf Farbton, Sättigung und Lab-Helligkeit, sondern auch einzelne Farbtöne.

3. Aus dem Listenfeld *Bearbeiten* wählen Sie *Gelbtöne*. Verschieben Sie den *Sättigung*-Regler ganz nach links auf den Wert *-100* und den *Lab-Helligkeit*-Regler ganz nach rechts bis auf den Wert *+100*. Beim Beispielbild erzielt man durch die Wahl von Gelbtönen sehr gute Ergebnisse.

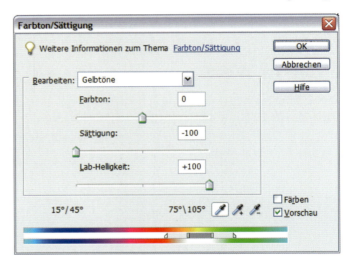

Nach der Bestätigung der Dialogbox ist der Effekt bereits perfekt. Besonders spannend ist es, wenn Sie die übrigen Farbtöne im Bild mit Hilfe des *Farbton*-Reglers verschieben. Viel Spaß beim Experimentieren!

Gaußscher Weichzeichner für sanfte Porträts

Der Reiz in diesem Projekt liegt im Kontrast zwischen scharfen und weichgezeichneten Bereichen. Sie arbeiten mit mehreren Ebenen, die Sie dann mittels Ebenengruppierung zusammenfügen. Der Effekt wirkt wunderschön bei Stillleben, Porträts und Landschaftsaufnahmen.

Foto von Eva-Maria-Deppe: www.Soeren-Meyer.de.tl

1. Öffnen Sie für dieses Projekt ein ganz beliebiges Bild aus Ihrem Fundus.

Legen Sie in den folgenden Schritten insgesamt vier Ebenen an. Die erste ist nur Sicherungskopie, damit Sie jederzeit mit dem Original vergleichen können, die zweite Ebene wird weichgezeichnet. Es folgt eine neue Ebene, in der Sie die Bereiche markieren, die scharf dargestellt werden sollen, und an oberster Stelle im Ebenenstapel liegt die scharfe Kopie der Originalebene.

2. Laden Sie mit *Fenster/Ebenen* Ihre Ebenen-Palette, falls diese noch nicht eingeblendet ist. Wählen Sie zweimal den Befehl *Ebene/Ebene duplizieren* oder die Tastenkombination ⌷Strg⌷+⌷J⌷, um anschließend drei identische Ebenen zu erhalten.

3. Aktivieren Sie *Ebene 1* mit einem Klick auf den Ebenennamen in der Ebenen-Palette – es ist die mittlere der drei Ebenen.

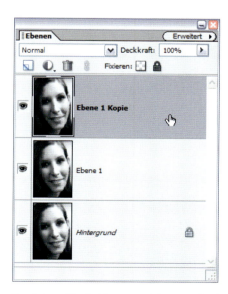

Duplizieren Sie die Hintergrundebene zweimal mit der Tastenkombination ⌷Strg⌷+⌷J⌷.

4. Bearbeiten Sie diese Ebene mit dem Befehl *Filter/Weichzeichnungsfilter/ Gaußscher Weichzeichner*. Der Radius muss bei jedem Bild individuell angepasst werden – ich verwende hier *30 Pixel*. Je höher die Auflösung eines Bildes ist, desto größer darf auch der Radius sein.

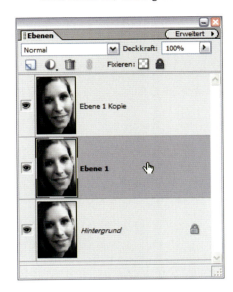

Die Einstellungen für den Gaußschen Weichzeichner können von Motiv zu Motiv variieren.

Nachdem Sie mit *OK* bestätigt haben, ist noch keine Veränderung zu sehen, da die *Ebene 1 Kopie* die weichgezeichnete Ebene abdeckt. Dies ändert sich im Folgenden.

5. Wählen Sie den Befehl *Ebene/Neu/Ebene* und bestätigen Sie die darauf folgende Dialogbox. Es wird eine leere Ebene mit der Bezeichnung *Ebene 2* eingefügt.

6. Aktivieren Sie *Ebene 1 Kopie* und wählen Sie den Befehl *Ebene/Mit vorheriger gruppieren*. Die Ebene wird mit der noch leeren Ebene gruppiert.

Ebene 1 Kopie und *Ebene 2* sind jetzt unsichtbar und Sie sehen die weichgezeichnete *Ebene 1*.

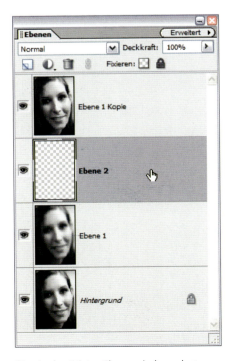

Die vier benötigten Ebenen sind angelegt.

- Aktivieren Sie das Werkzeug *Pinsel* über die Werkzeugpalette.

- Achten Sie darauf, dass die Malfarbe Schwarz ist. Die Standardfarben Schwarz und Weiß stellen Sie am schnellsten durch Betätigen der Taste [D] her.

- Definieren Sie die Eigenschaften des *Pinsels* in der Optionsleiste. Wählen Sie eine weiche Pinselspitze. Die *Größe* hängt wieder von der Auflösung des Bildes ab, ich verwende hier aufgrund der hohen Auflösung *300 px* – die *Deckkraft* sollte 50 % sein.

  Verwendet man den *Pinsel* mit einer reduzierten Deckkraft, lassen sich leichter weiche Übergänge zwischen den scharfen und weichen Bereichen gestalten.

[D] *steht hier für »Default«, für Standard. Damit stellen Sie Schwarz als Vordergrund- und Weiß als Hintergrundfarbe ein. Möchten Sie zwischen beiden Farben wechseln, drücken Sie die Taste* [X].

Verwenden Sie zu Beginn diese Einstellungen.

10. Aktivieren Sie *Ebene 2* und malen Sie im Bild an den Stellen, die scharf-gezeichnet erscheinen sollen. Wichtig sind vor allem Augen, Mund und Nase sowie Konturen.

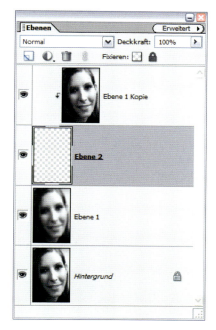

Vergleichen Sie mit Ihrer Ebenen-Palette – sie müsste sich genau wie hier abgebildet darstellen.

Möchte man eine einzelne Ebene separat betrachten, kann das Augensymbol vor der Ebenenminiatur mit gehaltener Alt *-Taste angeklickt werden. Sofort werden alle anderen Ebenen ausgeblendet. Auf die gleiche Weise blenden Sie die anderen Ebenen wieder ein. Mit dieser Technik lässt sich das bearbeitete Bild gut mit der Originalebene vergleichen.*

Übermalen Sie mit dem schwarzen Pinsel auf Ebene 2 *alle Bereiche, die scharf dargestellt werden sollen.*

11. Gestalten Sie die Fotomontage aus weichen und scharfgezeichneten Bereichen *nach Ihren Vorstellungen. Sind Sie mit der Bearbeitung zufrieden und möchten keine Änderungen mehr vornehmen, verschmelzen Sie die Ebenen mit Ebene/Auf Hintergrundebene reduzieren.*

Bilder in Aquarelle umwandeln

Photoshop Elements bietet im Menü *Filter* einen Effekt an, der Bilder in Aquarelle umwandelt. Leider funktioniert dies bei vielen Motiven nicht sehr authentisch. Mit der vorgestellten Technik erreicht man den typischen Look mit einem Kontrast aus verlaufender und getrockneter Farbe.

Wurden Bilder aufgrund schwieriger Lichtverhältnisse mit hoher ISO-Empfindlichkeit aufgenommen, kommt es oft zu einem gewissen Bildrauschen. Dies kann sich störend auf die Übergänge zwischen scharf und weich auswirken. Möchten Sie solche Übergänge abschließend glätten, ist dazu der Weichzeichner *hervorragend geeignet. Er zeichnet genau den Bereich weich, den Sie mit der Werkzeugspitze übermalen.*

Foto: www.Soeren-Meyer.de.tl

1. Öffnen Sie ein Bild aus Ihrer Sammlung oder laden Sie das Bild *Fachwerk. jpg* von der Website *www.mut.de* herunter. Egal ob Landschaftsaufnahme oder Porträt, dieser Effekt wirkt bei vielen Bildern ausgesprochen reizvoll.

2. Ihr Bild weist zurzeit wahrscheinlich nur eine Ebene auf – die Hintergrundebene. Auf diese Ebene soll ein Kunstfilter angewendet werden – der erste Schritt in Richtung Aquarell. Rufen Sie den Befehl *Filter/Kunstfilter/ Grobe Malerei* auf. Später duplizieren Sie diese Ebene, um eine Strichzeichnungsfassung des gleichen Bildes anzulegen und mit der Farbebene zu überblenden.

3. Die Werte in dieser Dialogbox sind wieder Beispielwerte, Sie können mit den Einstellungen spielen und andere Werte ausprobieren. Ich verwende eine *Pinselgröße* von *0*, für *Pinseldetails* den Wert *10* und für *Struktur* den Wert *1*. Bestätigen Sie die Dialogbox mit einem Klick auf *OK*.

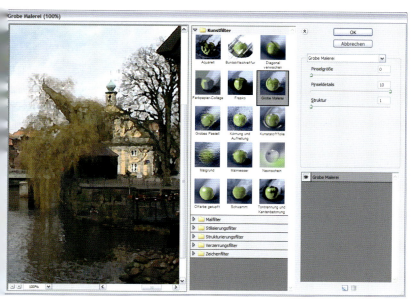

Durch diesen Filter wirkt das Bild wie mit einem Pinsel getupft. Noch sieht es allerdings nicht wie ein Aquarell aus. Das ändern Sie durch die Anwendung des nächsten Filters.

4. Rufen Sie den Befehl *Filter/Weichzeichnungsfilter/Selektiver Weichzeichner* auf. Hier sind die Werte wichtiger als im ersten Filter. Orientieren Sie sich etwa an dem Beispiel. Ich verwende für *Radius* den Wert *5* Pixel und *60* Stufen für den *Schwellenwert*, die *Qualität* soll *Hoch* sein und der *Modus Normal*. Bestätigen Sie mit *OK*.

Die geringste Weichzeichnung erhalten Sie bei einem *Radius* von *100*. Beim Schwellenwert ist es umgekehrt, je höher der Schwellenwert, desto weicher wird das Bild.

Nach der Anwendung dieses Filters kommt man dem Ziel schon näher. Das Foto erhält den typischen Aquarelleffekt durch den Kontrast zwischen sehr weichen Übergängen und harten Kanten. Die Arbeit an dieser Ebene ist vorerst abgeschlossen. Die Konturen werden jetzt auf einem Duplikat der Hintergrundebene erzeugt.

5. Wählen Sie den Befehl *Ebene/Ebene duplizieren* und vergeben Sie hier den Namen *Zeichnungsebene* bzw. eine andere passende Bezeichnung.

6. Hier kommt erneut der selektive Weichzeichner zum Einsatz, diesmal in einem anderen Modus mit einem ganz anderen Ergebnis. Wählen Sie *Filter/Weichzeichnungsfilter/Selektiver Weichzeichner*. Verwenden Sie z. B. *Radius 12*, *Schwellenwert 60* und die Qualitätseinstellung *Hoch*. Wichtig ist hier der *Modus Nur Kanten*.

Diese Werte sind motivabhängig, eventuell müssen Sie für Ihr Bild andere Werte verwenden. Falls zu viele Linien erzeugt werden, erhöhen Sie den *Schwellenwert*. Bestätigen Sie mit *OK*.

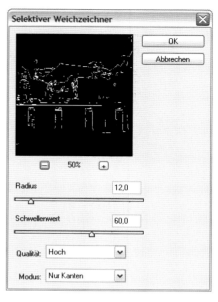

Je höher der Schwellenwert, desto weniger Linien werden erzeugt.

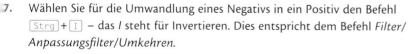

Die Option Nur Kanten in der Dialogbox Selektiver Weichzeichner erzeugt eine Strichzeichnung. Allerdings ist diese zunächst negativ dargestellt und muss in ein Positiv umgewandelt werden.

7. Wählen Sie für die Umwandlung eines Negativs in ein Positiv den Befehl `Strg`+`I` – das *I* steht für Invertieren. Dies entspricht dem Befehl *Filter/ Anpassungsfilter/Umkehren*.

Die Filter-Arbeit an dieser Ebene ist abgeschlossen. Wenden Sie sich wieder der Ebenen-Palette zu.

8. Aus dem Listenfeld *Füllmethode* wählen Sie statt der Standardmethode *Normal* den Eintrag *Multiplizieren*. Ihre Ebenen werden übereinandergeblendet.

Bei Verwendung der Füllmethode *Multiplizieren* wird jeder Farbwert der oberen Ebene mit den Farbwerten der unteren Ebene multipliziert. Daraus ergibt sich, dass Weiß transparent wird und nur die Farbe der Zielebene sichtbar ist und Schwarz erhalten bleibt.

9. Möglicherweise wirkt das Bild durch die Überblendung zu dunkel. Wenn das der Fall ist, verwenden Sie den Befehl *Überarbeiten/Beleuchtung anpassen/Tonwertkorrektur*. Verschieben Sie den mittleren Regler. Beobachten Sie bei aktivem Kontrollkästchen *Vorschau* die Wirkung auf das Bild. Wenn Sie mit den Einstellungen zufrieden sind, bestätigen Sie mit *OK*.

10. Um den Skizzencharakter der Zeichnungsebene zu unterstützen, sollen einige Bereiche der Farbebene radiert werden. Aktivieren Sie das Werkzeug *Radiergummi*.

11. Wählen Sie eine große und weiche Werkzeugspitze, damit die Übergänge weich gestaltet werden können.

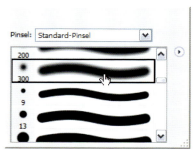

12. Aktivieren Sie die Hintergrundebene mit einem Klick auf deren Namen in der Ebenen-Palette.

13. Radieren Sie beliebige Bereiche der Farbebene und falls Sie keine weiteren Veränderungen mehr vornehmen möchten: Reduzieren Sie beide Ebenen auf die Hintergrundebene, indem Sie den Befehl *Ebene/Auf Hintergrundebene reduzieren* einsetzen.

Tolle Farbkombinationen mit der Funktion Farbe ersetzen

Die Funktion *Farbe ersetzen* ist im Grunde eine Kombination aus dem *Zauberstab*-Werkzeug und der Dialogbox *Farbton/Sättigung*. Mit einem Mausklick in einen bestimmten Bildbereich wählen Sie innerhalb der gewünschten Toleranz verschiedene Töne einer Farbe aus und ändern dann z. B. den Farbton, die Sättigung oder die Helligkeit.

1. Das Beispielbild heißt *Helloween.jpg* und kann wie immer von der Markt+Technik-Website heruntergeladen werden. Öffnen Sie dieses oder ein beliebiges anderes Bild in Photoshop Elements.

2. Um später wieder die Hintergrundebene als Original zur Verfügung zu haben, wählen Sie *Ebene/Ebene duplizieren*.

3. Rufen Sie den Befehl *Überarbeiten/Farbe anpassen/Farbe ersetzen* auf. In der darauf folgenden Dialogbox aktivieren Sie zunächst die Optionsschaltfläche *Auswahl*, falls sie nicht schon aktiv ist.

   Durch diese Option wird in dem kleinen Vorschaubild dargestellt, welche Bereiche des Bildes ausgewählt werden. Dabei werden die ausgewählten Bereiche weiß, halb ausgewählte in Grauwerten und nicht ausgewählte schwarz dargestellt.

4. Schieben Sie die Dialogbox an der Titelleiste so zur Seite, dass Sie das Bild im Hintergrund sehen können. Im Moment ist die erste der drei Pipetten der Dialogbox aktiviert. Das bedeutet, dass zunächst ein einziger Farbton ausgewählt wird. Klicken Sie im Bild in genau den Farbbereich, der farblich verändert werden soll. In der Vorschau wird Ihnen daraufhin weiß markiert, welche Bereiche ausgewählt wurden.

Die Hintergrundebene ist die Sicherungsebene.

Ist die Option Bild *angewählt, wird die Markierung nicht angezeigt. Eine bessere Kontrolle bietet die Option* Auswahl.

Je höher die Toleranz, desto mehr Bereiche werden weiß markiert – diese werden im Folgenden verändert.

5. Mit Hilfe des *Toleranz*-Reglers oberhalb der Vorschauabbildung bestimmen Sie jetzt, wie stark Farbtöne vom angeklickten Farbton abweichen dürfen, um noch ausgewählt zu werden.

Eine Vorauswahl mit dem Lasso-Werkzeug ist sinnvoll, wenn die zu verändernde Farbe an mehreren Stellen im Bild vorkommt, aber nicht überall verändert werden soll.

Schieben Sie den Regler hin und her und beobachten Sie die Vorschau. Eventuell müssen Sie mit der Pipette an eine andere Stelle klicken, um eine ideale Auswahl zu erzielen. Wenn alles zu Ihrer Zufriedenheit ausgewählt ist, stellen Sie die Farbänderung ein.

6. Verschieben Sie den *Farbton*-Regler. Wenn Sie das Kontrollkästchen *Vorschau* aktiviert haben, sehen Sie die Veränderung direkt im Bild. Bestätigen Sie die Dialogbox, die Farbveränderung wird auf Ihr Bild angewendet.

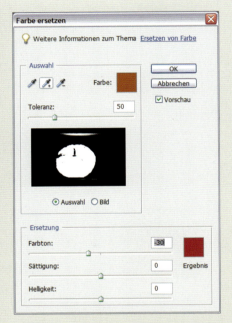

Die orangefarbenen Bereiche werden durch diese Einstellungen pink gefärbt.

7. Möchten Sie die Umfärbung in bestimmten Bereichen zurücknehmen, aktivieren Sie das Werkzeug *Radiergummi* und radieren den Schatten. Hierdurch kommt die unten liegende Originalebene wieder zum Vorschein.

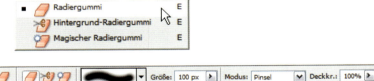

Wenn ein einzelner Klick in einen Farbbereich auch bei höchster Toleranz nicht ausreicht, um alle gewünschten Tonwerte zu markieren, greifen Sie auf die +-Pipette der Dialogbox zurück. Es ist auch denkbar, dass Sie zwei völlig verschiedene Farbtöne in einem Bild ändern möchten, auch hier setzen Sie die mittlere der drei Pipetten ein. Aktivieren Sie die +-Pipette und klicken Sie im Bild den Bereich an, den Sie hinzufügen möchten. Haben Sie hingegen einen Tonwert ungewollt ausgewählt und möchten die Auswahl zurücknehmen, verwenden Sie dazu die −-Pipette.

Durch das Radieren kommt die Hintergrundebene zum Vorschein.

3. Verschmelzen Sie wieder die Ebenen mit *Ebene/Auf Hintergrundebene reduzieren,* wenn Sie mit der Bearbeitung zufrieden sind.

Infraroteffekte mit Farbton/Sättigung

Der hier beschriebene Effekt wird mit nur einer Dialogbox realisiert – der Dialogbox *Farbton/Sättigung.* Ich mag den Effekt sehr, weil die ungewöhnliche Kombination von Farben immer wieder überraschend ist.

Foto: www.Soeren-Meyer.de.tl

1. Öffnen Sie die Datei *Fluss.jpg* oder jedes beliebige Bild.

2. Rufen Sie die schon bekannte Dialogbox *Überarbeiten/Farbe anpassen/Farbton/Sättigung* auf.

3. Wählen Sie z. B. den Eintrag *Rottöne* aus dem Listenfeld *Standard* aus und schieben Sie den *Lab-Helligkeit*-Regler auf *+100.*

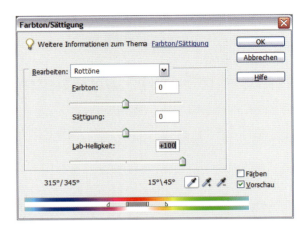

4. Wechseln Sie zum Eintrag *Gelbtöne* und verschieben Sie diesmal den *Farbton*-Regler.

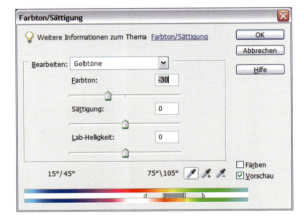

5. Verändern Sie auf diese Weise beliebig alle Farbtöne des Bildes.

Konfetti mit erweiterten Pinseloptionen

Wenn Sie mit dem Pinsel unter Standardeinstellung arbeiten, wird Farbe gleichmäßig aufgetragen – ähnlich einem echten Pinsel. Mit den *erweiterten Pinseloptionen* bietet sich aber eine interessante Variante. Hier können Streuungswerte definiert werden, so dass der Pinsel beim Malen verschiedenfarbige Tupfer per Zufall auf das Bild sprenkelt.

1. Aktivieren Sie das *Pinsel*-Werkzeug und nehmen Sie in der Optionsleiste Einstellungen vor. Suchen Sie aus der Werkzeugspitzenliste eine beliebige Werkzeugspitze aus – ich habe die Sterne gewählt.

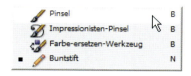

2. Stellen Sie verschiedene Farben für Vorder- und Hintergrund ein, indem Sie jeweils auf das oben liegende und unten liegende Quadrat in der Werkzeugpalette klicken und dann eine Farbe auswählen. Ich habe mich für Gelb als Vordergrundfarbe und Rot als Hintergrundfarbe entschieden.

3. Ganz rechts in der Optionsleiste finden Sie die Schaltfläche *Erweiterte Optionen* – klicken Sie auf das kleine Pinselsymbol daneben, um die Dialogbox zu öffnen.

   Hier haben Sie die Möglichkeit, die Optionen zu definieren. Ich habe einen *Malabstand* von *100 %* eingestellt, damit sich die Sterne beim Malen nicht überlappen, für die Option *Verblassen* habe ich den Wert *200* gewählt und für den *Farbton-Zufallswert* *100 %*, damit die Farben zwischen Gelb und Rot variieren. Als *Streuung* verwende ich *50 %*.

4. Malen Sie in ein beliebiges Bild, Sie sehen, dass die Farbe ähnlich wie Konfetti in Ihrem Bild aufgetragen wird. Variieren Sie eventuell Vorder- und Hintergrundfarbe, um weitere Farben ins Spiel zu bringen.

Camera RAW

Der Ausdruck »Raw« bedeutet roh, unbehandelt und genau das sind die Bilder, die in diesem Dateiformat von der Kamera gespeichert werden. Raw speichert die Informationen genau so, wie sie auf den Kamerasensor auftreffen, ohne Weißabgleich oder z. B. Sättigungskorrektur.

Aus der analogen Fotografie kennt man das Phänomen, dass je nach Entwicklungsservice Bildabzüge vom Negativ stark voneinander abweichen können, obwohl das gleiche Filmmaterial unter gleichen Bedingungen zum Einsatz kam. Der Entwicklungs- und Vergrößerungsvorgang ist also maßgeblich für das Erscheinungsbild der Fotoabzüge mitverantwortlich. Ganz ähnlich ist die Situation bei der Arbeit mit Raw: Die Bilder sind sozusagen unentwickelt. Die rohen Bilddaten können in Bezug auf Weißabgleich, Helligkeit und Kontrast ganz variabel »entwickelt« werden.

Höchste Qualität mit Raw

Wenn Sie das Optimum aus Ihren Fotos herausholen möchten, ist Raw das richtige Format, denn es bietet eine größere Farbdichte als andere Pixelformate und speichert völlig verlustfrei. Ein Nachteil ist, dass Raw größere Datenmengen produziert als JPEG, allerdings sind diese wiederum geringer als bei TIF. Da JPEG mit Informationsverlusten komprimiert, fallen geringere Datenmengen an – doch dies geht zu Lasten der Qualität. Bilder im TIF-Format sind größer als Raw, da die Farbinformation bereits in das Bild eingerechnet ist, dies ist bei Raw nicht der Fall.

Das digitale »Entwicklungslabor« von Photoshop Elements heißt »Camera Raw«. Wenn Sie Raw-Bilder in Elements öffnen, zeigt sich automatisch die Oberfläche dieses Programms.

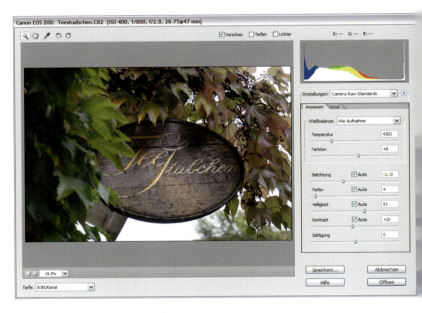

So präsentiert sich die in Elements integrierte Software Camera Raw.

1. Starten Sie Photoshop Elements 5.0 und laden Sie mit *Datei/Öffnen* die Datei *Teestuebchen.cr2*. Raw-Dateien, die man von dem Kameramodell Canon 20D lädt, werden mit der Dateierweiterung *.cr2* gespeichert, dieser Punkt variiert von Hersteller zu Hersteller.

    Nach dem Öffnen wird das Bild automatisch in den Raw-Editor Camera Raw geladen. Sie sehen die von der Kamera gespeicherte Fassung des Bildes.

    Dieser praktische Editor bietet oben links fünf Symbole: an erster Stelle das *Zoom*-Werkzeug zum Vergrößern der Ansicht, wenn Sie zusätzlich die [Alt]-

Taste halten, verkleinern Sie die Ansicht wieder. An zweiter Stelle steht das *Hand*-Werkzeug, mit dem Sie bei vergrößerter Ansicht den Bildausschnitt verschieben. Das dritte Werkzeug ist die Pipette, das *Weißbalance-Werkzeug*, mit dem Sie in einen Bereich des Bildes klicken, der nach der Bearbeitung neutral grau sein soll. Elements analysiert den Farbwert und stellt daraufhin den Weißabgleich ein. Mit den darauf folgenden zwei Werkzeugen drehen Sie das Bild nach links oder rechts.

Zoom-Werkzeug, Hand-Werkzeug, Weiß-balance und die Drehen-Funktionen sind schnelle Helfer beim Handling der Raw-Dateien.

2. Aktivieren Sie zunächst das *Weißbalance-Werkzeug* und klicken Sie damit in einen Bereich, der neutral grau erscheinen soll. Die Weißbalance wird angepasst. Sollten Sie mit dem Ergebnis nicht zufrieden sein, justieren Sie die Weißbalance mit dem ersten Regler *Temperatur* im rechten Bereich von kalt, also bläulich, bis warm, also gelblich. Ich habe eine Farbtemperatur von 5750 gewählt, da das Bild eine warme Ausstrahlung erhalten soll.

Im Listenfeld Weißbalance finden Sie schon vordefinierte Einstellungen – Auto, Tageslicht, Trüb, Schatten, Wolfram, Kaltlicht oder Blitz, um die Stimmung des Bildes zu korrigieren.

Im rechten Bild wurde die Farbtemperatur auf den Wert 5750° eingestellt.

3. Aktivieren Sie im oberen Bereich abwechselnd die Kontrollkästchen *Tiefen* und *Lichter*, um einen Überblick über problematische Bereiche zu erhalten.

   Dies ist die Beschneidungswarnung des Bildes. Elements markiert nach der Aktivierung die »kritischen« Bereiche im Bild. Kritischer Bereich meint: Hier sind die Tiefen schon so dunkel, dass eine weitere Abdunklung zu Informationsverlusten führen würde, bzw. so hell, dass eine Aufhellung zu reinweißen Bereichen führt.

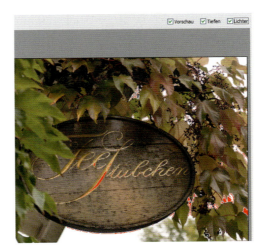

Die roten und blauen Markierungen sind Beschneidungswarnungen. Der Schriftzug und einige Bereiche des Himmels sind so hell, dass es hier bei weiterer Aufhellung zu Informationsverlusten kommen kann.

4. Stellen Sie unten links in der Dialogbox die Farbtiefe ein: entweder 8 Bit oder 16 Bit pro Farbkanal.

Viele Fotografen diskutieren rege, ob der Qualitätsunterschied zwischen 8 Bit und 16 Bit so gravierend ist, dass sich die großen Datenmengen lohnen. In Bereichen mit sehr feinen Abstufungen, etwa Verläufen z. B. bei Sonnenuntergängen, lassen sich aber durchaus Unterschiede erkennen. Das Beispielbild weist unkomprimiert im 8-Bit-Modus 24 Mbyte auf, im 16-Bit-Modus sind es schon 48 Mbyte. Entscheiden Sie für sich am besten anhand persönlicher Testausdrucke bzw. Testbelichtungen. Wenn Sie sich für den 16-Bit-Modus entscheiden, stehen einige Bearbeitungsfunktionen, vor allem viele Filter, nicht zur Verfügung, da diese den 16-Bit-Modus zum Teil noch nicht unterstützen.

Über dem Reglerbereich finden Sie das Histogramm des Bildes, also die Bildstatistik. Wie in der Tonwertkorrektur von Elements zeigt es die Tonwertverteilung der Farbkanäle im Bild. Je höher der Ausschlag eines »Berges«, desto mehr Pixel dieser Farbe bzw. dieses Helligkeitswerts sind im Bild vorhanden.

5. Möchten Sie Farbwerte Ihres Bildes in einzelnen RGB-Farben messen, bewegen Sie einfach den Mauszeiger gezielt über bestimmte Stellen im Bild. Über dem Histogramm wird daraufhin der RGB-Wert angezeigt.

Bewegt man den Mauszeiger direkt in den Himmel, erhält man folgende Werte: Rot 255, Grün 255 und Blau 255. Das bedeutet, der Himmel ist reinweiß. Schwarz hätte für alle drei Grundfarben den Wert 0. Die Anzeige kann zwischen Original und veränderter Anzeige wechseln. Deaktivieren Sie die Vorschau-Option, erhalten Sie die Vorher-Werte, aktivieren Sie sie, werden die aktuellen, veränderten Werte angezeigt.

5. Verschieben Sie den *Farbton*-Regler. Dieser verschiebt die Farben und Sie passen ähnlich dem *Farbtemperatur*-Regler damit die Farbstimmung an – ganz links erhält das Bild eine grüne Tönung und ganz rechts eine magentafarbene Tönung.

Im unteren Reglerbereich sind fünf weitere Regler angeordnet, mit denen Sie *Belichtung*, *Tiefen*, *Helligkeit*, *Kontrast* und *Sättigung* einstellen.

7. Stellen Sie die fünf Regler nach Ihrem persönlichen Geschmack ein.

Der Regler *Belichtung* wirkt wie eine Belichtungszeitkorrektur, mit *Tiefen* dunkeln Sie die Tiefen ab und *Helligkeit* hellt die Lichter auf. Eine Erhöhung beider Werte führt zu mehr Kontrast, allerdings gegebenenfalls auch zu einem Informationsverlust in Lichtern und Tiefen. Schalten Sie im Zweifelsfall die Beschneidungswarnung an. Der Regler *Kontrast* regelt den Mittelton-Kontrast – ist also quasi der Gamma-Regler von Camera Raw. Zu guter Letzt lässt sich schon hier die *Sättigung*, also die Reinheit der Farben von Grau bis Vollton, einstellen.

8. Sind Sie mit den Einstellungen zufrieden und möchten Sie diese auf mehrere Bilder anwenden, klicken Sie auf die Schaltfläche *Speichern*, um die Definitionen zu sichern.

Für jede Bildstimmung lassen sich eigene Werte speichern.

9. Möchten Sie das Bild für die weitere Bearbeitung in Photoshop Elements laden, klicken Sie auf *Öffnen*. Das Bild erscheint daraufhin auf dem gewohnten Elements-Arbeitsplatz und ist für die weitere Bearbeitung bereit.

Foto: www.soeren-meyer.de.tl

Bilder mit Such-wörtern versehen

Mit dem Elements Organizer liefert Adobe ein leistungsstarkes Werkzeug zum Verwalten Ihrer Bilddateien. Hier laden Sie Bilder von Digitalkameras oder Scannern, brennen CDs und suchen nach bestimmten Fotos. Überdies können Sie sich im Organizer Informationen zu einzelnen Bildern, die mit einer Digitalkamera aufgenommen wurden – den Exif-Daten – anzeigen lassen.

Eine besonders komfortable Möglichkeit des Organizers ist das Hinzufügen so genannter Tags. Der englische Begriff »tag« bedeutet »anheften«, es handelt sich bei Tags um Stichwörter, die Sie Ihren Bildern zuordnen – beispielsweise »Skiurlaub«. Sie können daraufhin nach beliebigen Tags suchen und Ihre Bilder entsprechend sortieren. In diesem Kapitel erhalten Sie eine Einführung in die Arbeit mit Tags.

Bilder mit Tags versehen

1. Starten Sie Photoshop Elements 5.0. In den bisherigen Kapiteln dieses Buches haben Sie mit dem Editor gearbeitet, um Bilder zu korrigieren und zu verfremden. Sie haben jetzt unterschiedliche Möglichkeiten, den Organizer zu starten:

   - Über den Startbildschirm gelangen Sie dorthin, indem Sie die Schaltfläche *Fotos anzeigen und ordnen* anklicken.

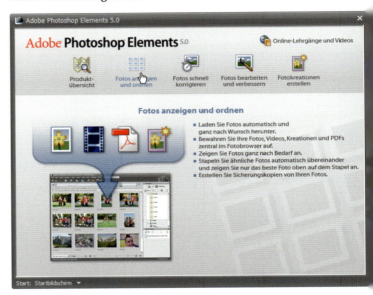

   - Wenn Sie sich gerade im Editor befinden, erhalten Sie den Startbildschirm mit *Fenster/Startbildschirm*.

   - Im Editor genügt auch ein Klick auf die Symbolschaltfläche *Organisieren*, um den Organizer-Arbeitsbereich zu laden.

   Der Organizer lädt automatisch Bilder, die Sie mit Photoshop Elements bearbeitet und denen Sie in der Dialogbox *Datei/Speichern unter* das Attribut *In Organizer aufnehmen* zugewiesen haben.

Außerdem können Sie überwachte Ordner anlegen, die Photoshop Elements automatisch prüft. Wann immer neue Bilddateien in diese Ordner gespeichert werden, registriert dies der Organizer.

1. Wählen Sie dazu *Datei/Ordner überwachen* und navigieren Sie zu dem Ordner, den Sie in die Überwachung einbeziehen möchten.

Hier wurde der Ordner Maschsee als *Überwachter Ordner* definiert.

Im Hauptbereich des Organizers werden Ihnen Vorschauabbildungen Ihrer Dateien angezeigt. Über einen kleinen Schieberegler unten rechts stellen Sie die Größe der Vorschaubilder ein. Unten links finden Sie ein Listenfeld, mit dem Sie entscheiden, in welcher Reihenfolge Bilder angezeigt werden oder ob die Ordner sichtbar sein sollen, in denen diese gespeichert sind.

Möchten Sie Ihren Bildern Tags, also Stichwörter, zuordnen, führen Sie die folgenden Schritte durch.

1. Aktivieren Sie die Schaltfläche *Tags* rechts im Fenster. Dafür muss allerdings die Liste *Organisieren* aufgeklappt sein. Zum Öffnen und Schließen der Liste klicken Sie auf das kleine Dreieck vor *Organisieren*.

2. Soll jetzt beispielsweise in der Kategorie *Orte* ein neues »Tag« erstellt werden, klicken Sie mit der linken Maustaste *Orte* an und wählen anschließend die Schaltfläche *Neu* – es öffnet sich ein Kontextmenü. Aus dem Kontextmenü verwenden Sie den Eintrag *Neues Tag*.

Tags sind Stichwörter, die den Bildern angeheftet werden können.

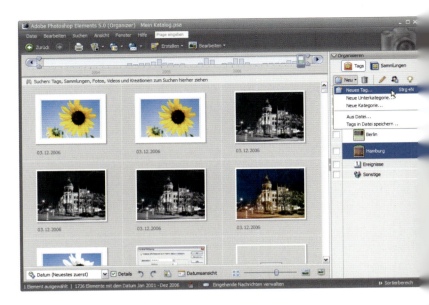

Im Bereich rechts organisieren Sie die Tags.

Es öffnet sich die Dialogbox *Tag erstellen*. Mit der Schaltfläche links oben können Sie ein Bild als Symbol für Ihr Tag laden. Darunter sehen Sie die Kategorie, hier *Orte*.

3. Geben Sie in das Feld *Name* eine beliebige Bezeichnung für das Tag und unter *Anmerkung* einen Kommentar ein.

   Nachdem Sie mit einem Klick auf *OK* bestätigt haben, erscheint das neue Tag in der Liste.

4. Ordnen Sie das Tag beliebigen Bildern zu, indem Sie es mit der Maus anklicken und auf das entsprechende Bild ziehen – dies funktioniert auch umgekehrt, also durch Ziehen des Bildes auf das Tag.

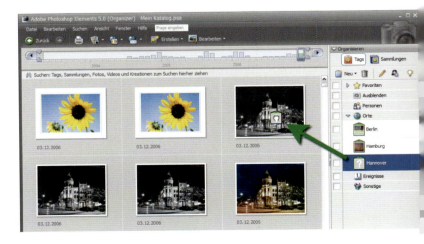

Tags werden mit gehaltener linker Maustaste auf Bilder gezogen.

5. Testen Sie die Funktionsweise des Tags, indem Sie nach der Zuordnung der Bilder in das kleine quadratische Feld links neben dem Tag klicken.

Es erscheint ein Fernglassymbol. Sofort werden nur noch die Dateien angezeigt, die mit diesem Tag versehen wurden.

Ein Bild kann auch mit mehreren Tags versehen werden. Beispielsweise kann ein Foto sowohl der Kategorie »Städte« als auch der Kategorie »Länder« zugeordnet werden. So finden Sie die gewünschten Bilder mit wenigen Mausklicks.

Oberhalb der Fotominiaturen finden Sie die Zeitleiste. Hiermit schränken Sie die Suche weiter ein, indem Sie nur Bilder anzeigen lassen, die zu einem bestimmten Zeitpunkt aufgenommen wurden. Ziehen Sie dazu den Schieberegler auf das gewünschte Datum.

Wurden Fotos mit einer Digitalkamera aufgenommen, speichert diese dazu EXIF-Daten. Dies sind Informationen wie Belichtungszeit, Blende und Brennweite. Um sie anzuzeigen, klicken Sie ein Bild mit der rechten Maustaste an und wählen dann Eigenschaften anzeigen. In den Eigenschaften finden Sie oben Symbolschaltflächen. Die rechte Schaltfläche, symbolisiert durch ein i, repräsentiert die Metadaten. Nach einem Klick darauf werden die Einstellungen angezeigt, mit denen ein Bild erstellt wurde.

Bilder präsentieren

Nachdem Sie Ihre Bilder in den vorherigen Kapiteln optimiert haben, handelt dieses vom Finishing. Versehen Sie Ihre Bilder mit Rahmen, speichern Sie sie für den Druck oder das Internet oder geben Sie sie als Diashow aus.

Der passende Rahmen für Ihre Bilder

In Photoshop Elements haben Sie eine Vielzahl von Alternativen, wenn es darum geht, Bilder mit Rahmen zu versehen. Einige davon möchte ich in diesem Abschnitt vorstellen. Sie können die Effekte einzeln, aber auch in Kombination miteinander einsetzen.

Bilderrahmen mit Ebenenstilen

Eine Möglichkeit der Rahmenerzeugung habe ich in diesem Buch häufig verwendet: die Ebenenstile von Photoshop Elements. Zu den Ebenenstilen gehören *Schlagschatten* und *Abgeflachte Kanten*. Diese praktischen Helfer sind vordefinierte Rahmenstile, die Sie aber individuell an die Größe Ihres Bildes anpassen können. Das ist wichtig, da die vordefinierten Rahmen bei unterschiedlich großen Bildern völlig verschieden wirken.

1. Öffnen Sie ein beliebiges Bild aus Ihrem Fundus oder die Datei *Stil.jpg*. Die Ebenenstile wirken bei fast allen Motiven sehr schön.

2. Zunächst benötigen Sie die Palette *Grafiken und Effekte*. Sie öffnen diese Palette mit dem Befehl *Fenster/Grafiken und Effekte*.

3. Die dritte der fünf Symbolschaltflächen repräsentiert die *Spezialeffekte*. Hier verstecken sich auch die Ebenenstile. Klicken Sie auf die markierte Schaltfläche.

4. Wählen Sie aus dem oberen linken Listenfeld den Eintrag *Ebenenstile* und aus dem rechten Listenfeld den Eintrag *Abgeflachte Kanten*.

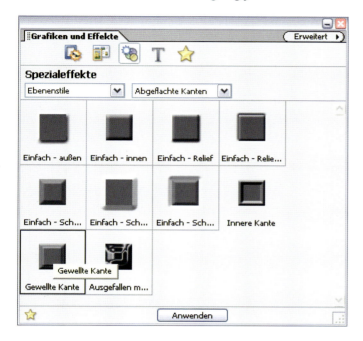

In dieser Liste verbergen sich noch mehr Ebenenstile. Es lohnt sich, diese auszuprobieren und in den verschiedenen Symbolen und Listenfeldern herumzustöbern.

5. In der Palette sehen Sie die Vorschaubilder der verschiedenen vordefinierten Ebenenstile. Ich habe mich mit einem Klick auf *Gewellte Kante* für diesen Ebenenstil entschieden. Bestätigen Sie Ihre Wahl mit der Schaltfläche *Anwenden* am unteren Palettenrand.

Ihr Bild besteht zurzeit wahrscheinlich aus einer Hintergrundebene. Da Ebenenstile nur auf freie, verschiebbare Ebenen anzuwenden sind, fragt Elements Sie, ob die Hintergrundebene in eine freie Ebene umgewandelt werden soll. Bestätigen Sie diese Meldung mit *OK*. Zum Abschluss werden Sie das Bild wieder zu einer Hintergrundebene verschmelzen.

Je nachdem, wie groß Ihr Bild ist, wirken die Stile völlig unterschiedlich. Es kann sein, dass der vordefinierte Rahmen zu breit oder zu schmal für Ihr Bild ist. Diesen Umstand können Sie im Nachhinein noch ausgleichen. Hierfür benötigen Sie neben der *Ebenenstile*-Palette die herkömmliche Ebenen-Palette. Sie erhalten sie mit dem Befehl *Fenster/Ebenen*.

Rechts neben dem Namen Ihrer Ebene fällt ein kleines Sonnensymbol auf. Es zeigt an, dass die Ebene mit einem Effekt versehen wurde.

6. Klicken Sie doppelt auf das Sonnensymbol, um die Dialogbox *Stileinstellungen* zu öffnen.

7. Unten in der Dialogbox befindet sich der Schieberegler *Abgeflachte Kante – Größe*. Ziehen Sie an diesem Regler oder geben Sie die gewünschte Rahmenbreite in Pixeln direkt in das Eintragfeld ein. Ich verwende beim vorliegenden Bild eine Stärke von 32 Pixeln. Wenn Sie das Kontrollkästchen *Vorschau* aktiviert haben, sehen Sie sofort die Wirkung auf Ihr Bild. Wenn Sie mit den Einstellungen zufrieden sind, klicken Sie auf *OK*.

Nachdem Sie diesen Ebenenstil angewendet und die Größe definiert haben, können Sie die Ebene wieder in eine Hintergrundebene umwandeln. Das hat den Vorteil, dass die Datei kleiner wird. Freie, verschiebbare Ebenen benötigen etwas mehr Speicherplatz als Hintergrundebenen. In dem Beispielbild liegt die Differenz bei etwa 400 Kbyte.

8. Wählen Sie dazu den Befehl *Ebene/Auf Hintergrundebene reduzieren*, der Effekt ist somit abgeschlossen.

Der hier vorgestellte Ebenenstil ist im Gegensatz zu den Effekten im Register *Grafik* zurückhaltender. Sehr witzige und zum Teil auch stark bildverfremdende Rahmen erhalten Sie durch einen Klick auf die erste Schaltfläche in der Palette *Grafiken und Effekte*. Aus dem ersten Listenfeld selektieren Sie dann den Eintrag *Rahmen*. Anschließend haben Sie im rechten Listenfeld eine Vielzahl von Auswahlmöglichkeiten wie z. B. *Professionell*.

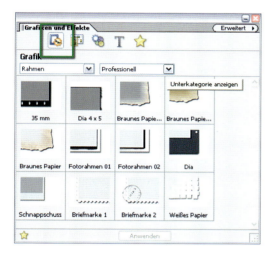

Ich habe für den hier dargestellten Rahmen den *Rahmen*-Stil *Weißes Papier* verwendet:

Bilderrahmen mit dem Radiergummi gestalten

Eine weitere schöne Möglichkeit, Bilderrahmen zu erzeugen, ist die Bearbeitung mit dem *Radiergummi*. Hierfür gehen Sie zunächst genauso vor wie im vorigen Workshop beschrieben, da die Kombination *Radiergummi* und Ebenenstil besonders attraktiv aussieht. Sie benötigen allerdings für die Arbeit mit dem *Radiergummi* ebenfalls eine freie Ebene, daher müssen Sie den letzten Schritt *Ebene/Auf Hintergrundebene reduzieren* ganz am Ende dieses Workshops durchführen.

1. Öffnen Sie das Beispielbild *Grappa.jpg* oder jedes beliebige Bild – der Effekt sieht bei den meisten Bildern schön aus.

2. Aktivieren Sie das Werkzeug *Radiergummi* aus der Werkzeugpalette. Achten Sie darauf, dass Sie den gewöhnlichen Radiergummi verwenden. Die Werkzeuge *Radiergummi*, *Hintergrund-Radiergummi* und *Magischer Radiergummi* teilen sich den Platz in der Werkzeugpalette.

In der Optionsleiste sind die verschiedenen Werkzeugspitzen in einer Liste angeordnet. Standardmäßig liefert Adobe viele verschiedene Werkzeugspitzen ungewöhnlicher Form. Diese alternativen Werkzeugspitzen kommen in diesem Workshop zum Einsatz.

3. Öffnen Sie die Liste der Werkzeugspitzen und scrollen Sie mit Hilfe der kleinen Pfeile durch die Liste. Wählen Sie eine Werkzeugspitze – z. B. die Ahornblätter – aus.

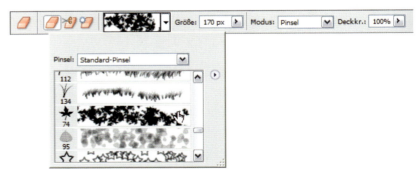

4. Die Größe der Ahornblätter können Sie jederzeit verändern. Ich habe mich für eine Größe von 170 px entschieden.

5. Da auf das Bild zusätzlich ein Schlagschatten angewendet werden soll, muss die Hintergrundebene in eine freie Ebene umgewandelt werden, denn Hintergrundebenen sind für Ebenenstile gesperrt. Wählen Sie daher *Ebene/Neu/Ebene aus Hintergrund* und bestätigen Sie die darauf folgende Dialogbox *Neue Ebene*.

6. Wechseln Sie zu *Fenster/Bilder/Maximierungsmodus*, um sich komfortabel von außen an das Bild herantasten zu können.

7. Radieren Sie jetzt den Rand des Bildes. Da die Position der Ahornblätter per Zufallsgenerator gesteuert wird, fügt Elements die Blätter nicht unbedingt direkt an die Stelle ein, an die Sie klicken. Dies irritiert manchmal zu Beginn.

8. Das graue Schachbrettmuster im Hintergrund, das zum Vorschein kommt, wenn Sie radieren, repräsentiert Transparenz. Falls Sie das Muster bei der Beurteilung des Bildes stört, können Sie es deaktivieren. Wählen Sie dazu *Bearbeiten/Voreinstellungen/Transparenz*. Im Register *Hintergrundmuster* wählen Sie den Eintrag *Ohne*, daraufhin erscheint Transparenz in Weiß dargestellt.

9. Das Leichtigkeit der Ahornblätter soll durch einen Schlagschatten unterstützt werden. Rufen Sie mit *Fenster/Grafiken und Effekte* die gleichnamige Palette auf.

10. Die dritte Symbolschaltfläche heißt *Effekte, Filter und Ebenenstile anwenden*. Klicken Sie diese an. Daraufhin haben Sie die Möglichkeit, aus dem Listenfeld links den Eintrag *Ebenenstile* zu verwenden und dann im rechten Listenfeld die Schlagschatten zu selektieren. Klicken Sie einen beliebigen *Schlagschatten* an und bestätigen Sie mit einem Klick auf die Schaltfläche *Anwenden*.

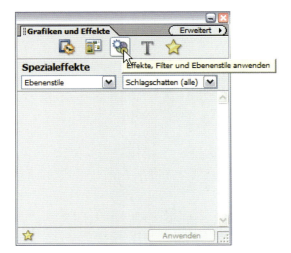

Der Ebenenstil sollte nicht sehr stark ausfallen, da Sie den Effekt mit dem Radiereffekt kombinieren. Fällt er sehr stark aus, könnten sich die Effekte gegenseitig stören. Das Bild benötigt für die folgenden Schritte eine freie Ebene, reduzieren Sie es daher vorerst nicht auf die Hintergrundebene.

11. Möchten Sie einen Ebenenstil im Nachhinein verändern, benötigen Sie Ihre Ebenen-Palette. Klicken Sie in der Ebenen-Palette doppelt auf das Sonnensymbol, daraufhin öffnen sich die Stileinstellungen. Hier sind *Lichtwinkel*, *Größe*, *Abstand* und *Deckkraft* beliebig anzupassen.

Bilderrahmen erstellen mit dem Werkzeug Ausstecher

Adobe hat ein komfortables Werkzeug entwickelt, mit dem Sie Effekte erzielen, die zuvor ohne Weiteres nur mit eher komplizierten Ebenengruppierungen möglich waren. Mit dem *Ausstecher* verwandeln Sie Bilder im Handumdrehen in unterschiedlichste Formen.

Foto für: www.castello-hannover.de

1. Öffnen Sie ein beliebiges Bild, das Sie in eine Form bringen möchten, oder die Datei *Weinkarte.jpg* und aktivieren Sie das Werkzeug *Ausstecher*. Sie erreichen es per Tastatur mit der Taste ⟨Q⟩.

2. In der Optionsleiste finden Sie neben der Bezeichnung *Form* ein Listenfeld. Öffnen Sie es mit einem Klick auf den Listenpfeil.

   Sie sehen eine Auswahl der vordefinierten Elements-Formen. Diese Liste lässt sich erweitern, indem Sie das Palettenmenü öffnen. Dazu klicken Sie auf den kleinen Pfeil in dem Kreis oben rechts an der geöffneten Liste. Wählen Sie hier den Menüeintrag *Alle Elements-Formen*.

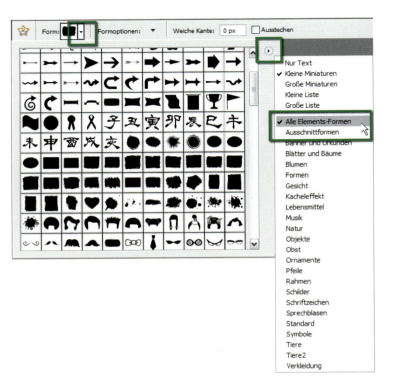

3. Wählen Sie eine der Formen aus. Sie finden hier sowohl unterschiedlichste Zeichen als auch Bilderrahmen. Ich habe mich für den Rahmen *Ausschnittformen 16* entschieden.

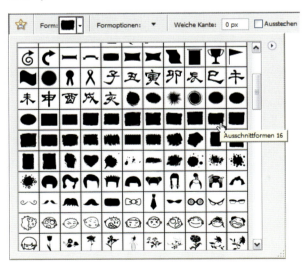

4. Klicken und ziehen Sie jetzt im Bild, so dass die Form erstellt wird. Wenn Sie dabei die ⬦-Taste gedrückt halten, wird die Form nicht verzerrt.

Elements wandelt sofort Ihre Hintergrundebene in eine verschiebbare Ebene um und stellt die umliegenden Bereiche transparent dar.

Da ich zuvor die Transparenz-Anzeige über *Bearbeiten/Voreinstellungen/Transparenz* *deaktiviert habe, erscheint hier ein weißer Hintergrund anstatt eines Schachbrett- musters.*

5. Die Form erhält Anfasserpunkte, so dass sie verschiebbar und auch skalierbar ist. Ziehen Sie an einem der Eckpunkte, um die Form zu ver- ändern, und klicken und ziehen Sie mitten in der Form, um diese zu ver- schieben.

Auch hier haben Sie die Möglichkeit, durch Halten der ⬦-Taste die Form proportional zu vergrößern oder zu verkleinern.

Auch in der Optionsleiste besteht die Möglichkeit, die Proportionen zu erhalten.

6. Der Formrahmen muss bestätigt werden; klicken Sie dazu am unteren Rand des Bildes auf das Häkchen oder betätigen Sie die ↵-Taste auf der Tastatur.

Spezialeffekte

Ebenenstile   Schlagschatten (alle)

Abgeflachte Kanten
Schlagschatten (alle)
Schein nach innen (alle)
Schatten nach innen (alle)
Schein nach außen (alle)
Sichtbarkeit
Komplex
Glasschaltflächen
Bildeffekte
Muster
Fotografische Effekte
Wow-Chrom
Wow-Neon
Wow-Plastik
Alles einblenden

Fügen Sie wieder beliebige Ebenenstile hinzu
– ich habe hier einen Schlagschatten gewählt.

Foto: www.soeren-meyer.de.tl

7. Sie haben jetzt die Möglichkeit, Ebeneneffekte wie z. B. Schlagschatten hinzuzufügen. Wenn Sie mit der Gestaltung zufrieden sind, wählen Sie *Ebene/Auf Hintergrundebene reduzieren.*

Dann wird die Form mit dem Hintergrund verschmolzen, dies spart Speicherplatz, allerdings ist die Form anschließend nicht mehr veränderbar.

Passepartouts

Die schnellsten Rahmen mit großer Wirkung sind Passepartouts. Nur wenige Schritte sind erforderlich, um Ihren Bildern ein edles Erscheinungsbild zu geben.

1. Öffnen Sie die Datei *pink.jpg* oder ein beliebiges Bild aus Ihrer Sammlung.

2. Aktivieren Sie das Werkzeug *Pipette* mit der Taste ⌶.

3. Halten Sie die Alt -Taste gedrückt und klicken Sie an eine Stelle im Bild, deren Farbe Sie aufnehmen möchten. Sie wählen durch das Halten der Alt -Taste die Hintergrundfarbe aus. Ich klicke zunächst an eine dunkle Stelle im Bild.

In der Werkzeugpalette sehen Sie die Farbfelder. Das unten liegende beschreibt die Hintergrundfarbe. Sie müssen nicht unbedingt mit der Pipette arbeiten, alternativ klicken Sie direkt auf das untere Quadrat. Es öffnet sich der Farbwähler, aus dem Sie eine beliebige Farbe auswählen können.

4. Rufen Sie den Befehl *Bild/Skalieren/Arbeitsfläche* auf. In dieser Dialog-box finden Sie das Kontrollkästchen *Relativ*. Aktivieren Sie es und geben Sie an, um welchen Wert Ihr Bild nach außen erweitert werden soll. Ich wähle jeweils 0,4 cm, so dass das Bild zu allen Seiten hin um 0,2 cm erwei-tert wird.

5. Der in diesem Beispiel dunkelgraue Rahmen wird außen angefügt. Der folgende Rahmen soll ein leuchtendes Grün darstellen. Klicken Sie daher erneut mit gehaltener ⌊Alt⌋-Taste und Pipette – diesmal in einen hell-grünen Bereich.

6. Ich wähle wieder *Bild/Skalieren/Arbeitsfläche*. Der grüne Rahmen scll feiner sein, daher verwende ich diesmal eine Erweiterung von nur 0,1 cm.

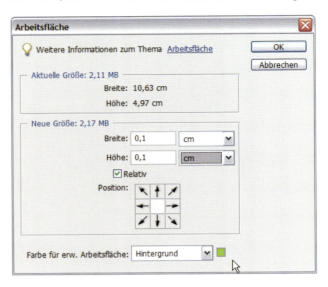

7. Wiederholen Sie die Schritte 3 und 4 beliebig oft – je nachdem, wie viele Passepartout-Farben Sie verwenden möchten.

Bilder publizieren

Im Folgenden erfahren Sie wichtige Hinweise zum Speichern Ihrer Bilder für das Internet, für die Online-Bestellung von Fotos und zum Erstellen einer Diashow.

Bilder für das Web speichern

In der Dialogbox *Für Web speichern* stehen Ihnen nebeneinander das Original und die optimierte Version zur Ansicht zur Verfügung. Sie können somit Optimierungseinstellungen vergleichen. Sie haben die Möglichkeit, ein Bild entweder als GIF, JPEG oder PNG zu speichern. GIF eignet sich hervorragend zum Speichern von Grafiken mit großen einfarbigen Flächen. JPEG ist prädestiniert für das Speichern von Fotos. Das relativ junge PNG-Format sollte beides gleichermaßen können, erzielt aber in der Praxis leider nicht immer die besseren Ergebnisse. Darüber hinaus können ältere Browser PNG nicht anzeigen. Testen Sie aber in jedem Fall die Wirkung der PNG-Optimierung, bei manchen Bildern werden die Bilder besser optimiert als in JPEG und GIF.

1. Öffnen Sie ein beliebiges Bild und wählen Sie den Befehl *Datei/Für Web speichern*.

    Elements zeigt Ihnen zwei Vorschauabbildungen des Bildes. Im ersten Vorschaubild sehen Sie das unkomprimierte Original, das andere Bild können Sie anklicken und dann im Bereich rechts mit verschiedenen Verfahren optimieren.

2. Besonders praktisch ist der Bereich *Bildgröße*. Geben Sie hier Ihre Wunschgröße in Pixeln oder in Prozent an und klicken Sie dann unten auf *Anwenden*.

3. Wählen Sie die Optionen *JPEG* und *Hoch*.

    Betrachten Sie die Veränderung in der Vorschauabbildung. Direkt darunter wird Ihnen jetzt die Dateigröße angezeigt, die Sie bei dieser Qualitätsstufe erreichen.

Die Entscheidung, ob ein Bild als GIF oder als JPEG gespeichert werden soll, macht Elements mit dieser Dialogbox leicht, ...

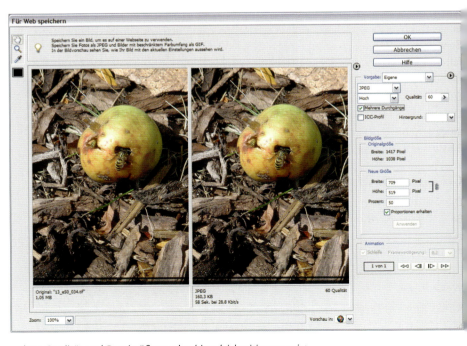

... denn Qualität und Dateigröße werden hier gleichzeitig angezeigt.

4. Merken Sie sich die Ladezeit und testen Sie andere Optimierungseinstellungen. Verwenden Sie jetzt z. B. das Format *GIF* und versuchen Sie, bei optimaler Qualität eine möglichst geringe Dateigröße zu erzielen.

5. Entscheiden Sie sich für die beste Optimierungsvariante, in diesem Fall habe ich *JPEG* gewählt. Betätigen Sie anschließend die Schaltfläche *OK*. In der Dialogbox *Optimierte Version speichern unter* wählen Sie das Verzeichnis, in dem Ihre Datei gespeichert werden soll. Vergeben Sie einen Namen für die Datei und klicken Sie dann auf *Speichern*.

Das Original Ihres Bildes bleibt hierbei erhalten. Das *JPEG* wird als Kopie gespeichert.

Wichtige Begriffe aus der Dialogbox Für Web speichern

In der Dialogbox *Für Web speichern* finden Sie unterschiedliche Optionen, mit denen Sie möglichst kleine Dateien erstellen.

JPEG-Komprimierung

Die JPEG-Komprimierung eignet sich am besten für detailreiche Fotos. Da JPEG in der Lage ist, Millionen von Farben zu verwalten, ist es das Format für die realistische Wiedergabe von Fotos. Die Komprimierung wird bei JPEG dadurch erreicht, dass in einer Pixelgruppe von 8 × 8 Pixeln Helligkeit und Farben je nach Komprimierungsgrad angeglichen werden. Das Verfahren ist daher nur eingeschränkt für Kanten und Schrift geeignet. Die Verringerung der Dateigröße wird als Lossy-Komprimierung bezeichnet. Das bedeutet, dass dieses Verfahren nicht verlustfrei ist. Bildinformationen, die bei der Komprimierung herausgenommen werden, können nicht zu 100 % wiederhergestellt werden. Einer der wichtigsten Punkte zum Thema JPEG-Komprimierung ist, dass JPEG-Dateien nicht mehrmals gespeichert werden sollten. Mit jedem Speichervorgang wird die Qualität schlechter. Bleiben Sie also, solange Sie noch an einem Bild arbeiten, in einem verlustfreien Format wie z. B. TIFF oder PSD.

GIF-Komprimierung

Die GIF-Komprimierung arbeitet ganz anders als die JPEG-Komprimierung. Bei GIF wird die Anzahl der Farben auf maximal 256 reduziert. Das macht GIF zum idealen Format für Grafiken wie z. B. Diagrammen, die mit einer geringen Farbanzahl auskommen. Zusätzlich setzt GIF – genau wie das TIF-Format – die LZW-Komprimierung ein. Bei LZW – nach seinen Erfindern Lempel, Ziv und Welch benannt – wird zusätzlich eine Mustererkennung eingesetzt. Dieses verlustfreie Verfahren zur Komprimierung kann auch beim Speichern als TIFF verwendet werden. Die Komprimierung arbeitet folgendermaßen: Das Bild wird analysiert und nebeneinanderliegende Punkte der gleichen Farbe werden

Speichern Sie Bilder als JPEG-Dateien wenn möglich nur ein einziges Mal. Jedes erneute Speichern bedeutet eine Verschlechterung der Bildqualität. Es empfiehlt sich grundsätzlich, alle JPEGs aus einer TIFF- oder PSD-Datei zu erstellen. Bewahren Sie daher möglichst die Originaldateien auf, falls Sie eine Datei erneut in abweichender Größe als JPEG speichern müssen. Manchmal kommt man allerdings nicht umhin, Bilder zweimal als JPEG zu speichern. Das ist der Fall, wenn ein Bild als JPEG von einer Digitalkamera geladen und dann für eine Website als JPEG optimiert wird. Wenn Sie wissen, dass Sie ein Bild mehrmals als JPEG speichern müssen, verwenden Sie immer die höchstmögliche Qualitätseinstellung.

Das wegen seiner hohen Komprimierungsraten beliebte JPEG-Format wurde seit 1997 weiterentwickelt. Mittlerweile sind einige Programme in der Lage, JPEG 2000 zu öffnen und zu speichern. Hierbei sollen noch kleinere Dateien bei besserer Qualität erzeugt werden. Jedes Pixelbild wird analysiert und einfarbige Flächen nur grob aufgelöst. Zum Schutz vor Raubkopien bietet JPEG 2000 die Möglichkeit, ein digitales Wasserzeichen zu integrieren. Bisher unterstützen nicht alle Programme dieses Format, was sich aber in den kommenden Jahren ändern wird.

*Achtung: Die LZW-Komprimierung ist
nicht lizenzfrei. Es kann sein, dass Dienstleister aus diesem Grund LZW-komprimierte Bilder nicht ausbelichten – fragen
Sie im Zweifelsfall nach, ob Sie Bilder
LZW-komprimieren dürfen.*

*Wenn es die Dateigröße zulässt, spei-
chern Sie bei GIF lieber ein paar Farben
zu viel als zu wenig. Das gilt insbesonde-
re für das Speichern von Schriftzügen aus
Photoshop Elements. Weiche Übergänge
können besser dargestellt werden, wenn
dafür ein paar Farben mehr zur Verfügung stehen. Wenn Sie z. B. schwarzen
Text auf weißem Grund speichern, verwenden Sie nicht nur zwei Farben für
die Palette. Erhöhen Sie die Farbanzahl
z. B. auf 10 Farben, werden geglättete
Schriftkanten durch die Verwendung
zusätzlicher Grautöne besser dargestellt.
Beim Speichern als GIF finden Sie das
Eintragfeld Farben, hier können Sie die
Farbanzahl direkt eingeben.*

zusammengefasst. Dominiert bei einem Bild z. B. ein blauer Himmel ohne Schattierungen, wird nicht jedes blaue Pixel einzeln, sondern nur die Farbinformation einmal beschrieben, und dann erfolgt die Angabe, wie oft sich dieses Pixel wiederholt. Durch diese Beschreibungsart werden bei glatten Flächen und Linien hohe Komprimierungsraten erzielt.

GIF ist in der Lage, Transparenz und Bildfolgen zu speichern, so dass es sich hervorragend für das Speichern von Bewegung, von Animationen, eignet.

PNG-Komprimierung

Das PNG-Format wurde entwickelt, um eine Alternative zu den etablierten Formaten JPEG und GIF zu bieten. Bei minimaler Dateigröße soll eine maximale Qualität erzielt werden. Das funktioniert leider nicht immer, bei manchen Motiven sind die Dateien größer als bei JPEG und GIF. Es lohnt sich aber, bei der Optimierung mit der Dialogbox *Für Web speichern* auch das PNG-Format zu testen. Bisher ist PNG noch nicht sehr häufig anzutreffen, die meisten Anwender verlassen sich auf JPEG. Es bleibt spannend, zu beobachten, wie sich die Formate weiterentwickeln.

Die Farbpaletten Perzeptiv, Adaptiv, Selektiv und Web

Wie bereits gesagt, reduziert GIF die Anzahl der Farben auf maximal 256, wobei Sie die genaue Anzahl angeben können. Hierbei werden die Farben nach verschiedenen Systemen ausgewählt. Sie entscheiden anhand der folgenden Farbpaletten, auf welche Weise die Farben reduziert werden sollen:

- Bei Verwendung der Methode *Adaptiv* wird eine Palette zusammengestellt, deren Farbauswahl sich nach den Farbtönen des Originalbildes richtet. Enthält das Original z. B. überwiegend die Farben Rot und Blau, so wird bei der Konvertierung der Schwerpunkt auf diese Farben gelegt.

- Die Palette *Perzeptiv* orientiert sich an Farben, die für das menschliche Auge am besten erkennbar sind.

- Die *Selektive Konvertierung* arbeitet ähnlich der perzeptiven Palette, allerdings kommt hinzu, dass websicheren Farben der Vorzug bei der Erstellung der Palette gegeben wird.

- Verwenden Sie die Farbpalette *Restriktiv (Web)*, so wird Ihr Bild aus den 216 websicheren Farben aufgebaut. Sie können dadurch sicher sein, dass die Farben Ihres Bildes auch auf anderen Systemen – egal ob PC oder Macintosh – denen entsprechen, die Sie auf Ihrem Bildschirm sehen. Nachteil dieser Methode ist: Wenn bestimmte Farben in einem Bild dominieren, ist die Umsetzung mit dieser Methode nicht optimal, da auch Farben in der Palette gespeichert werden, die im Bild gar nicht vorkommen.

Mehrere Durchgänge und Interlaced-Modus

Wenn Sie diese Optionen beim Speichern Ihrer Dateien verwenden, wird das Bild auf Ihrer Website sukzessiv aufgebaut. Der Betrachter sieht zunächst eine Vorschau, die Stück für Stück schärfer dargestellt wird. Besonders bei großen Dateien ist diese Option hilfreich, da der Betrachter von vornherein erkennt, dass gerade ein Bild aufgebaut wird.

Weichzeichnen

Die Option *Weichzeichnen* bewirkt, dass die Komprimierung von JPEG deutlich besser funktioniert. Es werden sehr kleine Dateien erzielt. Leider wirkt sich die Weichzeichnung ungünstig auf die Darstellungsqualität aus, so dass ich sie bisher in der Praxis noch nicht verwendet habe.

Hintergrund

JPEG-Bilder können keine Transparenz speichern. Die Option *Hintergrund* ist eine Möglichkeit, bei JPEG-Bildern für das Internet Transparenz zu simulieren. Verwandeln Sie die Hintergrundebene eines Bildes in eine freie Ebene, entfernen Sie die Bereiche, die transparent erscheinen sollen, z. B. mit dem *Radiergummi*-Werkzeug im *Pinsel*-Modus, und wählen Sie dann *Datei/Für Web speichern*. In dieser Dialogbox wählen Sie als Hintergrundfarbe die Farbe Ihrer Website aus.

Weitere wichtige Dateiformate in der Übersicht

JPEG, GIF und PNG sind die Dateiformate für das Webdesign. Wenn Sie daran interessiert sind, Dateien verlustfrei für den Druck abzuspeichern, informiert Sie der folgende Abschnitt über die Möglichkeiten.

Das Format TIFF gegen Qualitätsverlust

TIFF gehört seit seiner Entwicklung zu den wichtigsten Formaten für Pixelbilder. TIFF arbeitet verlustfrei, Sie können Bilder retuschieren, korrigieren, mit Effekten versehen und so oft speichern, wie Sie wünschen – anders als bei JPEG verliert das TIFF nicht an Qualität. Auch bei der Zusammenarbeit mit Copyshops und Druckereien leistet TIFF gute Dienste. Bedenken Sie allerdings, wie oben erwähnt, dass nicht alle Dienstleister die Aktivierung der LZW-Komprimierung akzeptieren, da sie nicht lizenzfrei ist. Das Format kann von den allermeisten Programmen importiert werden. Besonders beim Layouten mit Programmen wie InDesign und QuarkXPress wird es gern eingesetzt.

Für die Datenreduktion verwendet TIFF die LZW-Komprimierung. Diese Methode bringt allerdings bei diffusen Bildern nur geringe Komprimierungsraten; glatte, einfarbige Flächen komprimiert es sehr gut. Um die LZW-Komprimierung anzuwenden, wählen Sie *Datei/Speichern unter* und verwenden dann aus dem Listenfeld *Dateityp* das Format *TIFF*. Wenn Sie dann auf *Speichern* klicken, öffnet sich eine weitere Dialogbox. Hier schalten Sie die Komprimierung durch Aktivieren des entsprechenden Kontrollkästchens ein.

Ob Sie ein Bild mit oder ohne LZW-Komprimierung speichern, hängt von seinem Einsatzgebiet ab. Die Option JPEG *kann hier erst seit kurzem integriert werden. Ich verwende diese Optionen nie, um sicherzustellen, dass ein TIFF grundsätzlich verlustfrei gespeichert wird. Die Verwendung von* ZIP *ist unproblematisch, da sie ebenfalls verlustfrei arbeitet.*

Dieses Bild wurde ohne LZW-Komprimierung als TIFF gespeichert und hat eine Dateigröße von 2,63 Mbyte. Foto: www.soeren-meyer.de.tl

Das ist die gleiche Fassung des Bildes mit LZW-Komprimierung. Optisch ist kein Unterschied zu erkennen. Betrachtet man die Datenmengen, ist diese mit 2,3 Mbyte um nur 33 Kbyte geringer als ohne LZW-Komprimierung. Bei so diffusen Bildern mit zahlreichen Details hat die LZW-Komprimierung weniger starke Auswirkungen.

Deutlicher ist das Ergebnis beim Speichern von Bildern mit sehr gleichmäßigen Flächen. Dieses Bild wurde ohne Komprimierung gespeichert und weist eine Größe von 3,53 Mbyte auf. Foto: www.soeren-meyer.de.tl

Schaltet man die LZW-Komprimierung ein, erzielt man eine Datenreduktion auf 883 Kbyte.

Ebenenspezialist PSD-Format

PSD ist das native, ursprüngliche Ebenenformat von Photoshop. Bei diesem Format können Sie sicher sein, dass alle Funktionen, Farben und Bit-Tiefen, die Sie in Ihren Bildern verwenden, auch verwaltet werden können. In vielen Workshops dieses Buchs sind Ebenen ein wichtiges Gestaltungselement. Viele Formate sind aber nicht in der Lage, Ebenen zu verwalten, mit PSD sind Sie hier auf der sicheren Seite. Grundsätzlich sollten Ebenen immer erst dann auf eine Hintergrundebene reduziert werden, wenn Sie ganz sicher sind, dass Sie keine Änderungen mehr an der Ebenenkomposition vornehmen möchten. Im Zweifelsfall speichern Sie die Originaldaten mit allen Ebenen im PSD-Format.

Dateien mit WinZip verlustfrei komprimieren

WinZip gehört in der Windows-Welt zu den Programmen, deren kostenlose Testversion Ihnen als Shareware zum Download zur Verfügung steht. Es zählt zu den am weitesten verbreiteten Programmen zum Komprimieren von Dateien. In der Macintosh-Welt entspricht ihm das Programm *StuffIt* bzw. die kostenlose Version StuffIt Lite, die Sie sich unter *www.aladdinsys.com* herunterladen können. Anders als bei Dateiformaten wie JPEG oder GIF verwenden Sie dafür nicht die Option *Datei/Speichern unter*, sondern Sie markieren die Dateien im Windows-Explorer, klicken mit der rechten Maustaste darauf und »zippen« die Dateien dann per Menübefehl. Auf der Internetseite *www. winzip.de* steht die Shareware-Version des Programms zum Download bereit. Diese müssen Sie nach 21 Testtagen käuflich erwerben. Der Preis liegt bei ca. 35,– Euro.

Digitale Bilder über das Internet bestellen

Tintenpatronen und hochwertiges Papier sind immer noch durchaus eine kostspielige Investition, hinzukommen Aspekte wie die relativ lange Druckdauer, wenn man sehr viele Fotos ausgibt. Da Abzüge von Dienstleistern immer günstiger werden, kann es sinnvoll sein, diese online zu bestellen.

Abzüge bestellen mit Photoshop Elements

Photoshop Elements 5.0 selbst bietet den Menüpunkt *Abzüge bestellen* direkt im Menü *Datei* an.

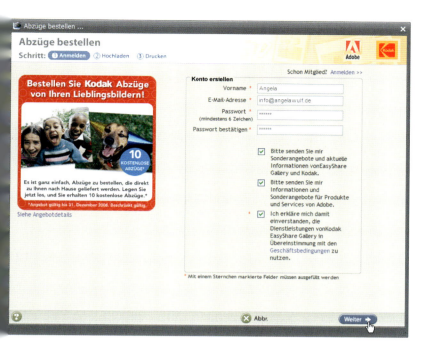

Erstellen Sie über diesen Assistenten ein Konto.

Der Assistent leitet Sie auf komfortable Weise durch alle notwendigen Schritte, um Ihre Bilder online zu bestellen.

Abzüge bestellen mit Windows XP

Wenn Sie mit Windows XP arbeiten, können Sie Abzüge Ihrer Bilder mit einer komfortablen Option bestellen. Sie verwenden lediglich den Windows-Explorer und die zugehörige Aufgabenliste.

1. Starten Sie den Windows-Explorer mit dem Befehl *Start/Programme/Zubehör/Windows-Explorer*. Wenn Sie die Standardansicht verwenden, wird jetzt links die Ordnerstruktur Ihrer Laufwerke angezeigt. Alternativ dazu ist auch die Tastenkombination `Windows`-Taste+`E` einsetzbar.

2. Im oberen Bereich finden Sie rechts neben der Bezeichnung *Ordner* ein kleines *X*-Symbol. Wenn Sie auf dieses Symbol klicken, schließt die Ordnerstruktur und Sie erhalten die Aufgabenliste.

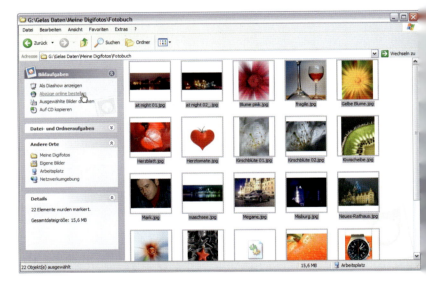

3. Klicken Sie auf den Eintrag *Arbeitsplatz*, damit Ihnen im rechten Explorer-Bereich alle Laufwerke angezeigt werden.

4. Wählen Sie den Ordner aus, in dem Sie Ihre Bilder gespeichert haben. Betrachten Sie die Aufgabenliste. Die Liste ändert sich entsprechend dem Inhalt eines Ordners. Sie passt die Aufgaben genau den Dateiformaten an, die Sie gerade auswählen. Wenn in Ihrem Bilderordner JPEG-Bilder gespeichert sind und Sie diese markieren, erhalten Sie die Funktion *Abzüge online bestellen*.

5. Markieren Sie alle Bilder, die Sie bestellen möchten, und klicken Sie auf die Aufgabe *Abzüge online bestellen*. Ein Assistent leitet Sie wieder durch sämtliche Schritte, die für die Bestellung nötig sind.

Diashows kreieren

Photoshop Elements ist ein leistungsstarkes Programm, um Diashows zu erstellen. Der wichtigste Punkt ist das Ordnen der Dateien, die Show gestaltet Elements fast von allein. Gespeichert werden die Shows entweder als WMV- oder als PDF-Datei.

1. Legen Sie die gewünschten Bilder in einem bestimmten Ordner ab.

2. Klicken Sie in Photoshop Elements 5.0 auf die Schaltfläche *Erstellen* in der Leiste am oberen Bildschirmrand. Elements lädt den Kreationseditor.

3. Aktivieren Sie den Menüpunkt *Diashow* und bestätigen Sie mit *OK*. Es öffnet sich die Dialogbox *Diashow-Voreinstellungen*.

4. Definieren Sie die gewünschten Einstellungen für die Diashow wie die statische Dauer, die Art der Übergänge zwischen den Bildern, Übergangs-dauer und Hintergrundfarbe. Möchten Sie der Diashow Musik hinzufügen, die bis zum Ende wiederholt werden soll, aktivieren Sie das Kontrollkäst-chen *Soundtrack bis zur letzten Folie wiederholen*. Bestätigen Sie mit *OK*.

5. Klicken Sie auf die Schaltfläche *Medien hinzufügen* oben in der Leiste.

Es öffnet sich ein Menü, aus dem Sie Fotos aus dem Organizer oder aus einem Ordner wählen können. Entscheiden Sie sich für eine Möglichkeit.

6. Markieren Sie die gewünschten Dateien und laden Sie sie mit einem Klick auf *Öffnen* in die Show.

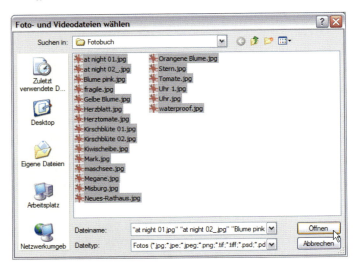

Am unteren Bildschirmrand erscheinen sämtliche Folien – so bezeichnet Elements einzelne Bilder einer Diashow. Sie wählen die Bilder mit einem Mausklick aus und können dann Effekte oder auch Text hinzufügen.

7. Aktivieren Sie dazu die Schaltfläche *Text*, ziehen Sie einen Textstil in das Vorschaufenster und klicken Sie dann auf die Schaltfläche *Text eingeben*. Der Text lässt sich editieren. Gestalten Sie ihn nach Ihren Vorstellungen.

3. Um die Show zusätzlich mit Musik zu versehen, wählen Sie erneut *Medien hinzufügen* und dann *Audio aus Organizer* oder *Audio aus Ordner*. Navigieren Sie zu Ihrem gewünschten Musikstück und laden Sie es. Am Schluss der Diashow wird die Musik automatisch ausgeblendet.

9. Testen Sie die Diashow mit einem Klick auf die *Start*-Schaltfläche – das nach rechts gerichtete Dreieck unterhalb der Vorschauabbildung. Die Bedienung funktioniert ähnlich einem CD-Player.

10. Haben Sie alles zu Ihrer Zufriedenheit gestaltet, speichern Sie die Diashow. Wählen Sie dazu *Datei/Diashow ausgeben*.

11. Wählen Sie in der darauf folgenden Dialogbox die Ausgabeart, die Sie benötigen.

Sie können die Diashow als Datei speichern, die auf dem Computer mit dem Windows Media Player abspielbar ist, auf CD brennen, per E-Mail verschicken oder an ein Fernsehgerät senden. Soll die Ausgabe in hoher Qualität erfolgen, wählen Sie das *.wmv*-Format als Filmdatei. Eine geringere Dateigröße erhalten Sie mit einer PDF-Datei, allerdings können hier nicht alle Effekte ausgegeben werden. Testen Sie am besten, welche Version Ihnen qualitativ besser zusagt. Ich entscheide mich hier für das Speichern als PDF, so dass die Daten kleiner werden und gut via Internet zu versenden sind. Bestätigen Sie wieder mit *OK*. Die Diashow wird daraufhin auf die gewählte Art gespeichert.

Panorama-
fotografie

Die Panoramafotografie ist eine tolle Möglichkeit, die Atmosphäre eines Ortes insgesamt einzufangen, und nicht nur einen kleinen Ausschnitt. In diesem Kapitel finden Sie Tipps für das Fotografieren der Einzelbilder und eine Anleitung zum Zusammensetzen mit Photoshop Elements.

Panoramen fotografieren

Dieser erste Teil startet mit Tipps für das Fotografieren der Einzelbilder Ihres Panoramas. Was das Zusammensetzen der Bilder für Photoshop Elements leichter macht, wird im Folgenden erläutert.

- Bei der Wahl des Schauplatzes für Ihr Panorama sollten Sie bedenken, dass Bewegung im Bild das Aneinandersetzen der Fotos erschwert. Menschen, Tiere und Fahrzeuge in Bewegung können die Bildkomposition stören, aber auch bewusst als interessanter Effekt mit Bewegungsunschärfe eingesetzt werden.

- Besonders wichtig ist es, beim Fotografieren der Einzelbilder die Kamera auf einer Höhe zu halten. Durch Neigen der Kamera kommt es zu perspektivischen Verzerrungen. Wenn Sie kein Stativ verwenden, suchen Sie eventuell nach einer geeigneten Unterlage, auf der Sie die Kamera platzieren können. Hilfreich ist beim Ausrichten ein Stativ mit integrierter Wasserwaage. Achten Sie zudem darauf, dass das Gewinde leichtläufig ist, da es andernfalls beim Weiterdrehen der Kamera zum unerwünschten Verwackeln der Kameraposition kommen kann.

- Für ein einwandfreies Zusammensetzen der Einzelbilder ist eine gewisse Überlappung notwendig. Im Idealfall sollte sie ca. 25 % betragen. Drehen Sie die Kamera also nach dem ersten Bild nur so weit, dass noch ein Viertel des vorigen Ausschnitts zu sehen ist, und verfahren Sie bei den Folgebildern genauso.

- Für die Panoramatechnik kann es günstig sein, hochformatige Einzelbilder aufzunehmen, da so insgesamt mehr vom Motiv erfasst wird. Wenn Sie vollständige 360°-Panoramen aufnehmen, kommen auf diese Weise allerdings viele Einzelbilder zusammen. Das Einhalten der horizontalen Linie ist noch schwieriger und ohne Wasserwaage passiert es leicht, dass der Horizont abfällt.

- Idealerweise sollte die Automatik für Weißabgleich und Belichtung deaktiviert werden. Allerdings kann dies bei schwierigen Lichtverhältnissen ebenfalls zu Problemen führen. Einzelne Bilder könnten stark über- oder unterbelichtet sein. Im Beispielbild im zweiten Teil dieses Kapitels wird diese Problematik deutlich. Das Aneinandersetzen wird erschwert, wenn Einzelbilder unterschiedlich belichtet werden. Nehmen Sie im Zweifelsfall eine Serie mit automatischer und eine Serie mit manueller Belichtung auf und testen Sie dann in Elements, welche die besseren Ergebnisse bringt.

Adobe selbst rät von der Verwendung von Einzelfotos mit über zwei Megapixeln ab, da Elements für größere Dateien sehr lange Rechenzeiten benötigt. Testen Sie, ob Ihre Ausdrucke bei Dateien bis zu einer Größe von zwei Megapixeln Ihren Anforderungen entsprechen oder ob Sie doch lieber mit größeren Dateien arbeiten möchten. Die Entscheidung hängt davon ab, wie groß das Panorama später publiziert werden soll.

- Auch der Autofokus kann zu Problemen führen. Stellen Sie den Fokus auf unendlich ein. Bei einem Panorama mit weit entfernten Motiven führt dies zu den besten Ergebnissen. Variieren die Entfernungen einzelner Objekte stark, ist abzuwägen, ob die Schärfe manuell nachjustiert werden sollte.

- Wichtige Punkte wie z. B. Gebäude sollten möglichst in der Mitte eines Einzelbildes liegen, wenn sich dies bewerkstelligen lässt. Die Montage zweier Einzelbilder fällt in diffusen Bereichen unauffälliger aus und lässt sich bei Bedarf leichter mit dem *Kopierstempel* retuschieren.

Easy stitch – Bilder montieren

Programme, mit denen man Bilder zusammenmontieren kann, werden als »Stitch-Programme« bezeichnet. Der englische Begriff »stitch« bedeutet so viel wie »heften«. Mit Photoshop Elements können Sie die Einzelbilder Ihres Panoramas auf bequeme Weise zusammensetzen. Meist findet Elements die richtigen Überlappungsstellen und Sie müssen kaum noch nachjustieren. Gehen Sie folgendermaßen vor:

1. Wählen Sie den Befehl *Datei/Neu/PhotomergeTM Panorama* – es öffnet sich das dazugehörige Dialogfenster. Klicken Sie hier auf die Schaltfläche *Durchsuchen*.

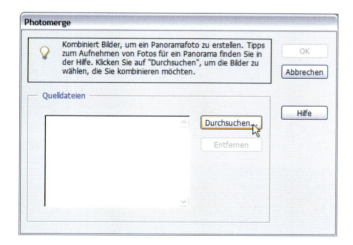

2. In der darauf folgenden Dialogbox *Öffnen* wählen Sie zunächst aus dem Listenfeld *Suchen in* den Ordner aus, in dem Sie Ihre Panoramabilder gespeichert haben. Markieren Sie die Einzelbilder, z. B. indem Sie das erste anklicken, die [Strg]-Taste halten und dann alle weiteren anklicken. Bestätigen Sie mit *Öffnen*.

Falls Sie noch keine Einzelbilder für ein Panorama zur Verfügung haben, die Funktion aber trotzdem testen möchten, finden Sie die Bilder Arena 01.jpg bis Arena 04.jpg auf der Website von Markt+Technik.

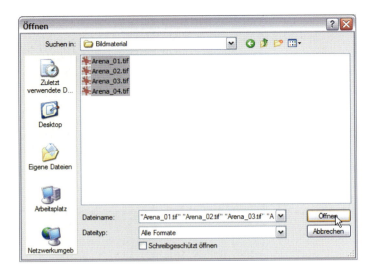

Wählen Sie entweder alle vier Bilder oder auch nur zwei oder drei zusammenhängende Fotos für das Panorama aus.

3. Sie befinden sich wieder in der Dialogbox *Photomerge* und Ihre Bilder werden in der Liste aufgeführt. Bestätigen Sie jetzt diese Dialogbox mit *OK*.

Nach der Bestätigung läuft eine Stapelverarbeitung ab. Elements öffnet die Einzelbilder, kopiert sie in eine gemeinsame Datei und öffnet die veränderte Dialogbox *Photomerge*. Hier sehen Sie jetzt, wie die automatische Anordnung funktioniert hat. In der Regel sind kaum Korrekturen nötig. Sollte die Anordnung nicht einwandfrei sein, korrigieren Sie diese in den folgenden Schritten.

Indem man ein Bild anklickt und etwas nach unten zieht, kann man gut kontrollieren, ob Elements die richtige Position gefunden hat, da dann das darunterliegende Bild durchscheint. Schieben Sie das Bild dann zurück, es rastet an der richtigen Stelle ein.

4. Im rechten Bereich der Dialogbox finden Sie die Optionsschaltfläche *Perspektive*. Aktivieren Sie diese, da sie die Perspektive gut korrigiert.

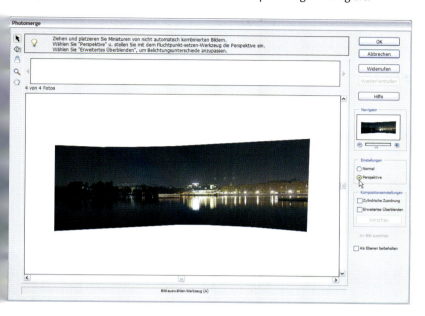

Aktivieren Sie die Optionsschaltfläche Perspektive – daraufhin korrigiert Elements die perspektivische Verzerrung.

Im rechten Bereich der Dialogbox finden Sie den *Navigator*. Mit seiner Hilfe steuern Sie die Ansicht des Panoramas. Mit dem Schieberegler regeln Sie die Ansichtsgröße und mit Klicken und Ziehen direkt im *Navigator*-Fenster bestimmen Sie, welcher Bildteil im großen Bearbeitungsfenster angezeigt wird.

Mit dem Ansicht-verschieben-Werkzeug – dargestellt durch das Handsymbol links in der Dialogbox – können Sie ebenfalls den dargestellten Ausschnitt bestimmen. Klicken Sie dazu in das große Vorschaufenster und ziehen Sie bei gehaltener linker Maustaste. Das ist meist einfacher als die Arbeit mit dem Navigator.

5. Oben links in der Dialogbox *Photomerge* befinden sich alle hier verwendbaren Werkzeuge. Aktivieren Sie das oberste Werkzeug mit der Bezeichnung *Bild-auswählen-Werkzeug*. Es wird repräsentiert durch ein Pfeilsymbol. Klicken Sie damit im großen Vorschaubereich ein Bild an.

Wenn Sie das Bild ohne automatische Ausrichtung verschieben möchten, deaktivieren Sie das Kontrollkästchen *An Bild ausrichten*. Jetzt können Sie das Einzelbild frei bewegen. Falls Elements die richtigen Überlappungspunkte nicht gefunden hat, positionieren Sie auf diese Weise alle Bilder.

6. Wenn Sie ein Bild drehen möchten, klicken Sie es zunächst mit dem *Bild-auswählen-Werkzeug* an und wechseln dann zum *Bild-drehen-Werkzeug* – dem zweiten von oben in der Liste. Klicken und ziehen Sie im Bild – das Bild wird gedreht. Passen Sie so auch die Lage der anderen Fotos an.

7. Aktivieren Sie das *Fluchtpunkt-setzen-Werkzeug* und klicken Sie ein Bild an, um eine Position für den Fluchtpunkt festzulegen.

   Dasjenige Bild, das das Ausgangsbild für die Perspektivenkorrektur darstellt, wird mit einem blauen Rahmen markiert, alle anderen Bilder erhalten einen roten Rahmen.

8. Wenn die Helligkeitsunterschiede Ihres Bildes noch nicht gut ausgeglichen wurden, aktivieren Sie das Kontrollkästchen *Erweitertes Überblenden* und klicken auf die Schaltfläche *Vorschau*. Elements gleicht die Belichtung automatisch aus. Schließen Sie die Vorschau mit der Schaltfläche *Vorschau beenden*.

9. Bestätigen Sie die Dialogbox mit *OK*. Photoshop Elements platziert Ihr Panorama in einer neuen Datei.

   Durch die Korrektur der perspektivischen Verzerrung kann es passieren, dass weiße Ränder um das Bild sichtbar sind. Das Bild muss noch mit Hilfe des Freistellungswerkzeugs auf das gewünschte Format beschnitten werden.

10. Wechseln Sie zur besseren Übersicht in *Fenster/Bilder/Maximierungsmodus* und verkleinern Sie die Dateiansicht so, dass Sie das gesamte Bild sehen. Verwenden Sie dazu [Strg]+[-] oder den Befehl *Ansicht/Auszoomen*.

Die Optimierung des Panoramas

Nach der Montage sind häufig noch leichte Korrekturen notwendig. Das Beispielbild muss etwas gedreht und freigestellt werden, danach folgen Retuschen und eine farbliche Korrektur.

1. Aktivieren Sie das *Freistellungswerkzeug* und ziehen Sie einen Markierungsrahmen in der Datei auf.

2. Ziehen Sie an den Anfasserpunkten und platzieren Sie sie so, dass die mit einem Schachbrettmuster dargestellten transparenten Ränder außerhalb des Markierungsrechtecks liegen. Alle Bildbereiche, die sich außerhalb dieser Markierung befinden, werden weggeschnitten. Zum Drehen des Bildes bewegen Sie den Mauscursor außerhalb des Rahmens, so dass er sich in einen gebogenen Pfeil verwandelt. Ziehen Sie und legen Sie die langen Rahmenkanten parallel zum Horizont. Zum Auslösen dieses Freistellungsvorgangs drücken Sie die ⏎-Taste oder doppelklicken Sie innerhalb des Rahmens.

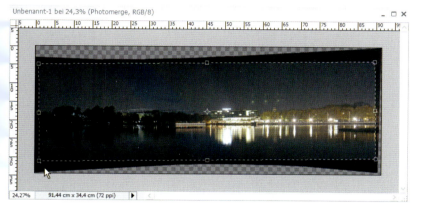

3. Im Wasser und im Himmel finden sich Reflexionen, die sich gut mit dem *Reparatur-Pinsel* retuschieren lassen. Klicken Sie mit gehaltener Alt-Taste in einen »sauberen« Bereich und übermalen Sie dann die Störungen.

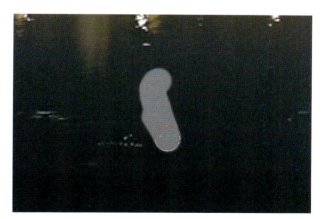

Markieren Sie die Reflexionen, die retuschiert werden sollen, mit dem Reparatur-Pinsel.

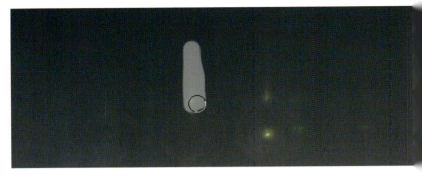

Die Störungen müssen komplett überdeckt werden, andernfalls verwischt Elements den Bereich.

4. Wie oben bereits angedeutet, bestehen leichte Helligkeitsunterschiede zwischen den Einzelbildern – dies wird besonders im Himmel deutlich. Das Problem lässt sich gut durch Weichzeichnung ausgleichen. Aktivieren Sie daher das *Polygon-Lasso* und klicken Sie um den Himmel herum – mit einem gewissen Abstand zu Gebäuden und Bäumen.

Im Modus Fenster/Bilder/Maximierungsmodus können Sie mit dem Polygon-Lasso komfortabel außerhalb des Bildes entlang arbeiten.

5. Damit der Übergang zwischen weichgezeichneten und den übrigen Bereichen unauffällig gelingt, wählen Sie *Auswahl/Weiche Auswahlkante*. Je höher aufgelöst ein Bild ist, desto breiter kann auch die weiche Auswahlkante sein – ich habe mich hier für einen *Radius* von *20 Pixeln* entschieden.

Die weiche Kante sorgt für einen unauffälligen Übergang.

6. Der Gaußsche Weichzeichner ist individuell regelbar und bringt von allen Filtern die stärkste gleichmäßige Weichzeichnung. Rufen Sie ihn mit *Filter/Weichzeichnungsfilter/Gaußscher Weichzeichner* auf und verwenden

Sie beispielsweise einen *Radius* von *25 Pixeln*. Leider werden bei dieser Technik auch die Sterne im Nachthimmel weichgezeichnet.

7. Das Bild soll noch gleichmäßig getönt werden. Entfernen Sie die Markierung mit *Auswahl/Auswahl aufheben* oder `Strg`+`D` und verwenden Sie dann den Befehl *Überarbeiten/Farbe anpassen/Farbvariationen*. Standardmäßig befindet sich der *Stärke*-Regler auf mittlerer Intensität. Ich habe ihn etwas nach links verschoben, um eine sanftere Veränderung zu erzielen. Durch Klicks auf die Vorschaubildchen wird das Bild gefärbt. Ich habe auf die Vorschaubilder *Rot verstärken*, *Blau verstärken* sowie *Abdunkeln* geklickt.

Testen Sie, wie stark die Weichzeichnung ausfallen muss – ich habe mich für einen Radius von 25 Pixeln entschieden.

Mit den Farbvariationen lässt sich das Bild wunderschön tönen.

8. Verschmelzen Sie die *Photomerge*-Ebene abschließend mit *Ebene/Auf Hintergrundebene reduzieren*, so dass es nur noch eine Hintergrundebene gibt.

Das Ergebnis der Bearbeitung ist eine Blautönung

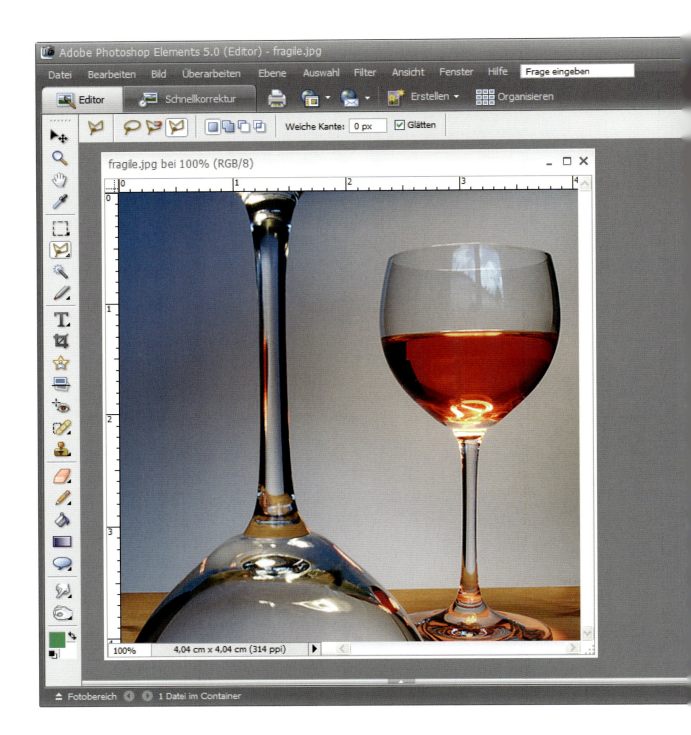

Photoshop Elements 5.0 im Überblick

Als Nachschlage-Kapitel für den schnellen Überblick über alle Werkzeuge haben wir hier die Elemente des Arbeitsbildschirms für Sie zusammengefasst.

Die Elemente des Begrüßungs-Bildschirms

Über den Begrüßung-Bildschirm haben Sie unterschiedliche Möglichkeiten für das weitere Vorgehen.

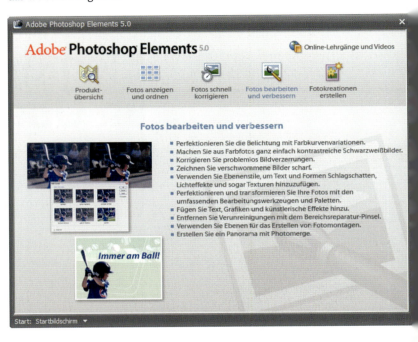

Entscheiden Sie, in welchem Modus Sie arbeiten möchten.

Nach dem Klick auf diese Schaltfläche liefert Ihnen Elements einen Überblick über die wichtigsten Programmfunktionen.

Mit dieser Schaltfläche gelangen Sie in den Elements-Organizer. Er liefert Ihnen leistungsstarke Werkzeuge zum Verwalten Ihrer Bilder. Hier weisen Sie Ihren Bildern beispielsweise so genannte »Tags« zu – Stichwörter, nach denen Sie später suchen können.

Diese Schaltfläche führt Sie zur Elements-Schnellkorrektur. Es stehen Ihnen die wichtigsten Werkzeuge für schnelles Optimieren Ihrer Fotos zur Verfügung. Dies sind beispielsweise das Freistellungswerkzeug, das Rote-Augen-entfernen-Werkzeug und Funktionen zum Drehen, für die Tonwertkorrektur, die Farb-korrektur und die Schärfe.

Durch einen Klick auf diese Schaltfläche gelangen Sie in den Elements-Editor – das Herzstück von Photoshop Elements, mit dem wir in diesem Buch haupt-sächlich arbeiten. Anders als bei der Schnellkorrektur finden Sie nicht nur eine Auswahl, sondern sämtliche Werkzeuge und Funktionen, über die Elements verfügt.

Die Schaltfläche *Fotokreationen erstellen* führt Sie in den Bereich, in dem Sie z. B. Diashows gestalten.

Ein Klick an dieser Stelle führt Sie zur Website von Adobe. Hier stellt Adobe viele praktische Übungen vor.

Soll nach dem Programmstart direkt der Editor geöffnet werden, wählen Sie dies unten links über die Schaltfläche *Start*. Er kann jederzeit über den Befehl *Fenster/Startbildschirm* aufgerufen werden.

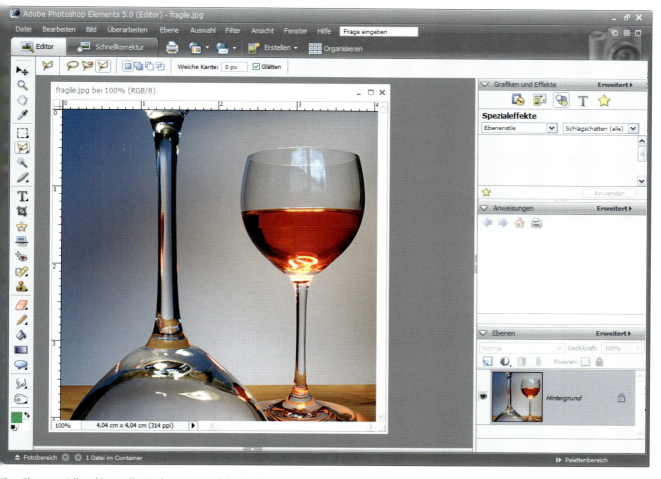

Der Elements-Editor bietet alle Werkzeuge zur Bildoptimierung.

Durch Klicken und Ziehen im grün markierten Bereich verschieben Sie die Werkzeugpalette auf Ihrem Bildschirm.

Werkzeuge

Die Werkzeugpalette befindet sich nach der Installation grundsätzlich dann einspaltig dargestellt am linken Bildschirmrand, wenn die Bildschirmauflösung ausreichend hoch eingestellt ist. Passt die Leiste nicht einspaltig auf den Bildschirm, wird sie automatisch zweispaltig angeordnet. Sie ist durch Klicken und Ziehen direkt über dem Verschieben-Werkzeug frei auf dem Bildschirm platzierbar.

Einige der Werkzeug-Symbolschaltflächen sind unten rechts mit einem Dreieck versehen. Es zeigt an, dass sich unter der Schaltfläche weitere Werkzeuge verbergen. Klicken Sie mit der Maus auf eines dieser Werkzeuge, öffnet sich ein Flyout-Menü, aus dem Sie dann per Mausklick das gewünschte Werkzeug auswählen.

Ist ein Werkzeug- Flyout-Menü geöffnet, wird rechts ein Buchstabe angezeigt. Mit ihm sind die Werkzeuge direkt anwählbar, eine Zusatztaste wie [Strg] wird nicht benötigt. Sind mehrere Werkzeuge mit dem selben Buchstaben versehen, wechselt man durch mehrfaches Betätigen der Taste zum nächsten Werkzeug.

Das *Verschieben-Werkzeug* verschiebt Ebenen bzw. den Inhalt von Auswahlmarkierungen. Zu diesem Werkzeug wechseln Sie temporär von fast allen Werkzeugen aus, wenn Sie die [Strg]-Taste gedrückt halten – Ausnahme bilden das Hand-Werkzeug, der Ausstecher, es Gerade-ausrichten-Werkzeugs und die Formwerkzeuge. Mit dem Verschieben-Werkzeug können Sie den Inhalt einer Ebene auch in ein anderes Bild transferieren. Wenn Sie hierbei die [⇧]-Taste gedrückt halten, erfolgt das Einfügen genau zentriert im Bild.

Das *Zoom-Werkzeug* vergrößert die Ansicht eines Bildes. Halten Sie die [Alt]-Taste gedrückt, wird die Ansicht wieder verkleinert. Durch Klicken und Ziehen erhält man eine Bereichsvergrößerung. Dieses Werkzeug ist jeder Zeit mit der Tastenkombination [Strg] + [Leertaste] zu erreichen.

Mit dem *Hand-Werkzeug* verschieben Sie den Ausschnitt eines Bildes. Das funktioniert dann, wenn die Ansicht des Bildes so groß ist, dass nicht das gesamte Bild im Dateifenster zu sehen ist. Das Hand-Werkzeug erreichen Sie auch temporär, indem Sie allein die [Leertaste] gedrückt halten.

Das *Pipette-Werkzeug* können Sie einsetzen, um aus einem Bild eine Vorder- oder Hintergrundfarbe aufzunehmen. Klicken Sie mit der Pipette in ein Bild, wird sofort der angeklickte Farbton als Malfarbe gewählt. Halten Sie dabei die [Alt]-Taste gedrückt, wird die Farbe stattdessen als Hintergrundfarbe eingestellt. Wann immer ein Malwerkzeug aktiv ist, wechselt der Mauscursor durch Drücken der [Alt]-Taste zum Pipette-Werkzeug.

Auswahlrechteck und *Auswahlellipse*: Klicken und ziehen Sie mit diesen Werkzeugen in einem Bild, so wird ein rechteckiger bzw. ein elliptischer Bereich markiert. Hält man beim Ziehen die ⬥-Taste, wird die Bewegung auf ein Quadrat bzw. einen Kreis eingeschränkt. Mit Alt wird die Auswahl zentriert erzeugt.

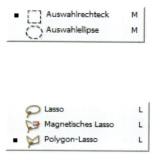

Die *Lasso-Werkzeuge* erstellen eine unregelmäßige Auswahl in einem beliebigen Bildbereich. Bei Verwendung des Lassos erstellen Sie durch Ziehen eine Auswahl. Lassen Sie die Maustaste los, wird die Auswahl automatisch geschlossen. Das zweite Lasso in dieser Liste ist das *Magnetische Lasso*. Bei der Arbeit mit diesem Werkzeug muss die Maustaste nicht gedrückt gehalten werden. Wichtig ist der erste Mausklick. Danach genügt es, die Maus entlang einer Kante zu bewegen, denn dieses Lasso-Werkzeug orientiert sich an Kanten. Die Empfindlichkeit lässt sich in der Optionsleiste einstellen. Der Erfolg ist sehr abhängig von der Beschaffenheit des Bildes. Mit dem *Polygon-Lasso* arbeitet man häufig schneller. Das *Polygon-Lasso* lässt sich kontrollierter einsetzen, denn hiermit erstellen Sie die Auswahl, indem Sie um ein Objekt herum klicken. Dabei entstehen zwischen den Klickpunkten gerade Verbindungen. Erst ein Doppelklick oder ein Klick in den Startpunkt schließt die Auswahl. Mit Esc brechen Sie eine begonnene Auswahl ab und durch Drücken der ←-Taste löschen Sie bereits gesetzte Anfasserpunkte Schritt für Schritt rückwärts. Das gewöhnliche *Lasso* verwandeln Sie übrigens durch Halten der Alt-Taste in das Polygon-Lasso.

Verwenden Sie die ← *-Taste nicht mehr, wenn die Auswahl schon geschlossen ist, denn dann werden nicht etwa zuvor gesetzte Ankerpunkte gelöscht, sondern der Bildinhalt.*

Der *Zauberstab* wählt Bereiche gleicher bzw. ähnlicher Farbe aus. Klicken Sie z. B. in einen blauen Himmel, wird dieser automatisch ausgewählt. In der Optionsleiste definieren Sie die *Toleranz*. Diese regelt, wie stark Tonwerte voneinander abweichen dürfen, um in die Auswahl einbezogen zu werden. Ein weiterer Punkt in den Optionen ist wichtig: Aktiviert man das Kontrollkästchen *Benachbart*, werden nur solche Bildpixel ausgewählt, die eine direkte Verbindung zum angeklickten Punkt aufweisen. Deaktiviert man hingegen das Kontrollkästchen, werden auch solche Pixel ausgewählt, die sich an anderer Stelle im Bild befinden. Durch Halten der ⬥-Taste fügen Sie per Mausklick weitere Bereiche der Auswahl hinzu, durch Halten der Alt-Taste entfernen Sie angeklickte Bereiche aus der Auswahl.

Der *magische Auswahlpinsel* wurde mit der Version Photoshop Elements 4.0 eingeführt. Wenn Sie mit ihm grob ein Objekt markieren, analysiert er die Objektkanten und markiert das ganze Objekt. Je nachdem, wie klar abgegrenzt das Objekt zum Hintergrund ist, funktioniert dies unterschiedlich gut.

Der *Auswahlpinsel* gehört zu den exaktesten Auswahlwerkzeugen, da Größe und Randschärfe der Pinselspitze einstellbar sind. Außerdem haben Sie die Möglichkeit, zwischen den Modi *Auswahl* und *Maskieren* zu wechseln. Im

Auswahlmodus sehen Sie die gestrichelte Lauflinie als Auswahlbegrenzung, im Maskieren-Modus zeigt eine transparente, farbige »Folie«, welche Bereiche geschützt, also nicht ausgewählt sind. Durch die vielfältigen Werkzeugspitzen in Photoshop Elements lassen sich damit auch ungewöhnlich geformte Auswahlen erstellen.

Die vier Textwerkzeuge von Photoshop Elements: Wenn Sie eines der ersten beiden Werkzeuge dieser Liste aktiviert haben und in Ihr Bild klicken, wird automatisch eine neue Textebene erstellt. Es handelt sich um Vektorebenen. Möchten Sie Malwerkzeuge oder Filter auf die Textebene anwenden, muss die Ebene – wie bei Formebenen – gerastert werden. Verwenden Sie auch hier den Befehl *Ebene/Ebene vereinfachen*. Textänderungen können nach der Rasterung nicht mehr vorgenommen werden.

Das erste Werkzeug in der Liste erstellt horizontalen Text, das zweite vertikalen Text. Die anderen beiden Werkzeuge erstellen keinen echten Text, sondern lediglich eine horizontale oder vertikale Auswahl in Textform. Das Bild kann innerhalb dieser Markierung z. B. mit der Tonwertkorrektur aufgehellt oder mit Filtern bearbeitet werden.

Das *Freistellungswerkzeug* ist das Werkzeug zum Festlegen und Ausschneiden eines beliebigen Bildausschnitts – es wird im ersten Kapitel vorgestellt. Klicken und ziehen Sie an einer beliebigen Stelle im Bild. Es wird dadurch ein Markierungsrechteck mit acht Anfasserpunkten und einer Mittelachse erstellt. Ziehen Sie an den Punkten, um einen Ausschnitt zu bestimmen. Wenn Sie den Mauszeiger etwas außerhalb der Eckpunkte bewegen, sehen Sie, wie sich der Mauszeiger in einen kleinen Drehpfeil verwandelt. Wenn Sie jetzt klicken und ziehen, drehen Sie den Markierungsrahmen um die Drehachse. Je nach Einstellung in den Werkzeugoptionen dunkelt Photoshop Elements alle Bildteile ab, die nach dem Freistellen wegfallen, lediglich der Ausschnitt innerhalb des Rahmens bleibt übrig. Den Freistellungsvorgang lösen Sie durch Drücken der ←- oder Enter-Taste, durch einen Doppelklick innerhalb des Rahmens oder mit dem Menübefehl *Bild/Freistellen* aus. Auf diese Weise lässt sich auch eine rechteckige Auswahl freistellen.

Das Werkzeug *Ausstecher* ist entwickelt worden, um Bilder wie mit einem Stanzwerkzeug durch Klicken und Ziehen in beliebige Formen zu stanzen.

Das *Gerade-ausrichten-Werkzeug* ist ein neues Werkzeug in der Version Elements 4.0. Mit ihm ziehen Sie entlang einer Linie im Bild, die nach der Bearbeitung exakt senkrecht oder waagerecht liegen soll. Elements errechnet automatisch den Winkel und dreht das Bild. Anschließend kann es mit dem Freistellungswerkzeug beschnitten werden, da durch den Drehvorgang Ränder n Hintergrundfarbe entstehen.

Das *Rote-Augen-entfernen-Werkzeug* entfernt die Sättigung der roten Farbe, bis diese einem Grauton entspricht, und dunkelt dann die Pupille zusätzlich ab. Mit diesem Werkzeug korrigieren Sie den Rote-Augen-Effekt mit wenigen Handgriffen. Das Ergebnis ist sehr abhängig von den Beschaffenheiten des Bildes wie etwa der Auflösung und Größe der Pupille.

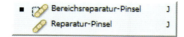

Mit dem *Sofortreparatur-Pinsel* und dem *Reparatur-Pinsel* stehen Ihnen zwei ausgesprochen komfortable Werkzeuge zur Verfügung, wenn Sie z. B. Fusseln und Kratzer oder aber auch größere Bildteile korrigieren möchten. Mit dem *Sofortreparatur-Pinsel* markieren Sie einen Störungsbereich – Photoshop Elements analysiert diesen und vergleicht ihn mit umliegenden Bildpixeln. Die Störung wird entfernt. Der *Reparatur-Pinsel* bietet etwas mehr Freiheit, da Sie hier vor der Reparatur – wie beim Kopierstempel – mit gedrückter Alt -Taste und linkem Mausklick die Kopierquelle festlegen. So haben Sie die Möglichkeit, den zu retuschierenden Bereich mit beliebigen Strukturen zu überdecken. Anders als beim Kopierstempel analysiert Elements die Bereiche und schafft automatisch Übergänge, so dass keine Kanten erkennbar sind. An kontrastreichen Kanten ist der Einsatz problematisch, da er diese weichzeichnet.

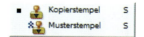

Der *Kopierstempel* ist das Werkzeug, wenn es um Bildretusche geht. Mit ihm entfernen Sie nicht nur kleinere Bildfehler wie Staub und Kratzer, sondern gestalten auch größere Retuschen. Das Prinzip des Kopierstempels ist folgendes: Sie definieren einen Bereich im Bild als Kopierquelle. Das sollte ein Bereich sein, der störungsfrei ist und in Bezug auf Tonwert und Farbe dem fehlerhaften Bereich entspricht. Zum Festlegen der Kopierquelle halten Sie die Alt -Taste fest und klicken dann mit der linken Maustaste in den störungsfreien Bereich. Retuschieren Sie anschließend den Bildfehler. Auf diese Weise tragen Sie gleichzeitig Schattierungen und Strukturen auf. Beim Arbeiten mit dem Stempel wandert ein Kreuz und zeigt permanent an, welcher Bereich gerade kopiert wird. Bei intensiven Retuschen ist es hilfreich, die Kopierquelle immer wieder neu festzulegen und dem gerade zu retuschierenden Bereich anzupassen.

Der *Musterstempel* hat eine ganz andere Funktion. Er trägt ein Muster auf, das Sie aus der Musterliste von Photoshop Elements auswählen können. Da Sie auch eigene Muster erstellen und speichern können, tragen Sie mit diesem Werkzeug z. B. Texturen auf.

Das Werkzeug *Radiergummi* funktioniert auf Hintergrundebenen und freien Ebenen ganz unterschiedlich. Verwenden Sie es auf einer Hintergrundebene, werden Bildpixel in der aktuellen Hintergrundfarbe gefärbt.

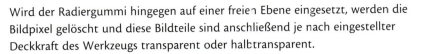

Wenn Sie mit dem Radiergummi arbeiten, erscheint an der radierten Stelle grundsätzlich die eingestellte Hintergrundfarbe.

Wird der Radiergummi hingegen auf einer freien Ebene eingesetzt, werden die Bildpixel gelöscht und diese Bildteile sind anschließend je nach eingestellter Deckkraft des Werkzeugs transparent oder halbtransparent.

Der *Hintergrund-Radiergummi* löscht Bildpixel auf besondere Weise. In der Mitte der Werkzeugspitze befindet sich ein Fadenkreuz. Wenn Sie mit diesem in einen Bereich klicken, werden Bildpixel, die diese Farbe aufweisen und sich unter der Werkzeugspitze befinden, gelöscht. Andersfarbige Pixel bleiben erhalten. Mit diesem Werkzeug können hervorragend Objekte freigestellt werden. Da Hintergrundebenen keine Transparenz verwalten können, werden diese bei der Arbeit mit dem Hintergrund-Radiergummi automatisch in eine freie Ebene verwandelt.

Der *magische Radiergummi* funktioniert ähnlich wie eine Kombination aus Zauberstab und Füllwerkzeug. Wenn Sie in einen Farbton klicken, werden alle Pixel dieses Farbtons gelöscht; je nach Optionseinstellung gilt dies entweder nur für benachbarte Pixel oder für sämtliche gleichfarbige Pixel im Bild.

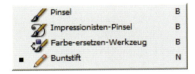

Der *Pinsel* trägt die Vordergrundfarbe in Größe und Form der aktuellen Werkzeugspitze auf. Sie haben in der Optionsleiste die Möglichkeit, Deckkraft und Malmodus zu verändern. Wenn Sie beim Malen mit dem Pinsel die ⌂-Taste gedrückt halten, schränken Sie die Mausbewegung auf 90°-Winkel-Schritte ein. Durch Halten der Alt-Taste wechseln Sie temporär zum Pipette-Werkzeug und können somit eine beliebige Vordergrundfarbe aus dem Bild aufnehmen, um damit weiterzuarbeiten.

Das *Buntstift-Werkzeug* erzeugt im Gegensatz zum Pinsel-Werkzeug ausschließlich harte Kanten. Zwar können Sie hier auch die Größe variieren, doch die Härte beträgt immer 100 %. Zum Ziehen gerader Linien mit dem *Buntstift* halten Sie die ⌂-Taste gedrückt, zum Aufnehmen einer Farbe als Malfarbe klicken Sie mit gehaltener Alt-Taste in ein Bild.

Direkt darunter verbirgt sich der *Impressionisten-Pinsel*. Wenn Sie mit diesem Werkzeug im Bild malen, nimmt der Pinsel die Farben des Bildes an und verwandelt das Bild in Malstriche, die verschiedene Kunststile simulieren. Auch hierzu finden Sie eine große Menge verschiedener Optionen in der Optionsleiste.

Klicken Sie mit dem *Füllwerkzeug* in einen bestimmten Bildbereich, werden alle Pixel gleicher oder ähnlicher Farbe mit der eingestellten Vordergrundfarbe gefüllt. Die Toleranz ist wie beim Zauberstab über die Optionsleiste einstellbar. Auch hier finden Sie die Option *Benachbart*. Ist sie aktiv, werden nur ähnliche Bildpixel gefüllt, die an den angeklickten Punkt angrenzen. Deaktivieren Sie die Option, werden alle Bildpixel dieser Farbe mit der Vordergrundfarbe gefüllt.

Mit dem *Verlaufswerkzeug* erzeugen Sie fließende Übergänge zwischen zwei oder mehr Farben. In der Optionsleiste finden Sie zahlreiche vordefinierte Verläufe und Optionen für dieses Werkzeug. Verläufe können linear, radial, winkelförmig, reflektierend oder rautenförmig sein. Wenn Sie den ersten Stil aus dem ersten Listenfeld der *Optionsleiste* wählen, erzeugen Sie einen Verlauf von Vorder- zu Hintergrundfarbe.

In dieser Liste finden Sie die *Formwerkzeuge*. Mit ihnen werden Formebenen erstellt. Formebenen sind Vektorebenen innerhalb des pixelorientierten Programms Photoshop Elements. Sie können die Farbe einer Formebene verändern, indem Sie in der Ebenen-Palette doppelt auf die Miniaturabbildung der Ebene klicken. Formebenen müssen erst gerastert, also in Bildpunkte umgewandelt werden, bevor sie mit anderen Werkzeugen wie dem Pinsel-Werkzeug zu bearbeiten sind. Verwenden Sie dazu den Befehl *Ebene/Ebene vereinfachen*. In der Optionsleiste finden Sie zahlreiche weitere Optionen und Stile zu den verschiedenen Formwerkzeugen.

Es kann vorkommen, dass Verläufe im Ausdruck stufig wirken. Sollte das der Fall sein, fügen Sie dem Verlauf einfach mit Filter/Störungsfilter/Störungen hinzufügen einige Störungen hinzu. Meist reicht eine Menge von unter 10 aus, um den Verlauf wieder gleichmäßig wirken zu lassen. Die geringe Menge Störungen fällt nicht so negativ auf wie die Stufen.

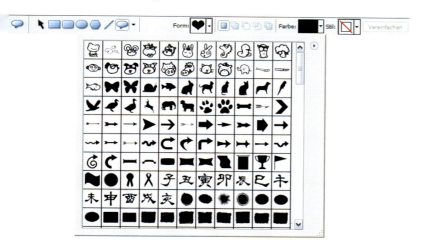

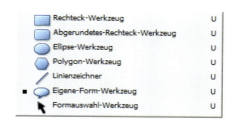

Wenn Sie das Eigene-Form-Werkzeug aktiviert haben, finden Sie in der Optionsleiste eine Liste vordefinierter Formen.

Das Werkzeug *Weichzeichner* – dieser funktioniert ähnlich den Filtern im Menü *Filter/Weichzeichnungsfilter*. Der große Vorteil ist, dass Sie dieses Werkzeug in der Größe der Pinselspitze partiell anwenden können. Auch die Stärke der Weichzeichnung lässt sich individuell einstellen. Auf diese Weise glätten Sie z. B. Kanten, die zu hart ausfallen.

Das Werkzeug *Scharfzeichner* erhöht beim Übermalen den Kontrast benachbarter Bildpixel. Durch diese Kontrasterhöhung wird wie bei den Scharfzeichnungsfiltern der Eindruck von Schärfe erzeugt.

Der *Wischfinger* verhält sich so, als würde man nasse Farbe verwischen. Mit einer kleinen Werkzeugspitze ist dieses Werkzeug auch besonders gut für die Glättung harter Kanten einzusetzen. Wenn Sie eine große Werkzeugspitze verwenden und dann das Bild aufhellen, lassen sich attraktive Hintergrundtexturen aus jedem beliebigen Foto erstellen.

Das Werkzeug *Schwamm* ist für die Sättigung zuständig. Mit Sättigung wird die Reinheit einer Farbe bezeichnet. Grau entspricht 0 % Sättigung, eine Volltonfarbe entspricht 100 % Sättigung. Sie entscheiden über die Optionsleiste, ob die Sättigung erhöht oder verringert wird.

Der *Abwedler* ist ein wichtiges Werkzeug für die Bildretusche. Mit seiner Hilfe hellen Sie partiell und in Werkzeugspitzengröße Bildbereiche auf. Dabei wird aber nicht der gesamte Bereich aufgehellt. Sie können die Bearbeitung auf Lichter, Mitteltöne und Tiefen beschränken. Wenn Sie z. B. mit der Option *Lichter aufhellen* über Wasser »wedeln«, werden dabei nur die hellen Stellen noch weiter aufgehellt, dies erhöht den Kontrast und verleiht dem Bild deutlich mehr Dynamik. Der Abwedler wird häufig bei der Porträtretusche zum zusätzlichen Aufhellen des Augenweiß verwendet.

Der *Nachbelichter* funktioniert umgekehrt zum *Abwedler*. Dieses Werkzeug dunkelt Bildbereiche beschränkt auf Lichter, Mitteltöne oder Tiefen weiter ab.

Der Bereich am unteren Ende der Werkzeugpalette beinhaltet vier Funktionen. Das große oben liegende Quadrat ist die Schaltfläche *Vordergrundfarbe*. Sie verändern die Vordergrundfarbe, indem Sie auf das Quadrat klicken – dadurch öffnet sich der Farbwähler –, dann ziehen Sie die beiden Regler am Farbstrahl in den gewünschten Farbbereich, um anschließend mit einem Mausklick in den großen Bereich links des Farbstrahls die exakte Farbe festzulegen. Das große Quadrat unter der Vordergrundfarbe ist die Schaltfläche *Hintergrundfarbe*. Definieren Sie diese wie eben beschrieben. Wenn Sie Vorder- und Hintergrundfarbe vertauschen möchten, klicken Sie auf den gebogenen Pfeil oben rechts über diesen beiden Schaltflächen. Um beide Farben auf das standardmäßige Schwarz und Weiß einzustellen, klicken Sie auf die beiden kleinen Quadrate links unter den großen Schaltflächen.

Werkzeugoptionen

Die Optionsleiste passt sich automatisch dem Werkzeug an, das Sie gerade aktivieren. Sie steuern hier zum Beispiel die Größe der Werkzeugspitzen, den Malmodus und die Deckkraft.

Die Ebenen-Palette

Die Ebenen-Palette regelt das Verhalten Ihrer Ebenen, Sie können verschiedene Füllmethoden anwenden, neue Ebenen erstellen, umbenennen und löschen. Auch die Reihenfolge der Ebenen im Ebenenstapel lässt sich hierüber verändern.

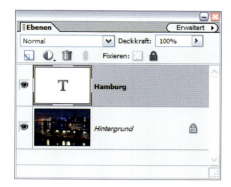

Die Palette Grafiken und Effekte

Anders als in der Vorgängerversion wurden hier sämtliche Effekte zusammengefasst. Waren zuvor die Paletten Ebenenstile, Effekte und Filter separat zu öffnen, müssen die verschiedenen Kategorien jetzt über ein Listenfeld angewählt werden.

Filter

Da im Menü *Filter* keine Vorschauabbildungen der einzelnen Filter vorhanden sind, ist die Palette eine Hilfe, um die Wirkung eines Filters zu kontrollieren. Die einzelnen Filter sind per doppelten Mausklick anzuwenden. Bei einigen öffnet sich eine Dialogbox, in der Sie die exakte Steuerung vornehmen, bei anderen wird der Befehl direkt angewendet.

Ebenenstile

Die Ebenenstile sind anwendbar, um z. B. plastische Bilderrahmen oder Schlagschatten zu erzeugen. Die Ebeneneffekte sind nicht auf Hintergrundebenen anwendbar. Wenn Sie einen Stil auf eine Hintergrundebene anwenden, verwandelt Elements diese in eine freie Ebene.

Fotoeffekte

Wenn Sie einen Fotoeffekt aus dieser Palette anwenden, läuft eine Aktion ab. Aktionen ähneln Makros oder Batchdateien anderer Anwendungen. Mehrere Befehle werden automatisch nacheinander aufgerufen, um das Ergebnis zu erzeugen. Einige dieser Effekte eignen sich gut als Hintergrundtextur. Für die meisten Effekte wird eine neue Ebene eingefügt, die Sie frei im Ebenenstapel verschieben können – d. h., dass Sie die Reihenfolge der Ebenen untereinander verändern können. Ein Effekt wird angewendet, indem Sie doppelt auf ihn klicken.

Die Palette Farbfelder

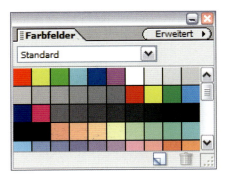

Eine schnelle Möglichkeit, verschiedene Malfarben auszuwählen, ist die Palette *Farbfelder*. Mit einem Mausklick auf ein Farbfeld verändern Sie die Vordergrundfarbe. Wenn Sie mit gehaltener Strg-Taste auf ein Farbfeld klicken, wählen Sie eine Hintergrundfarbe aus. Sie können der Palette auch eigene Farben hinzufügen. Klicken Sie in einen freien Bereich der Farbfelder-Palette, Sie erhalten ein Füllsymbol und eine Dialogbox, in der Sie einen Namen für Ihre Farbe vergeben können. Durch Halten der Alt-Taste wandelt sich der Mauscursor in ein Scherensymbol und Sie können ein Farbfeld entfernen.

Die Palette Anweisungen

Die *Anweisungen*-Palette ist ebenfalls ein spannendes Feature von Elements. Hier finden Sie kurze Schritt-für-Schritt-Anleitungen, die Ihnen Spezialeffekte erläutern oder Erklärungen zu Werkzeugen liefern.

Das Histogramm

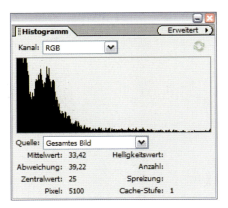

Das Histogramm ist die Statistik Ihres Bildes. Es stellt dar, wie die Helligkeitswerte im Bild verteilt sind und in welche Menge die einzelnen Tonwerte vertreten sind. In diesem Balkendiagramm sehen Sie die verschiedenen Helligkeitsabstufungen von links (Schwarz) bis rechts (Weiß). Je höher der Ausschlag der Kurve, desto mehr Bildpunkte dieses Helligkeitswerts sind im Bild vorhanden. Je ausgeglichener das Histogramm ist, desto ausgeglichener sind auch die Tonwertverteilungen im Bild. Lücken weisen oft auf Kontrastmangel oder Farbstiche hin. Die Ausnahme bilden hierbei Motive, die von Natur aus sehr hell oder sehr dunkel sind – wie etwa Schneelandschaften oder Nachtaufnahmen.

Die Palette Info

Möchten Sie wissen, aus welchen RGB-Werten sich ein bestimmter Farbton in Ihrem Bild zusammensetzt, finden Sie dies über die Palette *Info* heraus. Fahren Sie einfach mit der Maus über eine beliebige Stelle, sofort können Sie die Werte in der Palette ablesen. Auch die X-Y-Koordinaten einer bestimmten Stelle finden Sie über diese Palette heraus. Wenn Sie beispielsweise mit dem Auswahlrechteck einen Rahmen aufziehen, können Sie ablesen, welche Maße der Rahmen hat.

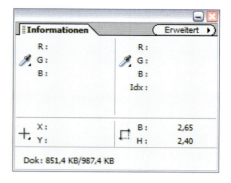

Der Navigator

Photoshop Elements bietet unterschiedliche Arten zu navigieren. Einerseits haben Sie die Möglichkeit, mit den Tasten `Strg`+`+` und `Strg`+`-` zu vergrößern und zu verkleinern und bei Vergrößerung durch Halten der Leertaste und gleichzeitiges Ziehen im Bild zu navigieren. Mit dem Navigator vollziehen Sie die Navigation mit der Maus. Mit dem Schieberegler stellen Sie stufenlos den Ansichtsfaktor auf dem Bildschirm ein und durch Verschieben der roten Markierung im Bild des Navigators bestimmen Sie, welcher Ausschnitt gerade angezeigt wird.

Die Palette Rückgängig-Protokoll

Mit der Palette *Rückgängig-Protokoll* haben Sie einen exzellenten Überblick über Ihre Arbeitsschritte. Pro Arbeitssitzung und Bild sind bis zu 1000 Protokollschritte zu speichern. Falls Sie einige Bearbeitungsschritte zurücknehmen möchten, klicken Sie in der Protokoll-Palette den Arbeitsschritt an, der erhalten bleiben soll. Alle nachfolgenden Schritte werden widerrufen.

Bildergalerie

Diese Bilder können Sie unter *www.mut.de/MeisterkursElements5* downloaden.

01 Sinn.jpg

Aegi.jpg

Aktfoto.jpg

Altstadt.jpg

Antik.jpg

Architektur.jpg

Arena_01.jpg

Arena_02.jpg

Arena_03.jpg

Arena_04.jpg

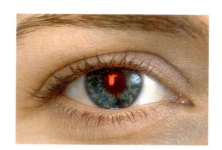

Auge.jpg

Balkone.jpg

Banane.jpg

Blaetter.jpg

Bluegoals.jpg

Blumenkuebel.jpg

Bulle.jpg

Chili.jpg

Cinya.jpg

DJ-Dynas-T.jpg

Drummer.jpg

Eibe.jpg

Erdbeeren.jpg

ErnstAugust.jpg

Expowal.jpg

Fachwerk.jpg

Fassade.jpg

Fluss.jpg

Fohlen.jpg

Frosch.jpg

GelbesBlatt.jpg

Grappa.jpg

Haus.jpg

Hauswein.jpg

Helloween.jpg

Himmel.jpg

Johannisbeeren.jpg

Kaffee.jpg

Katzenbaby.jpg

Kuchen.jpg

Mark.jpg

Marti_01.jpg

Marti_02.jpg

Marti_03.jpg

Marti_04.jpg

Marti_05.jpg

Obst.jpg

Obstkuchen.jpg

Pano.jpg

Pepi.jpg

Pferde.jpg

pink.jpg

Porsche.jpg

Portraet.jpg

Prototyp.jpg

Ruecklicht.jpg

Sonnenblume.jpg

Stil.jpg

Suzuki.jpg

Teestuebchen.jpg

Tigerfell.jpg

Traktor.jpg

Tuer.jpg

Turm.jpg

Turmhaus.jpg

Ufer.jpg

Unterschrift.jpg

Villa_01.jpg

Villa_02.jpg

Villa_03.jpg

Villa_04.jpg

Wal.jpg

Wald.jpg

Weinkarte.jpg

Wesko.jpg

Zwetschgen.jpg

Stichwortverzeichnis